文明等级论 的 表与里

王锐 著

ON CIVILIZATIONAL HIERARCHY

Its Facade and Foundation

中国出版集团 东方出版中心

图书在版编目（CIP）数据

文明等级论的表与里 / 王锐著. -- 上海 ： 东方出版中心，2025. 4. -- ISBN 978 - 7 - 5473 - 2690 - 9

Ⅰ. D091.4 - 53

中国国家版本馆 CIP 数据核字第 20252EA112 号

文明等级论的表与里

著　者	王　锐	
策　划	刘　鑫	
责任编辑	刘　鑫	
装帧设计	青研工作室	

出　版　人　陈义望
出版发行　东方出版中心
地　　址　上海市仙霞路345号
邮政编码　200336
电　　话　021- 62417400
印　刷　者　上海盛通时代印刷有限公司

开　　本　710mm×1000mm　1/16
印　　张　17.25
字　　数　220千字
版　　次　2025年8月第1版
印　　次　2025年8月第1次印刷
定　　价　78.00元

本书为国家社科青年项目

"'文明等级论'在近代中国的传播、影响与批判研究"

（项目号：20CZS046）的阶段性成果。

前　言

　　辛亥革命前十年，大批中国知识分子与政治人物东渡日本。他们目睹琳琅满目的由日本学者翻译或撰写的西学论著，感到很有必要把这些新学说介绍到中国来，以此促进中国国内的变革。而不少赴日本学习被视为治国要道的法政之学、在政治立场上与清廷保持合作关系的留学生，确实也得到了清政府的重用。与之相似但又变本加厉的是，少数赴欧洲的青年知识分子，受到彼处无政府主义的影响，认为当务之急是破除一切国家形式与文化遗产。或许是他们心系故国之心未泯，遂将批判的矛头从欧洲转移到中国，以追求文明、进步、科学的名义对中国传统与中国社会大加抨击，认为这些是实现无政府主义理想的重要障碍，一如近代西方殖民者认为非西方地区乃"野蛮"或"半文明"，因此有必要通过殖民活动来教训之——毕竟无政府主义总归还是近代西方的产物嘛。一时间，讲求新学、以新为尚，成为当时知识阶层的一个显著特征。对比一下数十年前的士林风气，这在表面上颇有生机盎然之像。

　　对此，1908年，年未而立的鲁迅在《河南》杂志上发表了《破恶声论》与《文化偏至论》两篇文章。他在这两篇文章里较为系统地反思了当时中国知识阶层对待西方文明与中国传统的态度。他认为，尽管当时的中国知识阶层热衷向国人介绍宣传各类新学，但中国却面临着"本根剥丧，神气旁皇"的危险，形成了"举天下无违言，寂漠为政"的局面。[1]

---

[1]　鲁迅：《破恶声论》，载《鲁迅全集》第8卷，北京：人民出版社1998年版，第23页。

为什么会这样？他并未跟从当时在留日知识阶层当中较为流行的文化氛围，即认为中国是由于"守旧"、由于"蒙昧"而不能主动学习西方文明，所以才在西方资本主义国家（包括明治维新之后的日本）面前显得衰败不堪。他指出，当时的中国知识阶层缺少"破黮暗"的"内曜"与"离伪诈"的"心声"。[1]那种"稍稍耳新学之语"就开始"言非同西方之理弗道，事非合西方之术弗行，掊击旧物，惟恐不力"的做法，[2]表面上看起来符合时代潮流，具有追求进步的外观，但实际上很可能只是缺乏自主性与自觉性的跟风。因为这样做既能凸显自己如何向往在当时已处于支配地位的西方文明，在大多数没有机会系统接触西学的中国人面前表现得高人一等；又能在清廷推行新政、讲求富强之术的背景下为自己带来不少现实利益，博得救国救民的美名。对此，鲁迅这样评价："夫势利之念昌狂于中，则是非之辨为之昧，措置张主，辄失其宜，况乎志行污下，将借新文明之名，以大遂其私欲者乎？"他甚至认为"今所谓识时之彦"，多数人"常为盲子"，只知一味跟风，少数人"乃为巨奸"，借宣扬西学来捞取好处。[3]

鲁迅描绘出这样一幅当时的文化场景：社会上讲求西学之人越来越多，声音也越来越响亮，这让那些来华的外国人不禁感叹中国的维新事业开展得这般如火如荼，而中国的知识阶层也频频效仿西人之言行，主动与西人谈笑风生。而那些掌握了些许西学的人士，频繁利用各种媒介向国人进行"启蒙"活动，唇焦舌敝地宣称如果大多数民众不追随他们的步伐，中国将难以走出困境。这样的氛围，不禁让人产生出"国之富强，计日可待"的幻觉，使人觉得"今之中国，其正一扰攘世哉"。[4]

---

[1]　鲁迅：《破恶声论》，载《鲁迅全集》第8卷，第23页。
[2]　鲁迅：《文化偏至论》，载《鲁迅全集》第1卷，第44页。
[3]　鲁迅：《文化偏至论》，载《鲁迅全集》第1卷，第46页。
[4]　鲁迅：《破恶声论》，载《鲁迅全集》第8卷，第24—25页。

　　但在鲁迅看来,这样熙熙攘攘的场面恰恰体现出中国知识阶层的某种病症。因为一个人的主张应该是其心声的自觉流露,是通过独立思考而来的,面对各种流行于世的学说,一个人应该基于深入思考与独立判断来择别,而不应将实际流行的东西不假思索地奉为值得追慕之物,因为这样做只是在随波逐流,缺少独立思考与自我反思的能力。受到其师章太炎的影响,鲁迅也认为将众人凝合成"大群"乃当时中国所面临的重要时代议题,但"大群"的形成并不能仅凭由慕强心理而产生的跟风效应,而必须建立在"人始自有己"的基础之上,"人各有己,而群之大觉近矣"。以此为标准,虽然当时的知识阶层如此活跃,但"今之中国,则正一寂漠境哉"。[1]

　　毋庸多言,鲁迅并不反对学习与借鉴能够真正解决中国问题的域外学说,否则他也不会先是希望学习西医来悬壶济世,随后又投身于文学创作,通过介绍世界各国优秀文学作品来唤醒国人。但是,那种缺乏自我意识的宣传西学之举,无疑是他非常反对的。这正如在帝制时代,由于儒学长期处于官学的位置,并且科举考试有机会让读书人出仕为官,因此绝大多数读书人都会在表面上成为程朱理学的信徒,俨然以希贤希圣自任,极力表现出一副卫道士的模样。而到了讲求西学蔚然成风的时代,以西方文明的标准来打扮自己,使自己的言行符合流行的西学主张自然也会让人趋之若鹜。虽然近代西学与程朱理学在内容上差异极大,但其众多追慕者的动机与诉求并无二致。这也正像鲁迅的老师章太炎指出的,"中国士民流转之性为多,而执箸之性恒少"。"彼新党者,犹初习新程墨者也,是非之不分,美恶之不辩,惟以新为荣名所归。故新党之对于旧党,犹新进士之对于旧进士,未有以相过也。"[2]

　　那种缺乏自主意识的去效仿、迎合西方文明之举,极易导致对西

[1]　鲁迅:《破恶声论》,载《鲁迅全集》第8卷,第24页。

[2]　章太炎:《箴新党论》,载《章太炎全集》第8册,上海:上海人民出版社2018年版,第297页。

学的认知长期停留在一个比较低端的层次,即时常将各种新名词与新概念挂在嘴边,但对其内涵与外延知之甚浅。更为严重的是,这些服膺者主动认同近代西方列强的价值观,在以西方文明在华代言人自任的过程中把自己也想象成西方文明的一分子,觉得西方列强的殖民扩张活动让自己也与有荣焉。鲁迅指出,当时欣羡西方文明之士有两个明显特征,一为"崇强国",一为"侮胜民"。[1]前者的表现形式就是认为西方列强支配全世界实乃天经地义,西方列强国力之强盛让自己欢欣鼓舞,甚至感到自豪。后者的表现形式就是对那些遭西方列强侵略的国家极尽嘲讽之能,认为那些国家因为弱小而被侵略实乃自作自受,更不会去同情当地民众惨遭殖民之苦。在鲁迅看来,秉持这样心态的中国知识阶层恰恰忘记了中国其实也正在遭受到西方列强的侵略,中国大多数国民的处境与那些已经被殖民的国家之国民其实并没有太大差别。身为被侵略之国的文化精英,不去同情与自己境遇相似的人们,反而对西方列强赞誉有加,这绝非对西学了解有多深,而是"自屈于强暴久,因渐成奴子之性,忘本来而崇侵略者"的表现。[2]他们眼中的中国未来,就是让中国复制此刻西方列强的所作所为。但是,中国之所以值得人们去热爱,中国的文明之所以有其不可磨灭的价值,仅仅是因为有变得与列强一模一样的潜质么?

因此,鲁迅希望有志之士树立主体性与自觉性,与各类"伪士"划清界限,传心声于四海,使中国文明重新焕发活力:

> 故今之所贵所望,在有不和众嚣,独具我见之士,洞瞩幽隐,评骘文明,弗与妄惑者同其是非,惟向所信是诣,举世誉之而不加劝,举世毁之而不加沮,有从者则任其来,假其投以笑侮,使之孤立

---

[1] 鲁迅:《破恶声论》,载《鲁迅全集》第8卷,第32页。

[2] 鲁迅:《破恶声论》,载《鲁迅全集》第8卷,第33—34页。

于世,亦无慑也。则庶几烛幽暗以天光,发国人之内曜,人各有己,不随风波,而中国亦以立。[1]

又言:

明哲之士,必洞达世界之大势,权衡校量,去其偏颇,得其神明,施之国中,翕合无间。外之既不后于世界之思潮,内之仍弗失固有之血脉,取今复古,别立新宗,人生意义,致之深邃,则国人之自觉至,个性张,沙聚之邦,由是转为人国。[2]

在鲁迅这里,凝聚成"人国",使中国在列强环伺的局面下得以自立,与国民具有鲜明的自我意识,二者之间并不是对立关系,而是相辅相成的。如果缺少这种自我意识,即便中国传统被彻底遗弃,象征西方文明的符号与事物在中国大地上普及开来,中国依然不会出现质的变化,因为后者的流行建立在服膺者与传播者缺乏自我意识的基础上。"洞瞩幽隐,评骘文明",并不是宣称自己掌握了最流行的、背后有强大政治与军事实力撑腰的学说就可以进行,而是要看参与这项事业的人是否具备扎根于本土,与本国国民同呼吸共命运的主体性与自觉性。在思考文明问题时,"外之既不后于世界之思潮,内之仍弗失固有之血脉",也不是一种乡愿式的和稀泥,而是充分意识到本国文明的生命力、认同本国文明在历史流变中显现出来的不可磨灭的价值,以及基于主动体察时势变迁大势之上的择取新知。

如果说鲁迅在清末主要批评那种因跟风而趋新慕强的现象,并在此基础上探索如何在中国实现政治上与文化上的真觉醒,那么到了南

---

[1] 鲁迅:《破恶声论》,载《鲁迅全集》第8卷,第25页。
[2] 鲁迅:《文化偏至论》,载《鲁迅全集》第1卷,第56页。

京国民政府成立之后，面对国民党在意识形态上重拾早已被北洋军阀玩烂的尊孔读经，极力与大革命时期那些具有活力、赢得广泛支持的政治主张保持距离，许多曾经在文化领域表现出战斗力的人们以各种形式向国民党的意识形态靠拢，鲁迅则以另一种方式继承他在清末所提倡的"烛幽暗以天光，发国人之内曜"。

1927年，鲁迅几次途经香港。他观察到，当时的香港虽被英国统治，可儒学在香港却颇为吃香，香港中文报纸上印着的港英政府各职能部门的名称也是古色古香。更有甚者，港英政府官员竟然不时地鼓吹以儒家为代表的"国粹"的重要性，号召在香港的中国人要重视"旧道德"。当初在清末，革命党人用来宣传革命思想的杂志，在港督金文泰口中也成了记载中国旧学的重要刊物。[1] 与此同时，那些为港英政府服务的中国人，却仗着自己与殖民者关系更近的"优势"，高高在上地对本国同胞吆三喝四，全然看不出儒家的"夷夏之辨"或民胞物与思想在他们身上有何体现。鲁迅不禁感慨：

> 香港虽只一岛，却活画着中国许多地方现在和将来的小照：中央几位洋主子，手下是若干颂德的"高等华人"和一伙作伥的奴气同胞。此外即全是默默吃苦的"土人"，能耐的死在洋场上，耐不住的逃入深山中，苗瑶是我们的前辈。[2]

通过这样的描述，鲁迅提醒人们注意，在现实的政治与社会结构中，英国殖民者绝不会允许中国人与之平起平坐，但为了更好地统治当地民众，他们会有意提拔一些希望通过得到他们赏识而在同胞面前拥有各类特权的中国人，让后者感觉到有通过为殖民者服务来让自己变

---

[1]　鲁迅：《略谈香港》，载《鲁迅全集》第3卷，第427—433页。
[2]　鲁迅：《再谈香港》，载《鲁迅全集》第3卷，第535—541页。

成"文明人"的希望。

在这样的情形下,中国其实是一个充满负面意涵的符号,与英国殖民者同好恶才是高贵而文明的表现。但另一方面,英国殖民者却时常发表称赞中国文化的话,告诉中国民众应遵循由儒家思想形塑的"旧道德"。这样做看似在尊重中国传统,其实是利用了中国传统当中比较负面且落后的一面,使之成为让中国民众更为服帖的工具。换言之,英国殖民者越是想彰显西方文明的优越性,就越需要中国传统来做陪衬,因为"优越的"西方文明只配被英国殖民者及其少数中国附庸所享有,而大多数居于被统治地位的中国民众只需继续尊奉儒家思想,将过去对皇帝的服从转变为对英国殖民者的服从。当然,由于中国传统典籍在当时仅能被少数文化精英所熟读,所以这样的文化政策很容易获得他们的支持,因为这能继续让他们保持对广大普通中国民众的优越感。

在鲁迅看来,1927年的香港"活画着中国许多地方现在和将来的小照"。从南京国民政府成立之后颇为积极地想融入由欧美列强主导的世界秩序,并在对日交涉过程中不断退让等方面来看,鲁迅所言未必是在危言耸听。政治经济上的依附必然带来文化上的依附。1930年初,鲁迅向读者介绍去年一位美国电影明星来中国推销其作品,上海的电影团体发现该影星推销的电影内容中有对中国历史不敬之处,并且该明星来华时态度颇为高傲,于是就写了一封公开信给该影星,称其为"大艺术家",自陈中国民众对他非常欢迎,礼节上毫无怠慢,并向他介绍中国传统道德如何优秀,希望他能多向世界宣传中国文化云云。对此,鲁迅指出:

> 这正是被压服的古国人民的精神,尤其是在租界上。因为被压服了,所以自视无力,只好托人向世界去宣传,而不免有些谄;但又因为自以为是"经过四千余年历史文化训练"的,还可以托人向世界去宣传,所以仍然有些骄。骄和谄相纠结的,是没落的古国

人民的精神的特色。[1]

在这里，鲁迅揭示了当时一批文化人的文化心态：他们很热衷于强调中国传统如何有价值、中国历史如何充满着荣光，但是他们却极力希望这些内容能被在世界政治与经济结构中处于支配地位的西洋诸国承认。在他们看来，得到这样的承认很可能比本国人士自己说出这些内容更有分量。这里面暗含的逻辑就是，现实当中中国是很孱弱的，这种孱弱的地位是难以改变的，中国的历史与文化更不能为改变中国这样的现状提供帮助。但作为一种文化符号，它却有机会得到"强者"的认可。这就让中国虽然实际上很孱弱，但看上去又不那么孱弱了。因为让那些影响着中国政治与经济的外部力量称赞中国的历史文化，这是一个值得骄傲的事情。文化上的依附固然时常以依附者主动效仿支配者的文化符号的方式表现出来，但更深层次也更为牢固的依附状态，是依附者将自己文化符号献给支配者，希望得到后者的垂怜。由于被依附者的文化是更高贵的，因此依附者难以真正效仿。退求其次，敝帚自珍，呈送品鉴，这样就让自己看上去比其他依附者更被重视。

正如相关研究所指出的，虽然南京国民政府在外交上乏善可陈，但国民党却常以民族主义为旗帜向国内进行宣传。具体到文学领域，为了对抗影响越来越广泛的左翼文学，国民党政权炮制出"民族主义文学"的口号，并创作相关作品。1931 年，鲁迅注意到当时一部所谓民族主义文学的作品，写的是不久前的国民党新军阀之间的中原大战。在其中，作者在描述军阀混战的场景时，将其比拟成法国殖民者在北非沙漠与当地反抗者之间的战斗，认为前者与后者一样惨烈而壮观。针对这样的描写，鲁迅评价道：

---

[1] 鲁迅：《现代电影与有产阶级》，载《鲁迅全集》第 4 卷，第 412 页。

原来中国军阀的混战，从"青年军人"，从"民族主义文学者"看来，是并非驱同国人民互相残杀，却是外国人在打别一外国人，两个国度，两个民族，在战地上一到夜里，自己就飘飘然觉得皮色变白，鼻梁加高，成为腊丁民族的战士，站在野蛮的菲洲了。那就无怪乎看得周围的老百姓都是敌人，要一个一个的打死。法国人对于菲洲的阿剌伯人，就民族主义而论，原是不必爱惜的。仅仅这一节，大一点，则说明了中国军阀为什么做了帝国主义的爪牙，来毒害屠杀中国的人民，那是因为他们自己以为是"法国的客军"的缘故；小一点，就说明中国的"民族主义文学家"根本上只同外国主子休戚相关，为什么倒称"民族主义"来朦混读者，那是因为他们自己觉得有时好像腊丁民族，条顿民族了的缘故。[1]

从世界近代史的进程来看，非西方世界的民族主义思潮固然有这样或那样的缺点，但从民族解放运动的角度来看，它还是有一定进步意义的，因为它能促使当地具有革命意识与民主意识的各阶层民众团结起来抵御外侮。但在鲁迅笔下，国民党民族主义文学透露的却是秉持民族主义的群体似乎并不将本国大多数民众视为同胞，而是把自己类比为统治殖民地的外来殖民者，把军阀之间"撒向人间都是怨"的内战看成是殖民者与殖民地反抗者之间的战争。这就表明，国民党的民族主义其实是一种用来区分统治阶层与被统治阶层的权贵式民族主义，它的民族主义精英对标的对象是征服殖民地的西方殖民者。他们之间才是有共性的，是可以相互比拟的。这样的民族主义表面上强调要保障本国地位，但实际上却高度依附于西方列强。其具体实践就是一群在文化品味上认同西方文明的本国统治阶级，以高度精英化的民族主义为号召，驱使着本国大多数一穷二白的民众。这正如今天的研

---

[1]　鲁迅：《"民族主义文学"的任务和运命》，载《鲁迅全集》第4卷，第313—314页。

究揭示的那样："1927年以后的南京政府，无疑是中国近代最亲英美、西方化色彩的政府，但它又仍然是封建性浓厚的军阀与官僚的联合专政。"[1]这样性质的政权所极力规避的自然就是对整个社会结构进行改造与重建，特别是推翻先前的支配与被支配关系。正是在这个意义上，鲁迅如是评价"民族主义文学"的本质：

> 殖民政策是一定保护，养育流氓的。从帝国主义的眼睛看来，惟有他们是最要紧的奴才，有用的鹰犬，能尽殖民地人民非尽不可的任务：一面靠着帝国主义的暴力，一面利用本国的传统之力，以除去"害群之马"，不安本分的"莠民"。所以，这流氓，是殖民地上的洋大人的宠儿，——不，宠犬，其地位虽在主人之下，但总在别的被统治者之上的……他们所谓"文艺家"的许多人，是一向在尽"宠犬"的职分的，虽然所标的口号，种种不同，艺术至上主义呀，国粹主义呀，民族主义呀，为人类的艺术呀，但这仅如巡警手里拿着前膛枪或后膛枪，来福枪，毛瑟枪的不同，那终极的目的却只一个：就是打死反帝国主义即反政府，亦即"反革命"，或仅有些不平的人民。[2]

此外，在文化政策上，为了对抗声势渐广的左翼文化，南京国民政府不断强调中国传统的重要性。在鲁迅看来，国民政府为维护统治而倒行逆施，于外交政策上步步退让，在此背景下提倡中国传统，不但不足以振作民族精神，反而会进一步压制中国的进步力量。他通过论述清代学术史，提醒人们注意儒学是如何被统治阶级当成工具来使用的：

---

[1] 章开沅、罗福惠主编：《比较中的审视：中国早期现代化研究》，杭州：浙江人民出版社1993年版，第770页。
[2] 鲁迅：《"民族主义文学"的任务和运命》，载《鲁迅全集》第4卷，第311页。

学者的见解，是超然于得失之外的。虽然超然于得失之外，利害大小之辨却又似乎并非全没有。大莫大于尊孔，要莫要于崇儒，所以只要尊孔而崇儒，便不妨向任何新朝俯首。对新朝的说法，就叫作"反过来征服中国民族的心"。[1]

正是有着这番观察，当看到正在侵略中国的日本于汤岛重建孔庙，南京国民政府仍派代表专程前往"参谒"时，鲁迅撰文分析"现代中国的孔子"，指出："孔夫子之在中国，是权势者们捧起来的，是那些权势者或想做权势者们的圣人，和一般的民众并无什么关系。""孔夫子曾经计划过出色的治国的方法，但那都是为了治民众者，即权势者设想的方法，为民众本身的，却一点也没有。这就是'礼不下庶人'。成为权势者们的圣人，终于变了'敲门砖'，实在也叫不得冤枉。和民众并无关系，是不能说的，但倘说毫无亲密之处，我以为怕要算是非常客气的说法了。"[2]鲁迅的这些观点，不禁让人想起章太炎在清末的"订孔"之论："儒家之病，在以富贵利禄为心。""所谓中庸者，是国愿也，有甚于乡愿者也。孔子讥乡愿，而不讥国愿，其湛心利禄又可知也。""用儒家之道德，故艰苦卓厉者绝无，而冒没奔竞者皆是。"[3]如此这般之人，自然很容易视强权为文明，进而希望成为有幸被强权相中、能分到些许残羹的一分子，虽然他们经常自诩多么"热爱"中国文化，是以"弘道"为己任的当代大儒。

　　顺着鲁迅的这些思考，或可有助于进一步认识现代中国所面临的文明问题。

[1]　鲁迅：《算账》，载《鲁迅全集》第5卷，第514—515页。

[2]　鲁迅：《在现代中国的孔夫子》，载《鲁迅全集》第6卷，第316、318页。

[3]　章太炎：《诸子学略说》，载汤志钧编：《章太炎政论选集》上册，北京：中华书局1977年版，第289、290、291页。

目　录

"文明等级论"与近代殖民史

　　晚近以来,人们开始关注历史上的新旧帝国之构造及其特征。而关于所谓"新帝国",除了从政治、经济与外交领域展于剖析,更需探究近代以来旨在称霸一方或席卷全球的列强所秉持的意识形态话语,揭示其基本内容、话语逻辑、传播路径,进而从思想史的角度呈现列强一系列内外政策的深层次特征。其中,"文明"这个慨念及其衍生品是重要的研究对象。戊戌年间,在湖南宣传变法改革的晚清经学名家皮锡瑞,有一次在南学会主办的演讲活动中说到近代欧洲列强对外扩张的特征:

　　　　欧洲重公法,待野蛮无教化之国,与待文明有教化之国不同,杀其人不为不仁,据其土不为不义。西人欲灭人国、夺人地,必先出报,痛诋其国如何无教化,将代为之设教;其民如何不聊生,将代为之治民。以此试验其国,并告知各国。其国醒悟,犹可挽回。若其国视若罔闻,各国亦置之不理,则彼大胆动手,以其国既如此昏聩,各国亦无为援手者。[1]

---

[1]　皮锡瑞:《南学会第十二次讲义》,载尹飞舟编:《湖南维新运动史料》,长沙:岳麓书社2013年版,第473页。

正如其言,近代欧洲列强(包括明治维新之后的日本)在全球范围内进行殖民扩张,除了仰仗坚船利炮,还时常通过控制被殖民地区的经济命脉与各种资源,使该地区在发展上高度依附于自己,成为自己的生产资料与廉价劳动力的获取地、本国商品的倾销地,这样能够让该地区在经济与社会结构上保持一种比较落后的水准,便于自己不断地在当地获取利益。除此之外,近代殖民扩张活动中手段更为"隐微"却影响极其深远的,就是列强为了凸显自己这些活动的正当性,制造了一套意识形态说辞,并通过现代舆论工具广为宣传、反复说教。它使世人觉得殖民扩张实乃天经地义,有些地区被殖民纯属咎由自取,在此过程中出现的血腥与暴力不需予以过分的谴责,因为这一切都是"合理"的,是"不得已而为之"的。在这样的意识形态话语下,不但列强国家内部形成了对本国相关政策的高度认同,而且被殖民地区的精英与大众也渐渐地觉得被人殖民并非惨遭侵略,而是提供了一个让自己"过得更好"的契机。即便二战之后,反帝反殖运动在全球范围内兴起,许多被殖民的地区纷纷独立,但这样的意识形态话语在不少地方依然普遍存在,不断以新的面貌出现。

皮锡瑞特别提到,近代列强在宣扬自己殖民扩张的正当性时,经常把自己称作"文明有教化之国",而将那些征服目标视为"野蛮无教化之国",并强调正是因为后者极为"野蛮",结果内政不修、"民不聊生",所以自己才要勉为其难地"替天行道",占取其地,管制其民。这一说辞就是所谓"文明等级论"。它肇始于启蒙运动时期,兴盛于19世纪帝国主义、殖民主义盛行的时代,及至20世纪上半叶依然在世界范围内影响深远。它以近代西方文明为标准,将广大的非西方地区划分为"半文明"与"野蛮"两个等级,旨在论证西方列强在这些地区进行殖民扩张的正当性,把殖民活动解释成"教化""规训"非西方地区的"义务",同时强调非西方地区若想成为"文明"社会一员,必须依照"文明国家"的"指导",效仿后者的一整套政治、文化、社会体制。这一意识形态话语，同样在近代以来饱受东西列强侵略的中国有着不小的影响。当然，在实际的历史进程中，不少有识之士为了探寻救亡图存之道，时常借助源自域外的"文明"概念来呼吁中国社会变革、倡导近代国民意识，并号召人们正视中国自身存在着的各种亟须克服的弊病。因此，深入分析"文明等级论"，揭示其话语逻辑，并从中国近代史的角度探讨它如何在中西交涉活动中起作用，这也许是一件很有意义的事情。本文即先以近代英国为例，探讨其政学人士如何运用"文明等级论"作为殖民扩张之说辞，之后以近代日本为例，分析"文明等级论"在东亚的流行状况，最后对"文明等级论"与近代列强在华活动略作分析。

一、"文明等级论"视域下的近代西方殖民扩张活动：以近代英国为例

　　热衷于搞扩张、不断寻找新的敌人，可以说是西方文明的基本特征之一。在特洛尔奇看来，相比于中国的儒家文明，"自从古代和中世纪的野蛮状态以来，欧洲一直有一种急迫的冲动，想要干出一番盖世伟业，一切都敢作敢为，一切都能创造，充分得享冒险之乐，踏遍并征服全世界"。在这种强烈的征服欲作用下，所谓"普世"，指的就是"崇尚一种统一的世界权力"。[1]既然追求"征服"，那么就得确立需要被征服的对象，并制造一套后者之所以必须被征服的说辞。关于欧洲文明内部特征的形成，麦金德认为："正是在外来野蛮人的压力下，欧洲才实现它的文明。因此，我请求你们暂时地把欧洲和欧洲的历史看作隶属于亚洲和亚洲的历史，因为在非常真实的意义上说，欧洲文明

---

[1]　特洛尔奇著，陈湛等译：《历史主义及其克服》，载刘小枫选编：《克服历史主义》，北京：华夏出版社2021年版，第174、175页。

是反对亚洲人入侵的长期斗争的成果。"[1]在这里,他把亚洲描绘成一个时刻威胁文明的欧洲的"外来野蛮人",为了凝聚欧洲内部的共识,必须时刻警惕这个"外来野蛮人"。虽然在奥斯曼帝国国力强盛的时期,由于它采取承认不同宗教信仰的政策,欧洲的基督教国家为了获取政治与经济利益,较为积极地认可前者的优势地位,成为欧洲—近东国际体系中"奥斯曼和平"的参与者,[2]但在意识形态层面,正如萨义德的分析,在西方历史上,从希腊时代开始,文人政客就不断地从西方内部"我们"的角度出发去描述东方,将其刻画成一个异样的、野蛮的、停滞的既令人恐惧又令人蔑视之物,以此彰显西方自身的优越性,以及抗击、侵略、征服东方的必要性。[3]基督教在西方世界兴起之后,如此这般的"文野之分"又在"异教徒"与"信教者"的名义下被进一步强化,将不信教的地区视为法外之地,那些信教者可以奉行上帝意旨对其进行征服,而规范西方国家内部的法律在那些"异教徒"居住之地将不再适用,征服者肆意使用暴力也不受约束与谴责。[4]及至19世纪,随着西欧民族国家的建立,为了新的政治与经济利益,对外扩张更为猛烈。随之而来的就是传教活动不断增加,传教士对借助殖民活动来传播宗教兴趣越发浓厚。当然,他们向来自称此举是以一种"献身精神"去"教化"那些不信教的"落后地区"民众。而这样的宗教热情也进一步刺激了西方列强国家的民众支持殖民扩张的情绪。[5]此诚"相辅相成"也。

---

[1] 麦金德著,林尔蔚、陈江译:《历史的地理枢纽》,北京:商务印书馆2016年版,第52页。

[2] 阿亚拉·湖:《欧洲、伊斯兰教与奥斯曼和平(1453—1774年)》,载铃木胜吾等著,颜震译:《早期现代世界的国际秩序:西方崛起的前夜》,北京:世界知识出版社2019年版,第43—67页。

[3] 萨义德著,王宇根译:《东方学》,北京:生活·读书·新知三联书店2007年版,第38—149页。

[4] 施米特著,刘毅等译:《大地的法》,上海:上海人民出版社2017年版,第64页。

[5] 欣斯利编,中国社会科学院世界历史研究所译:《新编剑桥世界近代史》第11卷,北京:中国社会科学出版社2018年版,第47—48页。

如果说这种宗教式的"文明"与"野蛮"之辨不难被识别（只要不信其教义即可），那么对于近代西方文人学者利用各种概念工具来论证"文明等级论"的做法，则需详细分析。说起近代的殖民扩张活动，则不能不提及在19世纪称霸全球的英国。据今人研究，被视为自由主义先驱的洛克，在撰写《政府论》之时，英国人在美洲殖民的史事经常成为他建构自己理论体系的重要参考。[1]正因为这样，在《政府论》当中，洛克发明了一套看起来很精致的、用来论证因西方与非西方处于不同的"文明等级"而允许前者对后者进行殖民占领的理论。洛克认为，只要人们通过劳动去使用世间之物，那么就拥有了占有这些物品的权利，即"只要他使任何东西脱离自然所提供的和那个东西所处的状态，他就已经掺进他的劳动，在这上面参加他自己所有的某些东西，因而使它成为他的财产"。"我的劳动使它们脱离原来所处的共同状态，确定了我对于它们的财产权。"换言之，"正是劳动使一切东西具有不同的价值"。[2]被近代自由主义所反复颂扬的私有财产权即由此而生。[3]但这一论述的关键在于，何谓"劳动"，必须要有更为"准确"的定义。洛克并不认为一切通过自己的劳作而获取生活与生产资源的行为都能称为"劳动"。他以美洲原住民为例，声称："这些部落土地富足而生活上的一切享受却是贫困的。自然对他们也同对任何其他民族一样，充分地提供了丰富的物资——那就是能生产丰富的供衣食享用之需的东西的肥沃土地——但是由于不用劳动去进行改进，他们没有我们所享受的需用品的百分之一。"[4]他甚

---

[1] 阿米蒂奇著，陈茂华译：《现代国际思想的根基》，杭州：浙江大学出版社2017年版，第95—119页。

[2] 洛克著，叶启芳、瞿菊农译：《政府论》下篇，北京：商务印书馆2004年版，第19、20、27页。

[3] 关于对洛克财产权理论内在逻辑的分析，参见麦克弗森著，张传玺译：《占有性个人主义的政治理论：从霍布斯到洛克》，杭州：浙江大学出版社2018年版，第205—230页。

[4] 洛克著，叶启芳、瞿菊农译：《政府论》下篇，第26—27页。

至拿美洲的状况与当时资本主义已经有所发展的英国作比较,认为在美洲,"一个拥有广大肥沃土地的统治者,在衣食住方面还不如英国的一个粗工"。[1]

因此,洛克认为,像美洲这样由于当地人不善劳动而未能充分利用自然资源的地区,那里的土地就不应被视为已经由当地人占有。他进一步谈及,在当时的世界上有不少类似于美洲的地方:

> 有大块的土地(那里的居民尚未同意和其余的人类一起使用他们的共同的货币)荒芜不治,比居住在上面的人们所能开垦或利用的还要多,所以它们还是公有的。[2]

> 凡是经过耕种、收获、贮存起来的东西,在败坏之前予以利用,那是他的特有权利。凡是圈入、加以饲养和利用的牲畜和产品也都是他的。但是,如果在他圈用范围内的草在地上腐烂,或者他所种植的果实因未被摘采和贮存而败坏,这块土地,尽管经他圈用,还是被看作是荒废的,可以为任何其他人所占有。[3]

既然这些本来由当地人进行劳动的地区,其劳动水平未能达到洛克眼中的标准,那么这样的劳动就不能称为"劳动",这些地区的土地与自然资源就依然属于无人占有的公共之地(即所谓"无主地")。照此逻辑,那些具有"劳动能力"的人去占有这些地区,也就不能被视为侵犯他人财产了。在这里,洛克借助英国殖民北美的经验,认为像北美原住民那样的群体,缺乏通过理性来劳动的能力,因此他们生存的地方,

---

[1] 洛克著,叶启芳、瞿菊农译:《政府论》下篇,第27页。
[2] 洛克著,叶启芳、瞿菊农译:《政府论》下篇,第30页。
[3] 洛克著,叶启芳、瞿菊农译:《政府论》下篇,第26页。

就理应让具有充分劳动能力的如英国资产阶级那样的群体去占有。[1]可见,这种判断是否有"劳动能力"的论述,其实就是一和"文明等级论"——文明程度低的群体(无劳动能力)生活与居住的地方应被文明程度高的群体(有劳动能力)殖民。[2]而在实践层面,库克在18世纪下半叶到达大洋洲之时,就以本地土著居民无法充分利用当地自然资源为理由,宣称英国将当地划为殖民地实属天经地义,而那些土著居民,也只是一群不知耕种土地,缺少宗教意识的可怜虫。[3]

若是说洛克的这些论证还显得颇有"隐幽"之感,那么到了19世纪,随着大英帝国称霸全球,如何治理遍布各处的殖民地就成为一个引起热议的话题。正如论者所言,在彼时英国精英阶层的视域里,英国与世界的关系始终透露着强烈的传播"文明使命"的色彩,这样的论调在英国国内常能起到一呼百应的效果。[4]在众多殖民地里,地域辽阔的印度长期受到英国知识分子的关注。詹姆斯·密尔在历经多

---

[1] 值得注意的是,在《政府论》上篇里,洛克称中国人是"很伟大和文明的民族"(参见洛克:《政府论》上篇,北京:商务印书馆1982年版,第117页)。可见,他似乎未将中国人与北美洲的原住民归为一类,而是认为中国人属于"文明民族"之列。而阿米蒂奇在其著作里一方面揭示了英国人殖民美洲的经验给洛克撰写《政府论》的启发,另一方面则通过研究洛克的著作文本,认为"洛克的理论是非等级性的,包容性很强,宣称所有的成年人都拥有相同的理性,因为'美洲和欧洲'(还有中国,例如)的理性是一样的","他完全没有将理性与欧洲人、非理性与土著民族联系在一起"。不过,作者也承认:"洛克的论点实际上常常被用于世界各地的驻领殖民地,被其他开展欧洲以外的欧洲殖民地的理论家用来为征用土著居民的土地作辩护"(参见阿米蒂奇著,陈茂华译:《现代国际思想的根基》,第137、132页)。因此,本文正是从洛克的思想对近代殖民活动产生深远影响这一历史事实出发,分析其言说。因为评估一位思想家的历史地位,往往并不在于后世研究者如何解读其'原意',而在于探讨他的思想的全貌或片段,是否对实际的历史进程有重要影响。如果有,那么产生这种影响的具体观点是什么。

[2] 关于近代英国殖民者如何运用"无主地占有"理论进行殖民活动,参见尼尔·弗格森著,雨珂译:《帝国》,北京:中信出版社2012年版,第58—60页。

[3] 劳伦斯·詹姆斯著,张子悦等译:《大英帝国的崛起与衰落》,北京:中国友谊出版公司2018年版,第154页。

[4] 奥特斯哈默著,强朝晖、刘风译:《世界的演变:19世纪史》第2册,北京:社会科学文献出版社2016年版,第862—863页。

年撰写、后来成为英属印度文官考试教材的《英属印度史》里，根据旅行家与传教士对印度的描述，分析印度的"文明尺度"。在他看来，印度社会长期停滞，从未达到一种高度的文明状态，而是属于"半文明"或"半野蛮"阶段，比欧洲封建时代更等而下之，和那些同样被他视为落后民族象征的美洲印第安人同属一个级别。与之相对，他认为欧洲文明位于文明的制高点。因此，英国殖民印度就显得理所应当，甚至是在不辞辛苦地"赐福"当地居民。[1]在别的文章里，詹姆斯·密尔坦言："如果我们希望延长英国政府在印度的统治，并且确实是诚心诚意的，这也是为了当地人的利益，而不是出于英国利益的考虑。统治印度从来都只是一个负担。不过，就算是负担也绝不能放弃。然而，在印度的英国统治，虽然具有种种罪恶，但对于印度人民来说仍然是难以形容的福祉。我们相信，欧洲权力的极端滥用都比最温和的东方专制要好。"[2]詹姆斯·密尔的这些观点，对他的儿子约翰·密尔影响颇深。约翰·密尔自言，乃父《英属印度史》里"对印度的社会与文明以及对英国的制度与管理条例的评判和专题论述，赋予我的思想以极大的指导、推动和鼓励的作用"。[3]在著名的《代议制政府》一书里，约翰·密尔分析了代议制政体在实践过程中可能出现的各种问题，以及对政治与社会的影响。在该书的开篇，密尔就声称：

> 一个未开化的民族，尽管在某种程度上感觉到文明社会的好处，也许不能实行它所要求的克制：他们也许太容易动感情，

---

[1] 珍妮弗·皮茨著，金毅、许鸿艳译：《转向帝国：英法帝国自由主义的兴起》，南京：江苏人民出版社2012年版，第181—196页。梅特卡夫著，李东云译：《新编剑桥印度史·英国统治者的意识形态》，昆明：云南人民出版社2015年版，第32页。

[2] James Mill, *"Review of Voyage aux indes orientales"*, 转引自魏孝稷：《"文明"话语与19世纪前期英国殖民话语的转向——以英属印度为中心的考察》，《全球史评论》第21辑，第103页。

[3] 约翰·密尔著，郑晓岚、陈宝国译：《约翰·穆勒自传》，北京：华夏出版社2007年版，第18页。

或者他们的个人自尊心太强,而不能放弃私斗,把对事实上的或者所认为的不法行为的报复留给法律去解决。在这种场合,一个文明政府要对他们真正有利,将必须是在相当程度上专制的,即必须是一个他们自己无法实行控制,却对他们的行动加以大量强制的政府。[1]

而当谈及殖民地地区是否应引进代议制这一具有许多正面价值的制度时,密尔坦陈:

> 另外一些并未达到那种状态的属地,如果要加以掌握的话,就必须由支配国家去统治,或由该国为此目的委派的人统治。这种统治方式同任何其他方式一样是合法的,如果它是在该附属人民的现有文明状态下最便于他们向进步的更高阶段过渡的统治方式的话。如前所述,在有些社会状况下,强有力的专制政治本身就是在为使人民适于较高文明所特别欠缺的方面对他们加以训练的最好的统治方式……在本地的专制政治下,好的专制君主是一件罕见的和稍纵即逝的偶然事件,但当该地人民受到一个更文明的国家统治时,则该国应当能够继续不断地提供这种好的专制君主……这就是自由的人民对野蛮的或半野蛮的人民的理想的统治。[2]

密尔的这番话就是典型的"文明等级论"式的言说。按照"文明等级论"的逻辑,那些处于"半文明"或"野蛮"状态的地区,不能直接引进"文明国家"的政治制度,因为当地的人还没有足够的素质来实践这些制度。密尔认为,虽然"野蛮人"不乏体力、勇气与雄心,但他

---

[1]　密尔著,汪瑄译:《代议制政府》,北京:商务印书馆2019年版,第6页。
[2]　密尔著,汪瑄译:《代议制政府》,第248页。

们"缺乏合作能力"。对"野蛮人"而言,"不能忍受为了某一目的而放弃个人愿望的满足。他的社会性甚至不能暂时制伏他的自私情感,他的冲动也不能服从他的深思熟虑"。相应地,"文明发展不完善的民族没有能力进行合作"。与之形成鲜明对比,"高度文明状态的特征就是财产与智慧的扩展,以及合作能力"。[1]因此,对于文明程度不足的地区,应该采取更为严厉且专制的手段来统治,这样方能符合当地的文明程度,甚至可以借助如此这般的"训练",使当地的文明水准得到提升。当然,在密尔的视域里,要想从野蛮步入文明,需要经历漫长而艰难的过程,并且其间会不乏堕落或停滞的风险,这就进一步论证了"文明国家"对"不文明"地区采取强制性制度的必要性。[2]与之相似,另一位对《英属印度史》有高度评价的19世纪辉格史学代表人物麦考莱认为,英国殖民印度属于高等文明恩惠野蛮之地,前者"在混乱不堪的地方建立起来秩序"。英国殖民者象征"欧洲人的骑士风度与基督徒精神",彼辈有"节制与仁慈"的美德。[3]他这样评价英国对印度的统治:"我看到一个热切致力于公共利益的政府。甚至在它的错误之中,我也看出它对治下的伟大民族怀着父亲般的情感。""我看到欧洲的道德、哲学与品位开始对我们臣民的心灵与理解力带去有益的影响。"[4]而另一面,麦考莱对印度文明评价甚低,声称印度当地的语言"既不包含文学信息,也不包含科学信息,甚至还十分贫乏和粗陋"。"一间优秀的欧洲图书馆中的一架书就抵得上印度与阿拉伯半岛的全部土著文学。"[5]因此,为了更好地统治印度,麦考莱建议英国培养一批代理人:

[1] 密尔著,胡勇译:《文明——时代的征兆》,载《密尔论民主与社会主义》,长春:吉林出版集团有限责任公司2008年版,第55、56、57页。

[2] 曼特娜著,何俊毅译:《帝国的辩解——亨利·梅因与自由帝国主义的终结》,上海:华东师范大学出版社2018年版,第55—56页。

[3] 麦考莱:《印度的治理》,载郑凡、林国荣编译:《麦考莱与英印帝国》,上海:上海三联书店2024版,第19、20页。

[4] 麦考莱:《印度的治理》,载郑凡、林国荣编译:《麦考莱与英印帝国》,第21页。

[5] 麦考莱:《教育备忘录》,载郑凡、林国荣编译:《麦考莱与英印帝国》,第39页。

"我们必须尽力塑造一个阶层,他们可以作为我们与我们治下数百万民众之间的翻译;这个阶层的人在血统与肤色上是印度人,然而在品位、在观念、在道德以及智力上是英国人。"[1]这批人便是英国使印度"文明化"的典型。这里的关键,正如萨义德所揭示的,是近代西方掌握了对非西方地区的定义权,即通过设立标准与传播理念,让后者自己也确信"他们是一个臣服的民族,为一个了解他们并且可能会比自己更了解自己的民族所统治。他们辉煌的时代是在过去;他们在现代世界之所以还有存在的价值仅仅因为那些强大的、现代化的帝国有效地使他们摆脱了衰落的悲惨境地,并且将他们转变为重新焕发出生机的、具有创造力的殖民地"。[2]

进一步而言,这样的观点虽然是在论证殖民统治的合法性,可是一旦"文明等级论"成为一种普遍流行的世界观,那么此番言论就极有可能被视为一种对"落后地区"的"格外关心",是那些"文明地区"的人不辞辛苦地远渡重洋来"关爱"落后地区的民众。所以密尔声称:"落后的人民直接隶属于较先进的人民或者处于后者的完全的政治支配之下已经是通常的情况,并将迅速成为普遍的情况,因此在现时很少有什么问题比如何组织这种统治更为重要,俾使这种统治成为对从属人民的好的统治而不是坏的统治,提供给他们以可能达到的最好的政府和最有利于未来持久发展的条件。"[3]从这番话里,丝毫看不出英国如何从殖民扩张活动中获取利益,反而彰显出英国基于仁爱之心去救"落后地区"民众于水火之中的道德热情,理应让被殖民地区的精英感恩戴德。密尔的这些思考,在长期鼓吹殖民扩张必要性的张伯伦那里有了更为通俗的表述。1897年他在英国皇家殖民协会发表演讲,声称英国的殖民活动"确实已经把安全、和平和相对的繁荣带给了那些从不

---

[1]　麦考莱:《教育备忘录》,载郑凡、林国荣编译:《麦考莱与英印帝国》,第47页。
[2]　萨义德著,王宇根译:《东方学》,第44页。
[3]　密尔著,汪瑄译:《代议制政府》,第247—248页。

知道这些东西为何物的国家"。"这种开化工作履行着我心目中的我们民族的使命,并为发扬那些使我们成为一个伟大的统治民族的才能和品质寻求机会。"在他看来,"时代的趋势将把全部权力交到较大的帝国手中,而较小的王国——那种落后的东西——看来注定要下降到次要的、从属的地位"。[1]

近代英国运用"文明等级论"来文饰殖民活动,不但见诸洛克、密尔这样的名冠一时的政治经济学者的论著中,而且借助历史叙事,构建了一套强调"殖民有理"论的历史观,使其能更为通俗且广泛地传播开来,并让人们进一步觉得殖民扩张实属天经地义。[2]曾为英女王讲授殖民史的考尔德科特在《大英殖民帝国》一书里就将传教与殖民的关系用写历史的方式不断美化,声称:"我们必须承认,高尚的道德行为和优良的道德品质都是天性使然。雅利安人因宗教信仰显得高贵,明显优于蒙古人和黑人。"[3]此外,他还表彰对比于西班牙在中南美洲的殖民活动,"英国殖民者往往会采取比较温和的方式",即不像西班牙人那样大肆杀戮,而是"征服了当地的印第安部落,将其驯化为奴"。[4]对于被视为英国女王王冠上宝石的印度,作者更是一本正经地强调:"英国统治印度的目的在于教化。"[5]基于同样的逻辑,作者如是总结英国的殖民活动:

[1]　《约瑟夫·张伯伦在皇家殖民协会的演说(1897年3月31日)》,载刘克华编译:《世界史资料丛刊·一八七〇——一九一四的英国》,北京:商务印书馆1987年版,第119、121页。

[2]　当然,除了用写历史的方式,近代"文明等级论"还通过文学作品,以及人种学、医学、语言学等近代学科话语来广泛传播。关于这些问题,已有不少研究,在此不再重复。相关论著参见萨义德著,李琨译:《文化与帝国主义》,北京:生活·读书·新知三联书店2003年版。刘禾主编:《世界秩序与文明等级:全球史研究的新路径》,北京:生活·读书·新知三联书店2016年版。查克拉巴提著,李尚仁译:《医疗与帝国:从全球史看现代医学的诞生》,北京:社会科学文献出版社2019年版。

[3]　考尔德科特著,周亚莉译:《大英殖民帝国》,北京:华文出版社2019年版,第327页。

[4]　考尔德科特著,周亚莉译:《大英殖民帝国》,第248页。

[5]　考尔德科特著,周亚莉译:《大英殖民帝国》,第116页。

　　　　殖民地应该感激伟大的欧洲母亲,因为是欧洲孕育了积极进
　　取的帝国建设者。这些建设者在殖民地实行教育、推行文明。与希
　　腊和罗马不同的是,英国并没有从殖民地获益,铸就金山银山。[1]

这番言说如果从"文明等级论"的逻辑去看,那么就很容易相信其言
之有理。因为其立论前提就是认为"半文明"或"野蛮"地区理应受
到"文明国家"的统治,而且后者在表面上确实也推行了一些现代化
的建设(虽然能够享用其成果的人数着实有限)。但如果抛开这样的
意识形态话语,从实际的历史进程来看,所谓"英国并没有从殖民地获
益,铸就金山银山",实在荒唐至极。[2]对于工于算计、精于牟利的英
国而言,若不能"获益",为何耗费如此精力远渡重洋? 对此,英国殖
民非洲的要员卢加德就说得很明白。在他看来:"由于我们的先辈扩
大殖民地的本能,我们才拥有那些广阔土地上的属地,它们是我们的
骄傲,也是我们现在的商品市场,我们有责任向子孙后代说明,我们不
曾忽视那些眼下出现的扩大我们工业企业范围的机会。"而为了更好
地控制殖民地,就应明确意识到"欧洲人在非洲的全部影响是通过维
持一种博得野蛮人尊敬并引起野蛮人效仿的优越性而获得的"。因为
"非洲人在各民族的家庭里处于晚生后辈的地位,仍须受托儿所纪律
的束缚"。[3]相似地,对政治地理学深有研究的麦金德认为,在19世纪

---

[1]　考尔德科特著,周亚莉译:《大英殖民帝国》,第218页。

[2]　关于近代英国如何通过殖民活动确立自己为世界霸主,相关研究颇多。近几年国
　　内翻译出版的比较有代表性的著作,一为尼尔·弗格森的《帝国》。此书较为正面
　　地描述了英国的殖民史,按照作者的说法,他希望冷战后同样处于霸权地位的美国
　　从中汲取经验教训,继承大英帝国的"未竟之业",使其内外政策更为'成熟'。参
　　见尼尔·弗格森著,雨珂译:《帝国》,第319—323页。而从较为经典的帝国主义
　　理论出发,揭示英国借助殖民扩张来支配全球经济的研究,则为贝克特的《棉花帝
　　国》。参见贝克特著,徐轶杰等译:《棉花帝国:一部资本主义全球史》,北京:民主
　　与建设出版社2019年版。

[3]　《卢加德论市场问题和传教活动》,载刘克华编译:《世界史资料丛刊·一八七〇—
　　一九一四的英国》,第126、129、130页。

由英帝国主导的世界秩序里,"我们的伟大工业使我们成为全球制造商和资本持有人,其他种族为我们劳作"。[1]

如果说由于考尔德科特曾给英女王讲课,立场上与英国官方较为接近,所以有这些观点,那么在自称主张"世界各国同时享有世界财富"与"保证欧洲统治下的非欧洲国家得到公正对待"的史家缪尔笔下,[2]基于"文明等级论"而形成的近代世界秩序非但不应被推翻,反而需彰显其"合理性"。在《帝国之道:欧洲扩张400年》一书里,他开篇即言:

> 世界上很多地区的人们还处于野蛮未开化的状态,而且这种状态已经持续了多个世纪。对于这些民族而言,他们发展的唯一机会便是接受先进民族的统治;欧洲"帝国"不仅赋予他们法律和正义,还让他们初识唯一值得拥有的自由的所有真谛,即建立在法律之上的自由。此外,还有些民族人口众多,就某些方面而言,文明也发展到了较高程度,却没有形成有效的组织形式,以建立良好的社会秩序和公正的法律。对于这些民族而言,即使是用武力强加,西方文明"帝国"带来的益处也会大大超过其弊端。[3]

很明显,在作者的视域里,所谓"非欧洲国家得到公正对待",并不包含推翻基于"文明等级论"而形成的殖民秩序,因为后者显然是天经地义的。在此情形下,所谓"世界各国同时享有世界财富",说到底只是殖民秩序内部的不平等分配罢了。更为重要的是,作者一方面大谈"文明"的帝国给"野蛮未开化"地区带来自由,一方面却毫不讳言欲

---

[1]　麦金德著,刘文娟译:《人力作为衡量民族国家和帝国力量的标准》,载孔元主编:《政治与法律评论(第11辑):帝国与地缘政治》,北京:当代世界出版社2021年版,第190页。

[2]　缪尔著,许磊等译:《帝国之道:欧洲扩张400年》,上海:上海人民出版社2021年版,前言第12页。

[3]　缪尔著,许磊等译:《帝国之道:欧洲扩张400年》,第2页。

收此效,"武力强加"不可避免。那么在此过程中被杀戮和残害的人们,大概必须含笑九泉、无怨无悔才是。如此这般,方显真心实意地接受"文明国家"的教化,否则便犯了阻碍当地实现"文明"的罪过。

此外,作者也很清楚,近代欧洲国家的兴起与扩张离不开民族主义思潮的鼓动,但他却认为,这只能由"文明国家"所独享,"野蛮未开化"地区并无资格形成他们自己的民族主义与民族自豪感。作者直截了当地声称:

> 民族自豪感,因其实现统治的迫切愿望,或许可以视作是帝国主义扩张的主要动机。扩张可能导致了某些民族丧失了独立自主,从而带来了不好的后果,但是这并不能一概而论。譬如开拓无人居住的地区,教化原始、未开化的民族,或者为腐朽衰落的社会注入活力、固定根基,帝国主义的如此种种证明了它其实也是一种大有裨益的力量。[1]

可见,为了保持英国这样的国家在殖民地的支配地位,作者运用"文明等级论"话语来消解在近代世界影响极大的民族主义思潮,认为那些"不文明"的地区不配拥有基于民族主义的民族自豪感。对他们而言,最好的出路就是服服帖帖地接受帝国主义的教化与规训。

当然,正像马克思评价英国殖民印度时说的,一方面,"不列颠人是第一批文明程度高于印度因而不受印度文明影响的征服者。他们破坏了本地的公社,摧毁了本地的工业,夷平了本地社会中伟大和崇高的一切,从而摧毁了印度文明"。[2]而另一方面,"我们不应该忘记那些不开

---

[1] 缪尔著,许磊等译:《帝国之道:欧洲扩张400年》,第3页。
[2] 马克思:《不列颠在印度统治的未来结果》,载《马克思恩格斯选集》第1卷,北京:人民出版社2012年版,第857页。

化的人的利己主义,他们把全部注意力集中在一块小得可怜的土地上,静静地看着一个个帝国的崩溃、各种难以形容的残暴行为和大城市居民的被屠杀,就像观看自然现象那样无动于衷;至于他们自己,只要哪个侵略者肯于垂顾他们一下,他们就成为这个侵略者的驯服的猎物"。因为"这些田园风味的农村公社不管看起来怎样祥和无害,却始终是东方专制制度的牢固基础,它们使人的头脑局限在极小的范围内,成为迷信的驯服工具,成为传统规则的奴隶,表现不出任何伟大的作为和历史首创精神"。[1]所以,不能因为批判殖民统治就对殖民地的传统社会形态进行不顾事实的美化。就此而言,在近现代世界要想真正破除"文明等级论"的意识形态灌输,必须通过名副其实的现代化建设来彻底推翻殖民体制,实现国家独立与民族解放,同时在经济上、文化上摆脱落后传统的束缚和对殖民国家的依赖,独立自主地探索能让本国大多数民众受益的发展道路。[2]

---

[1] 马克思:《不列颠在印度的统治》,载《马克思恩格斯选集》第1卷,第853—854页。

[2] 有人认为,在19世纪的英国名盛一时的斯宾塞曾抨击英国的殖民政策,所以不能将热衷于利用"文明等级论"搞殖民扩张视为近代英国政治思想的基本特征。确实,在《政府职能的正当范围》一书里,斯宾塞秉持将政府职能减至最小的立场,认为英国东印度公司垄断殖民贸易只能让贵族获益,同时批评英国在殖民地设置的统治机构会对当地原住民造成压迫。仅从这番话来看,斯宾塞很像一位反对殖民扩张的进步主义者。但在他眼里,那种由政府干预式的殖民体系不可行,并不代表所有的殖民活动都是不对的。他强调,所谓"自然殖民体系"是一种比较好的殖民方式。英国人殖民宾夕法尼亚的方式就是这种"自然殖民体系"的典范。他宣称:"在这个殖民地,所有团体的权利都得到尊重,原住民得到良好对待,陌生人和同胞都可以获得公正。该殖民地以其繁荣而闻名于世,现今我们都可以体验到此殖民奠基人的自由行径所带来的益处。"参见斯宾塞著,林斯澄译:《政府职能的正当范围》,载《个体与国家》,北京:商务印书馆2021年版,第56页。在《社会静力学》里,他再次申说此论,认为:"政府殖民伴随着无穷无尽的痛苦和令人憎恶的行为,而自然进行的殖民却可以避免这些。使人们看到殖民地居民的仁慈、正直和诚实是比军队、防御工事及总督的英勇更好的对殖民地的保障。"参见斯宾塞著,张雄武译:《社会静力学》,北京:商务印书馆2012年版,第194页。且不说他的这番描述是否真实,从逻辑层面来看,难道殖民者自发进行的殖民活动就不是殖民活动吗?在世界近代史上,西方殖民者先是通过表面上的"自发"来对非西方地区进行殖民,当略有成绩之后,就被殖民者所属国家的政府赋予相应名位的事,不是很常见么。

二、依样画瓢：近代日本对"文明等级论"的运用

在历史上，日本一直有通过武力征服成为东亚"盟主"的野心。早在明末，丰臣秀吉在完成国内统一之后，开始构想先征服朝鲜，进而逐步蚕食明朝，最终确立日本在东亚的统治地位。[1]19世纪上半叶，当意识到西方列强对日本的威胁时，日本的"志士"就想着通过对外扩张来增强实力。比如吉田松阴就建议日本统治阶级"北则割据中国东北的领土，南则掠取中国台湾及菲律宾群岛"。他还说面对美国与俄国对日本的野心，日本应"在此期间养蓄国力……在贸易上失于俄、美者，应以土地由朝鲜和满洲补偿之"。[2]岛津齐彬亦言："英法既得志于清，势将转而向东。先发制人，后发制于人。以今日之形势论，宜先出师，取清之一省，而置根据于亚东大陆之上。内以增日本之势力，外以昭武勇于宇内。"[3]明治维新以后，日本有惑于西方列强扩张手段之迅猛，占领殖民地之广阔，遂有意识地效仿其做法，通过一系列军事与外交上的政策，在东亚地区展开殖民扩张活动。在其中，"文明等级论"自然受到近代日本政学两界的格外关注。在大阪发行的政府杂志《明治月刊》第二号里，就把世界各地依据"文明化"分为"文明国家""开化国家""半开化国家""夷俗""野蛮"五个等级。其中中国、印度、波斯等国被视为"半开化国家"。[4]

在近代，"文明等级论"的主要传播途径之一就是国际法，后者通

---

[1]　小林健彦著，暴凤明译：《丰臣秀吉对东亚的认识——以外交文书分所为中心》，载娄林主编：《经典与解释（57）：全球化在东亚的开端》，北京：华夏出版社2020年版，第39—50页。

[2]　井上清著，尚永清译：《日本军国主义》第2册，北京：商务印书馆1985年版，第7页。

[3]　王芸生编著：《六十年来之中国与日本》第1卷，北京：生活·读书·新知三联书店1979年版，第63页。

[4]　熊淑娥：《明治时期日本人的对外认识》，北京：知识产权出版社2021年版，第63页。

过制定文明标准来划分适用国际法与不适用国际法的地区。[1]对此，明治维新之后的日本很快就掌握了其中的奥妙。[2]1871年，日本以一艘向清廷进贡的琉球船遭遇飓风停靠在台湾，其中数十名船员因误入牡丹社生番地界而被杀害为借口，派兵前往台湾进行侵略活动，后在英国斡旋下，与清廷展开谈判，在获取了五十万两白银赔款后，双方签订解决此次纠纷的条约。在此过程中，虽然日本始终相信道理源自实力，但它颇为熟练地运用国际法的原理，将清廷依据传统朝贡体系而将台湾生番视为"化外之民"的做法有意曲解为当地乃"文明等级论"视域下的"无主之地"，然后声称自己出兵于此完全符合国际法的规则。[3]此举既能将清廷所奉行的朝贡体系解释为"不文明"之物，又能在西方列强面前展现自己步武"文明"的姿态。可见日本为了在东亚展开侵略，是如何有意识地效仿近代西方列强的意识形态话语。

不过真正促成"文明等级论"在近代日本广泛传播的，还属在言论界影响极大的福泽谕吉。在19世纪60年代以幕府使节团随员身份赴欧洲与美国考察的过程中，福泽购买了许多英文书籍，特别是中学教科书。这些书籍里对于欧洲中心论的宣扬，是促成他接受并传播"文明等级论"的重要渊源。[4]在著名的《文明论概略》里，他认为："现代

[1] 刘禾：《国际法的思想谱系：从文野之分到全球统治》，载刘禾主编：《世界秩序与文明等级：全球史研究的新路径》，第43—100页。刘文明：《19世纪末欧洲国际法中的"文明"标准》，载《全球史理论与文明互动研究》，北京：中国社会科学出版社2015年版，第170—187页。

[2] 扎克曼著，张锐译：《国际法在近代日本的继受与运用：1853—1945年》，载魏磊杰主编：《政治与法律评论（第10辑），国际法秩序：亚洲视野》，北京：当代世界出版社2020年版，第110—113页。

[3] 关于此事详情，参见韩东育：《日本的变异与东亚的变局》，载《从"请封"到"自封"——日本中世以来"自中心化"之行动过程》，台北：台大出版中心2016年版，第348—378页。

[4] 赵京华：《福泽谕吉"文明论"的等级结构及其源流》，载刘禾主编：《世界秩序与文明等级：全球史研究的新路径》，第215页。关于"文明等级论"在19世纪欧洲教科书中的呈现，参见郭双林：《近代英美等国文明等级论溯源》，《中国人民大学学报》2017年第6期，第133页。

世界的文明情况,要以欧洲各国和美国为最文明的国家,土耳其、中国、日本等亚洲国家为半开化的国家,而非洲和澳洲的国家算是野蛮的国家。"因此,"现在世界各国,即使处于野蛮状态或是还处于半开化地位,如果想使本国文明进步,就必须以欧洲文明为目标,确定它为一切议论的标准,而以这个标准来衡量事物的利害得失"。既然对于日本而言,"当前的唯一任务就是保卫国体,保卫国体就是不丧失国家的主权",那么"唯有汲取西洋文明才能巩固我国国体,为我皇统增光"。[1]如果联系到近代日本的"国体论"与殖民扩张之间的紧密联系,那么福泽的这一东亚版的"文明等级论"就绝不只是书生启蒙之语,而是与日本的军事侵略相伴而行。因此福泽谕吉对内主张民权,对外则呼吁国权。在他看来:"看看世界古往今来的实例,贫弱愚昧的小国完全依靠条约和公法保全独立体面的例子不存在。""长达百卷的国际法不如几门大炮,数册亲善条约不如一箱弹药。大炮弹药不是为讲道理而是为不讲道理制造的器械。"[2]而关于东亚政局,福泽声称:"东洋诸国,特别是我国的近邻支那、朝鲜等国愚钝,不能抵挡西洋诸国之威势,就如同木造的板屋不能抵挡火势蔓延一样。因此我日本应以武力进行支援,这不仅是为了他国,也是为了我们自己。以武力保护之,以文诱导之,一定使其迅速效仿我国进入近时之文明,或在不得已的情况下,用武力迫使其进步。"[3]与之相似,著名的《三醉人经纶问答》里,中江兆民借"豪杰君"之口直截了当地道明这一观点:"文明国必定是强国","查阅古今历史文献,古老的文明国家,是古代的善战国,现今的文明国家,是现今的善战国","军备是各国文明成果的统计表,战争是各国文明力

[1] 福泽谕吉著,北京编译社译:《文明论概略》,北京:商务印书馆2017年版,第9、11、24页。

[2] 福泽谕吉著,顾宁译:《通俗国权论》,载《通俗民权论·通俗国权论》,沈阳:辽宁人民出版社2015年版,第127、128页。

[3] 福沢諭吉:《時事小言》,慶応義塾编:《福沢諭吉全集》第5卷,岩波书店,1959,187頁。

量的体温计"。[1]甲午战争期间曾亲入战场,后供职于"征清海战史局"的高桥白山,在其所著的《征清诗史》中亦言:"自古武功之开文治者极多。历山王东征,而亚细亚西部诸国,传希腊语。十字军终,而欧罗巴各邦,始趋文明。征之东西史乘,邦国之趋开化,不独关于文教也。"[2]

事实上也正是如此。在甲午战争期间主持日本外交工作的陆奥宗光看来,日本"自明治维新以来已二十七年余,不管政府还是国民都努力汲取西方文明",以至于"引来先进国家如欧美各国一片赞叹之声"。对比之下,"清国依旧墨守成规,丝毫未见顺应内外形势改变旧习之处"。因此,"一衣带水之隔的两个国家,一个代表西方文明,另一个则呈现固守东亚积习之异象"。在此视野下,日本发动对外侵略战争,"必定是西方的新文明与东亚旧文明间的碰撞"。[3]不难看到,他在这里用典型的"文明等级论"的话语,为日本的战争行为寻找理由。因为既然日本对"欧美各国"亦步亦趋,那么就有资格按照后者的对外侵略扩张逻辑,在东亚对那些未臻于"文明"之域的国家进行相似的行动。而在宣传上,福泽谕吉甚至直接以《日清战争乃文明对野蛮之战争》为题撰文,声称:"战争虽然发生在日清两国之间,但若究其根源,此乃谋求文明开化之进步者与妨碍其进步者之间的战争,绝非两国之争。""日本人眼中无支那人,无支那国,只以世界文明之进步为目的,妨碍此目的的都要打倒。这已不是人与人、国与国之间的事,而是一种宗教纷争。"[4]

甲午之战,中国战败,日本借助《马关条约》侵占台湾。在福泽谕

---

[1] 中江兆民著,滕颖译:《三醉人经纶问答》,北京:商务印书馆2023年版,第37页。

[2] 高桥白山:《征清诗史》,载查屏球编著:《甲午日本汉诗选录》上册,南京:凤凰出版社2017年版,第433页。

[3] 陆奥宗光著,赵戈非、王宗瑜译:《蹇蹇录:甲午战争外交秘录》,北京:生活・读书・新知三联书店2018年版,第24、25页。

[4] 福泽谕吉:《日清の戦争は文野の戦争なり》,慶応義塾编:《福沢谕吉全集》第14卷,岩波书店,1961,491—492頁。

吉主持的《时事新报》上，发表了不少为强占台湾摇旗呐喊的文章，或是认为台湾民众乃"蒙昧"之徒，应被日本人统治，如同英国殖民北美那样；或是强调要严惩那些反抗之士，对台湾采取高压政策，因为当地属于"不文明"地区；或是主张日本应效法英国，以殖民台湾为起点，去占领更多的"未开化"地区。从这些言说中，可以很明显地看到"文明等级论"的影子。[1]而福泽谕吉本人更是运用"文明等级论"的逻辑来分析日本与亚洲其他地区的关系，强调相比于后者，日本实属"文明国家"，进而认为为了解决日本国内的人口增长问题，需要向那些"落后"地区进行殖民活动。同时区分对待国内民众与对待殖民地民众的政策，对前者，或可采用英式自由主义；而对后者，则必须以帝国主义的方式行事。[2]

但问题在于，虽然日本依靠坚船利炮战胜了中国，但由于中华文明长期以来在东亚地区具有难以比拟的优越地位，作为新兴帝国主义国家，虽然日本十分积极地学习西方列强的扩张之道，聘请外国顾问传授殖民经验，探讨不同的殖民策略，[3]但在实践层面仍然难以短时间内像老谋深算的英国那样趾高气扬地在东亚进行殖民统治。日本司法省聘请的英国顾问科克伍德建议，殖民统治的最佳效果应是一方面让被殖民的民众心服口服，另一方面要降低殖民者的统治成本。欲收此效，关键之处在于要维持统治者与被统治者之间的明显差异，只有将这种差异不断地表现出来，方能既保证殖民者在殖民地的威严，又能利用当地一些有机会亲近殖民者（即虽有差异，但差异没那么大）的人替殖民者管理当地民众。在实践方面，要想维持这样的差异，就不

[1]　蓝弘岳：《明治日本的"自由帝国主义"与台湾统治论：从福泽谕吉到竹越与三郎》，《人文及社会科学集刊》第32卷第4期。

[2]　蓝弘岳：《明治日本的"自由帝国主义"与台湾统治论：从福泽谕吉到竹越与三郎》，《人文及社会科学集刊》第32卷第4期。

[3]　小熊英二著，吴玲青译：《台湾领有》，载薛化元主编：《近代化与殖民："日治"台湾社会史研究文集》，台北：台大出版中心2012年版，第74—83页。

能让被殖民者接受宗主国的教育,因为这样有可能启发他们认识到殖民主义的本质,进而心生反抗之念。[1]

因此,在后藤新平担任台湾"总督府"民政长官期间,为了巩固殖民统治,遂极力彰显出日本象征着"文明",台湾本地象征着"未开化"。医生出身的后藤特意强调要借鉴自然科学来搞"科学的行政",并将达尔文的进化论与"文明等级论"相结合,不断凸显台湾在医疗卫生、政治制度、社会习惯等方面的"落后性",同时刻意彰显日本是具备现代科学知识的"先进国家",这样就能在宣传话语上形成一套较为完整的殖民论述。而在实践方面,他着重于改善当地卫生环境,外加铺设铁路、翻新公路、建立新式学校,让台湾在表面上有了一些现代化的样貌,并希望借助这些手段来树立日本殖民统治在当地人心目中的威信。当然,这一切的展开,与制定严刑峻法,加强社会监控,并进一步围剿、屠杀台湾的抗日武装是同步进行的。[2]正如论者所言,"后藤的思想是,透过拥有强大权限的行政官,带着威严持续君临幼稚的人民,借此逐步达成由上而下的文明化"。[3]

在这样的统治模式下,日本人开始反复强调自己使台湾这样的"未开化"地区实现"文明化"的功绩。在一本由日本学者撰写于1927年的《台湾史》中,作者将日本强占台湾以后的历史称为"改隶时代",认为:"有一段时间由海盗占据而不具备任何统治形式的台湾,以后荷兰、郑氏二者的统治达六十年之久,此间虽并非完全无政绩,但在十七世纪末,台湾归清领后,其政治不仅未提振,内讧匪乱交相

[1]　小熊英二著,黄耀进、郑天恩译:《"日本人"的界限:冲绳·爱努·台湾·朝鲜,从殖民地支配到复归运动》,台北:联经出版公司2020年版,第71—73页。

[2]　野村明宏著,阮文雅译:《殖民地近代化统治中的社会学——从后藤新平的台湾统治谈起》,载薛化元主编:《近代化与殖民:"日治"台湾社会史研究文集》,第169—193页。

[3]　小熊英二著,黄耀进、郑天恩译:《"日本人"的界限:冲绳·爱努·台湾·朝鲜,从殖民地支配到复归运动》,第116页。

而起，徒耗二百年的长久岁月。然在明治二十八年改隶后，台湾才成为在日本宪法拥护下的立宪治下的领土，台湾总督努力革除前代的弊政，开发产业、提升文化、诱导思想，因施政得宜的结果，使得改隶后仅仅三十二年就治绩显著，而使台湾的面目一新。"[1]这一叙事不但刻意将荷兰殖民与郑成功治台混为一谈，而且全盘否定清廷收复台湾后对当地的治理，特别是台湾建省之后在刘铭传领导下展开的现代化建设，将日本统治之前的台湾描绘成停滞的、落后的，其用意就在于美化日本对台湾的殖民统治，用"文明等级论"的逻辑来彰显日本殖民台湾的合法性。

在全书结尾，作者依然采取高高在上的角度声称："无论如何，台湾是中国领有约二百年间的土地，因此日本若想在三十有余年就急于一口气获得成效加以同化，是很难办到的。"[2]仿佛教化那些"半文明"或"野蛮"的当地人，实为一件比较麻烦的事。但这样的态度也不是没有改变的时候。二战期间日本陷入战争僵局之后，开展所谓"皇民化"运动，号召台湾民众积极参与军国主义战争。为了实现这一目的，台湾总督府大搞所谓"同化政策"，让本地人信奉日本神社，将中国名字改为日本姓氏、向年轻人灌输军国主义思想，其意图就是让台湾老百姓替日本军国主义卖命。[3]当然，在日本侵略军中，台湾人大多只是地位低下的"军夫"，而且日本军国主义者严厉禁止台湾人接触到祖国大陆的民众，害怕朴素的同胞之情让那些被军国主义洗脑的年轻人对殖民者倒戈一击。由此可见，无论是高高在上地认为当地人难以被教化，还是煞有介事地向当地人宣扬有机会通过"同化政策"来提高

---

[1]　山崎繁树、野上矫介著，杨鸿儒译：《台湾史》，台北：鸿儒堂出版社2014年版，第269页。

[2]　山崎繁树、野上矫介著，杨鸿儒译：《台湾史》，第505页。

[3]　关于所谓"皇民化"运动的详细情形，参见张海鹏、陶文钊主编：《台湾史稿》上卷，南京：凤凰出版社2012年版，第225—238页。

自己的身份地位，在日本殖民者的眼里，台湾民众终究只是"文明程度"不及自己的、必须被自己统治、在需要的时候可以充当炮灰的群体。与之相似，在日本吞并朝鲜之后，日本统治者表面上宣扬要通过一系列教育政策使朝鲜人"文明化"，但实际上，这种"文明化"说辞的本质是希望朝鲜民众服服帖帖地安于被日本统治，意识到自己由于不够"文明"而需要被日本人"保护""指导"，主动成为符合日本统治者要求的"顺臣良民"。[1]

必须看到，近代日本的殖民扩张行动，最主要的目标自然还是占据中国。甲午战争日本取得胜利，进一步让日本国内萌生了蔑视中国的心理。这正像竹内好关于近代日本"优等生文化"的著名描述："我们（日本人）之所以优秀，是因为接受了欧洲文化，因此落后的人民当然会接受我们的文化施舍，也必须接受。"[2]随着"文明等级论"在日本的流行，一些人开始鼓吹日本因为文明程度较高而理应成为"东亚盟主"，担当"文明之先导"的使命，而中国则被赋予破落、涣散的亡国之像，中日甲午之战的本质是"文野之战"。[3]曾对晚清思想界产生不小影响的日本国粹主义者就声称："日本位于亚细亚之东海，先于亚细亚诸国达成了其文物之美。在亚细亚诸国中，作为先觉者，其开导后觉者之责任重大。"[4]在彼辈看来："今（支那）占世界人口四分之一，支那即东洋，东洋即支那。若将此盘曲半个东半球的巨龙击倒，使之屈服于我，则列国对我之情感必为之一变，尔后踏上征途之日本国、日本人当可阔步向

[1] 驹达武著，吴密察等译：《殖民地帝国日本的文化统合》，台北：台大出版中心2017年版，第106—109页。
[2] 竹内好著，李冬木等译：《何谓近代——以日本与中国为例》，载孙歌编：《近代的超克》，北京：生活·读书·新知三联书店2016年版，第201页。
[3] 王美平：《日本对中国的认知演变：从甲午战争到九一八事变》，北京：社会科学文献出版社2021年版，第30—31页。
[4] 《亚细亚旨义とは何ぞ》，转引自王俊英：《日本明治中期的国粹主义思想研究》，北京：中国社会科学出版社2015年版，第172页。

前,焕发国权国威。"[1]甲午战争之后,眼看中国有被列强瓜分的危险,日本国内一些政客为了扩大日本权益而主张"中国保全论",其内容包括十分明显地按照"文明等级论"来强调日本对于中国(包括东亚地区)的"责任"。如近卫笃麿就宣称:"夫于扬文明之制度、施文明之教育,日本实为支那之先进。故指导、扶持支那以文明为大善。"[2]进步党元老铃木重远亦言:"眼下清国内部纲纪败坏,对外不能维护国权,恐怕难免被欧洲列国吞噬,故应给之以一大刺激,开导之,诱掖之。"[3]常与当时中国各方政治派别往来的大隈重信则说:"支那者,实为世界祸乱之大枢纽。沈沈东亚,同种同文。开导保全,以存与国,其责任所属,非我日本其谁欤。"[4]

当然,随着日本国力的提升,日本学者开始改造源自西方的"文明等级论",即文明之间的等级依然存在,只是日本自身已有资格处于这一等级中的上游,而不必以效仿、引介西方文明为目标。内藤湖南在甲午战争爆发后撰文:"日本的天职,就是日本的天职,不是介绍西洋文明,把它传给中国,使它在东亚弘扬的天职;也不是保护中国的旧物卖给西洋;而是使日本的文明、日本的风尚风靡天下、光被坤舆的天职。我们因为国在东亚,又因为东亚各国以中国为最大,我们天职的履行必须以中国为主要对象。"[5]落实到具体手段上,内藤湖南建议应将日本的在华租界打造为某种"样板",即"以此为模范行政区示范给中

---

[1]　《帝国の拡大》,转引自王俊英:《日本明治中期的国粹主义思想研究》,第173页。

[2]　近卫笃麿:《同人種同盟:附支那問題研究の必要》,转引自王美平:〈日本对中国的认知演变:从甲午战争到九一八事变》,第56页。

[3]　铃木重远:《東洋の和平政策》,转引自王美平:《日本对中国的认知演变:从甲午战争到九一八事变》,第57页。

[4]　大隈重信:《去来两纪日本与世界列国之关系》,收入吴铭编译:《十九世纪大势变迁通论》,载北京大学《马藏》编纂与研究中心编纂:《马藏》第1部第2卷,北京:科学出版社2019年版,第177页。

[5]　内藤湖南著,吴卫峰译:《所谓日本的天职》,载《燕山楚水》,北京:中华书局2007年版,第183页。

国人看，用变法带来的利益来开启中国模仿变革的道路"。影响所及，"中国志士稍有见识的人中，有人知道徒法的显然无效，知道现在中国人手中的变法成功无望，主张要创造变法的机会的话，就要多聘用我国人，把他们放在重要的位置上，使所有的事情都有成例，然后清国官民就可以按照他们的范例行事"。[1] 可见，内藤湖南预设了日本在东亚位于文明等级中的上游，所以理应想方设法影响、规训、控制在此等级排序里不那么"文明"的中国。以提倡东洋哲学为职志的井上哲次郎则宣称："日本如今乃是东洋诸国中的先进国，这一说法在甲午战争以后便得到了广泛的认可。既然日本已经成为东洋的先进国，那么它便有责任去警醒东洋诸国，让他们步入文明的世界，这便是日本的天然使命。特别是能够带领中国、朝鲜、印度、暹罗等国国民步入文明国家行列的只有日本国民。"[2] 与之相似，以提倡"东洋的理想"来对抗西洋文明为职志的冈仓天心认为："要把亚洲这些复杂的具有特性的要素真正统一起来，日本是最有特权的。"之所以如此，是因为甲午战争击败中国明确了日本在东洋的霸权地位，所以日本有资格去完成所谓"历史使命"，即"唤醒整个亚洲，唤醒至今沉睡的所有一切"。[3] 可以说，他所宣扬的"东洋的理想"，无论外观如何优雅，但实际上却以日本在中国进行的侵略与杀戮作为基本前提，即通过这些活动，使日本获得代表"东洋的理想"之资格。相比于当时那些主张瓜分中国的论调，这些日本政治人物与学者的观点或许显得没那么刺耳，甚至会让人觉得是在替中国着想，使中国免遭瓜分，让中国重焕新生。但实际上，这样的论调实为以"文明等级论"为意识形态基础，认为日本比中国更"文明"，所以能借保全之名行掌控之实，为日本争取在华利益的最大化，

---

[1] 内藤湖南著，吴卫峰译：《关于清国的专管租界》，载《燕山楚水》，第190、191页。

[2] 井上哲次郎著，付慧琴等译：《中国文明的缺陷》，载刘岳兵编：《儒教中国与日本》，北京：中国社会科学出版社2021年版，第250页。

[3] 冈仓天心著，阎小妹译：《东洋的理想》，北京：商务印书馆2021年版，第10、116页。

为日本成为东亚霸主制造舆论氛围。[1]在这个问题上，日本右翼团体玄洋社的头目头山满的说辞就很直截了当。他认为日本与中国是"夫妇之国"，为了让中国实现国民安居乐业，必须让日本来"指导"中国，"矫正"中国政治上的缺陷。而他之所以有如此这般的观点，主要在于他相信日本拥有世界上最美好的东西，日本负有统一世界的"使命"。[2]从头山满这些既疯且狂的言说中，可以窥见近代日本对华政策背后的精神根源。

关于如何控制中国，近代不同时期日本各派政治力量为达到此目的时常采取不同的方式与策略。除了所谓"中国保全论"，在日本还盛行"中国分割论"。早在甲午战争时期，小川又次就在《清国征讨方略》中声称："若欲维护我帝国独立，伸张国威，进而巍立三万国之间，保持安宁，则不可不分割清国，使之成为数个小邦国。"[3]这一论调在庚子事变期间也有响应者。而到了辛亥革命之后，为了在当时中国时局未定的情形下趁火打劫，日本国内又有不少人重拾这个论调，主张要乘机分裂中国。而这一论调的主要理由之一就是认为中国不是一个现代意义上的国家，中国人也没有组织政权、巩固政权的能力。在这样的说辞里，也能很明显地看到"文明等级论"的影子。例如日本黑龙会头目内田良平在其影响颇广的著作《支那观》当中就认为，在中国"农、工、商只是追逐个人利益生活。他们是彻底的个人本位主义者，只要个人

---

[1] 值得注意的是，"中国保全论"与近代日本曾颇为流行的"亚细亚主义"联系紧密。今天中国与日本学界都有人希望从内容颇为庞杂的亚细亚主义中"纯化"出在他们眼里有助于实现东亚和平的要素，但不可否认的是，除了一些从文化角度立论，认为东洋各国应携手抵御西潮的论说，亚细亚主义还具有极强的扩张意图，即将日本的势力范围覆盖整个东亚地区，保障日本的利益。因此，不能仅从正面的角度去审视与评价它。关于亚细亚主义的具体内容及其表现形式，参见王屏：《近代日本的亚细亚主义》，北京：商务印书馆2004年版。

[2] 赵军：《辛亥革命与大陆浪人》，北京：中国大百科全书出版社1991年版，第103、105页。

[3] 《小川又次的〈清国征讨方略〉旨趣》，《抗日战争研究》1995年第1期，第208页。

的生命财产与安全得到保障，他们就拥戴君主也行，不拥戴君主也行，对于其国土归于哪国，是不会勉强过问的。数千年来，他们的国王姓刘、姓李、姓赵、姓奇渥温、姓朱或姓爱新觉罗，都与他们无关，有朝改姓英、俄、法、德或日、美，他们也都不会过问"。[1] 更有甚者，在内田眼里，中国人素质极差，不但偷盗、食人、欺诈成风，而且临阵胆怯、毫无信义。很明显，内田虽未提及"文明等级论"，但他的这些论调，与"文明等级论"当中描绘的"半文明"与"野蛮"地区之特征极为相似。而这些描绘归根结底是为了"证明"那些地区不具备政治能力，不能形成自觉的政治意识，所以必须按照优胜劣汰的规律被所谓"文明国家"支配，否则就难逃永远处于这样低劣状态的命运。

　　总之，无论是"保全论"还是"瓜分论"，其立论前提都与"文明等级论"息息相关。而随着二战期间日本在亚洲大搞侵略扩张，为了文饰所谓"大东亚共荣圈"，日本政学人士开始尝试将这样的文明观在法理层面体现出来。田畑茂二郎声称："国为国故而平等这一绝对平等原则，不是能公正地整规国际关系的秩序原理。""国家绝非生来平等。根据人口、土地、资源的差异，根据素质、能力的差异，国家生来就有强弱之分。"[2] 既如此，亚洲各国应该主动遵循作为"文明国"的日本的"指导"，按照日本为自身利益最大化而打造的"大东亚共荣圈"原则来定位自己。他说："共荣圈诸国的法关系，应基于诸国对自身命运休戚与共的充分认知；基于共通的道义意识，即实现大东亚共同宣言开头所示的万邦共荣这一远大理想。""共荣圈诸国即使在其领土内也不能独断专行，必然要被从东亚全体立场出发制定的国土计划制约。"[3]

---

[1]　内田良平：《支那観》，转引自王美平：《日本对中国的认知演变：从甲午战争到九一八事变》，第218页。

[2]　田畑茂二郎著，胡笛飞译：《迈向"大东亚国际法"之路》，载魏磊杰主编：《政治与法律评论（第10辑），国际法秩序：亚洲视野》，第145页。

[3]　田畑茂二郎著，胡笛飞译：《迈向"大东亚国际法"之路》，载魏磊杰主编：《政治与法律评论（第10辑），国际法秩序：亚洲视野》，第146、139页。

很明显,只要熟悉二战期间日本在亚洲的所作所为,就不难理解这番话的真实含义是什么。进一步而言,包括内田良平在内的近代日本侵华狂人未能料到的是,他们眼里的中国,其实只是一个充满"刻板印象"的静止的中国,当中国一波又一波救亡运动兴起之后,不但日本的侵华企图最终破灭,而且广大中国民众在这一过程中逐渐觉醒,形成了具有能动性与自主性的政治力量。这正如丸山真男在对比近代中日民族主义时强调的,"由于未能通过改组统治阶层的内部结构以实现近代化,中国于是便受到包括日本在内的帝国主义列强势力的长期深入的渗透,但是这反过来又不容分辩地给反抗帝国主义统治的民族主义运动布置了一项从根本上变革旧社会以及旧的政治体制的任务"。[1]从这样的历史脉络出发,或许能更为透彻地剖析近代"文明等级论"在东亚近代史上的成色。

三、管中窥豹:"文明等级论"与近代西方列强的对华政策举隅

自第一次鸦片战争以来,中国遭遇到列强一波又一波的侵略,其结果,或是割地赔款,或是开放口岸,或是关税不能自主,或是矿权与路权丧失,或是任由各国传教,或是内河航路大开。总而言之,在不同的时期,列强根据自己全球战略的变化,对中国采取不同的政策,以求维系或扩大自己的利益范围,同时协调彼此之间错综复杂的关系。在此过程中,除了前文谈到的明治维新之后的日本,西方列强也需要一套说辞来为其在中国的各种侵略活动张目、辩护。对于那些基于帝国主义与殖民主义立场而出现的、颇为露骨地宣扬对华战争与谋求在华利益的言论,以及那些刻意美化自己侵略行为的话语,其实只要对近代中外

---

[1]　丸山真男著,陈力卫译:《日本的民族主义》,载《现代政治的思想与行动》,北京:商务印书馆2018年版,第156页。

关系史稍有了解、愿意直面近代中国历史进程的曲折与艰难,应该不难辨识其本质。而关于"文明等级论",由于它是典型的殖民主义意识形态,被西方列强在几百年的殖民扩张史中运用得颇为纯熟,因此,当彼辈将此论用于对中国的侵略活动中时,就需抓住其典型特征进行分析,尤其需要揭示那些在表述与实践中看上去略显隐晦,但实际上却影响深远的内容。

"当外国商人希求扩大他们的已经是巨大的特权的时候,他们期望他们的一切行事仍旧用领事裁判权的外衣来掩护。"[1]说起近代西方列强的对华侵略,不能不提及治外法权。长期以来,它被视为外国人在中国拥有特权的主要表现。18世纪以降,中国的形象在西方世界开始日趋负面化。在西方世界影响极大的孟德斯鸠、黑格尔等人认为中国的政治制度是黑暗、专制与野蛮的,其统治原则基于恐怖。中国的法律沾染了极强的专制主义色彩,没有近代西方意义上的"理性",在法律的执行过程中带有很强的道德与伦理色彩,因而不能保证"客观性"。他们看待中国,基本和其他自诩"文明"的西方人看待"半文明"或"野蛮"地区并无二致。[2]这样的论调对近代西方人的中国认识产生了不小的影响。因此,当以英国为代表的列强在第一次鸦片战争之后侵略中国时,这些观点就成为他们在中国获取治外法权的主要理由。如鸦片战争前夕,英国鸦片商人胡夏米就对彼国外交大臣巴麦尊说:"诚然,我承认一个人到另一个国家去应该服从那个国家的法律制度。但是,另一方面,这永远假定你是和一个文明国家相交往为前提的,永远假定你所服从的法律规章有明白固定的条文,可以对你的生命财产作合理

[1] 马士著,张汇文等译:《中华帝国对外关系史》第2卷,上海:上海书店出版社2000年版,第226页。
[2] 孟德斯鸠著,张雁深译:《论法的精神》上册,北京:商务印书馆2004年版,第151—153页。黑格尔著,刘立群等译:《世界史哲学演讲录(1822—1823)》,北京:商务印书馆2014年版,第126—135页。

的保护为前提的。如今中国却不然,特别是他们所坚持执行的关于杀人犯的野蛮规章与法律和人道原则与理性都是不相容的。"[1]在英国国内争论是否有必要和中国开战之时,一些人士认为,如果参照国际法,将中国作为适用国际法的国家之一,那么中国是否允许英国来华进行贸易,便纯属其内政,外人无权干涉。而为了让英国政府下定决心对华开战,不少英国商人与文人就极力宣传中国不是国际法所认定的"文明国家",而是"野蛮国家",因此,英国的侵略行为就不应受国际法约束。[2]循此逻辑,1850年巴麦尊在英国下议院如是阐述其对外政策:"对付诸如中国、葡萄牙、西班牙美洲等地区半开化的政府,我们需要每隔八年或十年就训斥他们,以保证他们的秩序。对于他们的脑子来说,要长时间维持这一秩序是不可能的。而且,光是警告也不能起到作用。他们根本不在乎语言,不但要看到棍棒,并且要切切实实地挨打。这样才能使得他们信服。"[3]正是在这样的说辞之下,在近代以来许多不平等条约中,西方列强都不断加入治外法权方面的内容。例如美国在与清廷签订《望厦条约》之后,也开始利用"文明等级论"作为理由强调自己在中国的治外法权,认为只要是没有任何"文明人居住"之地,治外法权皆可适用。此即表明只要美国人发现自己身处"不文明"国家,就可不受当地司法的管辖,甚至有无条约形式也不那么重要。[4]而对于那些有心在中国"闯荡"一番的"中国通"——商人、鸦片贩子、政客、军人而言,需要根据在通商口岸活动的经验,"正确合理地驾驭'东方人'和'东方政府'"。即"永远也不应该信赖'东方政府',同时只

[1] 严中平:《英国资产阶级纺织利益集团与两次鸦片战争的史料(下)》,《经济研究》1955年第2期,第108页。

[2] 吴义雄:《时势、史观与西人对早期中国近代史的论述》,《近代史研究》2019年第6期。

[3] 劳伦斯·詹姆斯著,张子悦等译:《大英帝国的崛起与衰落》,第187—188页。

[4] 络德睦著,魏磊杰译:《法律东方主义:中国、美国与现代法》,北京:中国政法大学出版社2016年版,第140—141页。

要一除去压力,这些'东方政府'就会摆脱应负的国际义务。因此,永远也不应撤去压力。只有在白种人(包括直到最高等的英国人)的保护下,'东方政府'才能从事商业上和财政上的管理"。[1]

直至在一本由美国人撰写于20世纪30年代的分析上海公共租界会审公廨的著作里,作者依然直截了当地声称:"在中国,就像在埃及、土耳其和其他东方国家一样,外国商人既不愿服从他们认为不公平的当地法律,也不愿接受他们认为落后野蛮的当地政府的管辖。"基于此,作者强调:"外国租界之于治外法权制度的关系十分重要。虽说这两个外国租界(按:指上海的公共租界与法租界)建立的条约基础不太明确,但它们的存在,在很大程度上凭借着条约保障的治外法权。正是这种制度,在很大程度上阻止了中国政府在外国租界实施中国法律,也正是这种制度使外国人得以将其管辖权和控制权扩大到居住在这些租界的华人。"[2]可见,根据"文明等级论"的逻辑,西方列强在侵略中国之时反复强调要拥有治外法权(包括其他根据不平等条约确立下来的特权),彼辈就能更为牢固地树立自己的统治权,进而捞取更多的利益。这一点,已有论者注意到了:

> 在整个19世纪中,各国对华贸易政策的特征是,一旦用侵略或让与的方法取得一项利益,便尽速把这项利益载在条约规定中,以期给予这项既得权益以合法权利的地位,借以防范它的万一被收回。外国人最初是为了谋求利润,把他们的贸易强加给中国,继而又恼恨中国人所愿意据以进行贸易的条件,便由当日工商业最发达的那个国家亲自打了一次胜仗,强加中国以他们自己的贸易

---

[1] 伯尔考维茨著,江载华、陈衍译:《中国通与英国外交部》,北京:商务印书馆1959年版,第8页。

[2] 约翰斯通著,周育民译:《一城三界的国际焦点:上海问题》,上海:上海书店出版社2020年版,第96、233页。

条件。通商的权益虽在战争以前就已经存在，但是结束那次战争的和平条约却把利益变成条约权利了。口味越吃越大。[1]

　　或许有人会说，近代西方列强为了索取治外法权而对中国法律进行的评论，尽管目的是不对的，可是这些评论本身却有一定的道理。对此必须注意到，在开始大规模侵华之前，西方人对中国法律的评价并非如此单一。如曾经随英国使团访华的小斯当东回国后翻译了《大清律例》，在"译者序"里，虽然他不时拿当时英国的法律为标准来评价同一时期中国的法律，但他依然认为尽管《大清律例》没有类似于"无罪推定"的内容，可是"同时我们也发现，这部法典的许多规定弥补了这些缺陷，其截然不同的形式或许值得开明的西方国家学习效仿"。他还认为："只要一部法典不是某位哲学家思考的产物，或某个立法者未经检验的理论，而是作为现行法奠定了一国政府的基础，并经过了实际经验的考察，我们就不应该根据一套空想的完美标准去评估它的优缺点。"[2]因此，针对当时不少西方人认为中国法律充斥着酷刑，小斯当东说："中国法律中其实包含了许多能减轻罪责的理由，以及有利于特定阶级的例外规定。在某些特殊情况下，中国刑罚体系的建立目的几乎就是为了完全摒弃酷刑这一显著特点。"此外，他提醒人们注意："这部法典（按：指《大清律例》）除了涉及罪行和刑罚的解释和适用，还尽可能地遵循了'谴责严厉但处罚宽缓'这一对原则。"[3]当然，笔者并非认为小斯当东对《大清律例》的评价完全正确，也不认为中国传统刑律没有需要改变的地方，更不认为从所谓"特殊性"出发为中国传统刑

[1]　莱特著，姚曾廙译：《中国关税沿革史：1843—1938》，北京：商务印书馆2023年版，第384页。

[2]　小斯当东著，屈文生、靳璐茜译：《小斯当东论中国与中国法——小斯当东〈大清律例〉译者序》（1810年），《南京大学法律评论》2015年春季卷，第99页。

[3]　小斯当东著，屈文生、靳璐茜译：《小斯当东论中国与中国法——小斯当东〈大清律例〉译者序》（1810年），《南京大学法律评论》2015年春季卷，第100页。

律辩护的方式是合理的。[1]而是想借此证明为了在侵华战争中获取治外法权,西方列强运用"文明等级论"的话语刻意凸显中国法律如何"野蛮"与"落后",为其捞取在华特权制造意识形态依据。所以那些之前对中国法律有着更为多元评价的言论,在这样的背景下就被有意遮蔽了。更为重要的是,在第一次鸦片战争之后的一段时间里,西方列强的在华治外法权经常为那些走私逃税、杀人越货的外国人提供逃避中国法律制裁的便利,让中国民众的利益遭受不小的损失。[2]对此,19世纪60年代担任美国驻华公使的蒲安臣也不得不承认:"合众国的威权曾经被人嘲笑过,并且我们的国旗曾经被用来掩护所有在中国的流氓……从那个时候起外国人经常地从中国溜走了。"[3]

清末知识分子观察到:"欧洲各国,对于殖民地,往往利用宗教。不独因宗教与人心,有密切之关系,可以支配人民于无形。且施行神圣信仰之说,于表面上,若毫无利害之关系,而可以避一切之干涉。"[4]要想全面认识近代殖民史,需要关注基督教的作用。19世纪50年代,在阐述何谓"文明"时,英人乔治宣称:"没有宗教牧师,这个世界就永远不会变得文明。""在现代,所有为了文明进行的征服,都是由传教士以其手中的上帝之言、以其生活中体现出来的信念实现的。"[5]在近代中外交涉史上,传教士的活动同样不容忽视。虽然他们当中的一些人确实促进了中国的现代化事业,还有一些人在近代中国的医疗与教育领域起到颇为关键的作用,但按照当时流行的基督教教义,中国属于不信教之地,因此也就不能与那些信教的西方"文明国家"比肩。来华传教士

---

[1] 对小斯当东译本的内容及其影响的详细梳理,参见李栋:《东法西渐:19世纪前西方对中国法的记述与评价》,北京:商务印书馆2024年版,第518—538页。

[2] 汪敬虞:《赫德与近代中西关系》,北京:人民出版社1987年版,第108—124页。

[3] 马士著,张汇文等译:《中华帝国对外关系史》第2卷,第141页。

[4] 《布教与殖民之关系(续)》,《盛京时报》1909年2月5日,第2版。

[5] D.D.乔治著,张炜伦译:《什么是"文明"?》,载刘文明、魏孝稷主编:《西方"文明"概念史》,上海:上海三联书店2023年版,第173页。

通过翻译书籍、创办报刊,向中国读书人宣传"文明等级论",包括主张"文明标准"的普世性,让中国人意识到中国在世界上只是"半文明"国家,强调是否"文明"主要以是否信奉基督教为依据,引导中国官绅相信只有通过西方人士的指导,中国才能臻于富强文明之境。[1]或许是看准了近代中国人面对时代危机正苦苦探寻救亡之道,一些传教士开始宣扬:"在昔欧洲诸国,当未闻道之先,其愚拙情形,亦如今日之中国。今为中国计,惟有基督之道足以救人","今日之可以欲兴即兴,虽富国强兵,而能期于一旦者,基督圣教之救世也"。[2]这样的言论,既能将处于困境之中的中国贬低为"文明等级论"意义上的"愚拙"之国(因为不信教),又能给中国人一种仿佛找到振衰起微之道的憧憬。当然,其最终目的自然是在中国传播宗教,借助西方列强的坚船利炮来扩大教会影响。而在向中国人介绍晚近世界大势时,传教士不断美化西方列强在非洲的殖民统治,宣传非洲人"暴戾恣睢,皆率不遵教化",而"欧洲各国亟欲拯民于水火之中,不得不率兵至境",具有"保民养民之功"。[3]西方列强殖民非洲,在来华传教士笔下,乃是让当地人"渐知礼义"的仁义之举,"不但有益于己,而且有造于非洲"。[4]很明显,这样的观点,极易让同样饱尝列强侵略之苦的中国读书人忘却当时中国的命运与那些被殖民的非洲国家并无本质区别,反而越来越相信西方列强的全球殖民史是理所当然、无可厚非的,由其所主导的世界秩序也是合理的。

在近代的来华传教士及其中国信众中,除了那些明显借助西方

---

[1] 王鸿:《文野之辨:晚清的"文明"观念研究》,华东师范大学历史学系2020届博士学位论文,第40—78页。

[2] 林乐知:《基督教有益于中国说》,载李天纲编校:《万国公报文选》,上海:中西书局2012年版,第116、117页。

[3] 李提摩太:《非洲不能养民致失广地说》,载《时事新论》,广州:南方日报出版社2021年版,第109、110页。

[4] 李提摩太:《欧洲各国开辟非洲考》,载《时事新论》,第108页。

列强的政治军事力量来强行传教的人，还有一些在不同场合表现得对中国的命运与前途极为关心，不断为中国贡献改变危局之方案者。他们经常用一种替中国着想的姿态，宣扬与"文明等级论"一脉相承的政治主张。例如有人就指出："中国自广开海禁以来，小而制造工艺，大而文事武备，举凡西学西法之流入中土者莫不矜奇斗智，隐示华人以万不能及之势。"[1] 而要想改变这样的状况，唯有仰赖来华的西方人士，广泛延揽聘用即将代表列强出使中国的"公使"、来中国"考察"的"游士"、来华进行经济活动的"商人"、致力于传教的"教士"、精于制造的"工人"，让这些人担任中国相关领域的重要职务，如此就有可能改变中国落后的局面。[2] 如果说这样的建议略显泛泛而谈的话，那么在甲午战争之后，向来以关心中国前途的形象示人的李提摩太就建议中国政府聘请西人担任要职，包括出任政府顾问，让其负责对外邦交；成立所谓"新政部"，让八人担任总管，其中一半必须是英、美两国人士；聘请西人负责中国修筑铁路的事宜。[3] 对此，正如茅海建教授所论："这表面上是由英、美等国人士负责和指导下的国家改革运动，若从世界历史来看，清廷若行此策将完全失去独立和主权，后果不堪设想。"[4] 而与李提摩太同属广学会的传教士德贞，甚至主张应效仿英国在埃及的统治，让中国将国事全部交予英国代办。[5] 这些人的言下之意，就是要让中国成为西方列强特别是英国的保护国。很明显，若按照其方案，中国的主权将丧失殆尽，与那些已经沦为殖民地的国家相差无几。而正如前文提到的，19世纪西方列强对殖民地的态度，就是基于"文明等级论"，认为后者根本没有能力进行

---

[1] 綦鸿逵：《借西士以兴中国论》，载李天纲编校：《万国公报文选》，第345页。

[2] 綦鸿逵：《借西士以兴中国论》，载李天纲编校：《万国公报文选》，第346—347页。

[3] 王树槐：《外人与戊戌变法》，台北："中研院"近代史研究所1970年版，第78—79页。

[4] 茅海建：《戊戌变法的另面："张之洞档案"阅读笔记》，北京：生活·读书·新知三联书店2021年版，第463页。

[5] 王树槐：《外人与戊戌变法》，第87页。

自我治理,所以得依靠"文明程度"高的国家代为管理。由此可见,若说这些人在对华友善的表象下没有别的政治意图,实在让人难以置信。

关于19世纪英国的对华政策,地缘政治学家豪斯霍弗曾说:"英国顾问进入中国政府机构一事不太起眼,作用却不可小觑,连带着经济和财政渗透,以至于中国最重要的财政机构海关税务总司——尽管具有一定规模的国际人员——最后却差不多成为一家英国企业。"[1]而在李提摩太提议的应由中国聘请的"新政部"外国成员里,首选就是长期担任晚清海关总税务司的赫德。早在担任这一职务之初,赫德就不忘以"文明等级论"为出发点,告诫手下外籍职员不要忘记自己是比中国更为文明的国家的代言人,要牢牢管控海关,并在条件许可的情形下插足中国的其他事务。[2]长期追随赫德在中国海关任职的马士就坦言,通过赫德长期的经营,"在一切国际问题上,从谈判一件条约直到解决一项土地争端,总理衙门在还没有经验的时期,总是凭靠北京总税务司的忠告和协助,而总督、巡抚和道台们则总是征询各口税务司的意见,以便照计而行。外商们和领事们从显然敌对的态度中,逐渐明白了海关确能排解困难而并没有制造麻烦;外国公使们始终支持它的权威"。[3]这样的格局,置于近代殖民史的背景下,俨然是西方列强不断向"半文明"与"野蛮"国家派遣政治与经济顾问,在打着监督财政、管理税收的旗号下,逐渐影响、操控后者之翻版。[4]也正因为如此,外国驻华公使自然会支持总税务司的权威。其实,早在总税务司成立之初,当时的

---

[1] 豪斯霍弗著,何涛编译:《英国与东亚》,载《东亚百年国际争夺》,北京:商务印书馆2022年版,第51页。

[2] 卢汉超:《中国第一客卿:鹭宾·赫德传》,上海:上海社会科学出版社2009年版,第50页。

[3] 马士著,张汇文等译:《中华帝国对外关系史》第2卷,第416页。

[4] 关于这一点,梁启超在清末的不少政论与史论里已经揭示得非常清楚了。参见其《灭国新法论》《顾问政治》等文章。

英国驻华公使、强迫清廷签订《天津条约》与《北京条约》的主导者之一的卜鲁斯就声称"中国人不能不依赖我们的指导"。而这一机构的设立有助于"使中国人得到帮助和公平无私的意见"。因为"这种帮助和意见如果由外国外交人员们提出，势必会启人疑心"。可见，在他的设想里，总税务司实为贯彻英国殖民者对华政策的工具之一。当然，这些政策往往以"帮助"或"公平无私的意见"的名义示人。[1]

在庚子事变当中亲眼见到义和团运动迅猛发展与八国联军入侵北京的赫德，撰写了一系列分析中国政局的文章。赫德反对列强采取过分激烈的手段来对待中国，比如坚持治外法权、进一步扩大传教士的特权、严惩中国开启战端的"罪责"等。他认为应该让那些"文明国家"采取较为温和与稳健的方式慢慢来"引导"中国变成前者所希望的样子，认识到"如果那个地方缺少这样一种来自内部的力量，那就应该等待自然演进，而不是强行推进，造成妊娠期还未结束就把新生命带到世上"。[2]比如在司法方面，要通过和缓的示范效应，"逐步使中国的法律程序与文明世界的其他地区趋向一致"。[3]赫德并不反对列强继续在中国保持影响力，就像他在担任总税务司时经常借机为英国谋取利益那样。但在他看来，这些活动需要做得更为巧妙、在外表上更为漂亮、不要那么咄咄逼人："那些最强大的国家同时又是最文明的国家，不仅有权力，而且有责任在一定的时候把它们的意愿强加给其他国家，但它们的行动必须与它们的强大的文明相称，所以必须是为人着想的、明辨是非和公正合理的。"[4]不难看到，"文明等级论"在这里赋予赫德一种审视中国问题的视野，即面

---

[1] 樊百川:《清季的洋务新政》第1卷，上海：上海书店出版社2003年版，第153页。

[2] 赫德著，叶凤美译:《中国与重建》，载《这些从秦国来——中国问题论集》，天津：天津古籍出版社2005年版，第65页。

[3] 赫德著，叶凤美译:《义和团，1900》，载《这些从秦国来——中国问题论集》，第106页。

[4] 赫德著，叶凤美译:《义和团，1900》，载《这些从秦国来——中国问题论集》，第108—109页。

对义和团运动期间显现出来的中国下层民众自发的反侵略情绪，[1]需要运用更为灵活的手段，使中国能自觉地逐渐按照列强为其设计的道路去自我改变，达到符合列强要求的"文明标准"，进而更好地确保列强的在华利益。如果说前文提到的治外法权与传教问题，属于一种刚性的"文明等级论"，那么久居中国且熟悉中国事务的赫德，则秉持一种柔性的"文明等级论"。从历史的进程来看，前一种模式固然让一些人士感怀不已，但后一种模式恐怕更能产生持久的影响，让一些人士觉得中国就应该处于被"文明国家"安排好的位置上，依靠后者的"指导"，一步一步地趋近"文明"，从而放弃甚至厌恶去寻求其他改变自己命运的方式。

总之，关于第一次鸦片战争以降列强对华政策与手段之本质，霍布森有一段观察颇为犀利，亦可由此出发，审视"文明等级论"在其中起到的作用：

> 近代以来欧洲对华关系的全部历史，对于我们在远东践行的文明教化理论来说，只不过是一个冗长的嘲讽性的注脚。以海盗式的远征强行打开一个闭关自守国家的通商大门，最终导致强迫接受印度鸦片的战争；滥用这个国家几个世纪以来对和平的传教士的仁厚款待，回报以对该国宗教和政治制度的肆意凌辱，以强力勒索商业和政治上的"特许权"作为对这个国家偶尔报复行为的惩罚，以传教士被杀作为残酷的交换条件来攫取新的通商口岸、胶州地区和英国商船在扬子江的航行权；英国、俄国、德国和日本以排斥或损害其他国家利益为信条，联合并用威胁、利诱和贿赂等手段，千方百计取得各自的铁路或矿山的特许权；基督教主教和传教

---

[1] 关于义和团运动期间中国民众反侵略情绪的起因及其表现形式，参见戴鞍钢：《晚清史》，上海：复旦大学出版社2020年版，第231—247页。

士们公然僭取政治权力,傲慢且大量使用所谓的"治外法权",凭借这个权力,不仅他们自己,就连他们的皈依者和门徒都可以不受当地法律的管束——所有这些事情,充分暴露了这些主张的虚伪性,文明信托理论绝非是基督教国家制定对外政策的考量依据。[1]

四、余论

必须声明的是,笔者在这里绝非复制一遍近代以来出现过的各种深闭固拒之论,笔者也认为对于中国而言,不断向外部借鉴吸收能真正促进现代化的历史经验与思想学说是一项十分重要的事情。笔者更相信,剖析列强对近代中国的侵略,绝非为了替近代中国遭逢的困境寻找某种"外部理由",借此来掩盖中国内部的各种矛盾,有意忽视对中国内部政治、社会与经济症结的揭示与批判。毕竟,"物必先腐也,而后虫生之"。从实际的历史进程来看,只反帝,不反封建,非但无济于事,反而有为恶政"辩护"之嫌。而象征着理想社会与政治状态的"文明",当然是值得追寻的。"文明"这个名词,于1900年以后开始在中国有了较为广泛的流行。对此,陈旭麓先生认为其有助于消解国人对域外事物的防备与恐惧:

> 流行于这一时期的"文明"一词,以其特有的模糊性和包容性罗括了种种旧俗之外的新事,使外洋漂来的东西在朦胧中减杀了腥膻气和夹生气。比之19世纪,"以夷变夏"这个古老而又刺激过许多人神经的命题似乎已经在国人的灵魂和感情中越来越淡化了。[2]

---

[1] 霍布森著,卢刚译:《帝国主义》,北京:商务印书馆2020年版,第211页。
[2] 陈旭麓:《近代中国社会的新陈代谢》,北京:生活·读书·新知三联书店2017年版,第205页。

　　但是,意识到这些内容的重要性,同揭示作为近代殖民扩张意识形态话语的"文明等级论"的本质与特征并不矛盾。唯有梳理清楚"文明等级论"的渊源流变与实践形式,方能完整地认识世界近现代史的全貌,而非基于某些诞生于晚近特定历史时期的政治与文化想象来审视历史和现实。纵览近代殖民史,对于殖民者而言,"文明等级论"通过"论证"自己属于"文明"之列,使自己的殖民扩张行为更具正当性,把占领殖民地、统治当地人视为"文明人"对"不文明人"的教化与提携。行之日久,殖民地的民众如若深受熏染,非但不会痛恨殖民统治,反而认为正是由于殖民统治,自己才有机会一品现代化的滋味。那些殖民者来到自己生活的土地,似乎并非出于私心,而是基于某种"责任感"造福本地民众、改变当地面貌。

　　还有一个问题值得讨论。从世界近现代史的进程来看,美国无疑属于新兴的霸权国家。由于美国的立国始于脱离英国的统治,因此美国早期的政治精英经常宣称这一新生的国家是秉持"昭昭天命"而建立的。它不同于腐朽的、专制的欧洲"旧世界",是体现着理想主义的"山巅之城"。但在运用"文明等级论"而大搞对外扩张上,"山巅之城"却和"旧世界"似乎没什么本质上的区别。根据今天的研究,早在立国之初,带有极强"文明等级论"色彩的种族优越感已在美国颇为流行,是形塑该国国家身份认同的重要组成部分。所以,美国统治阶级认为自己在北美大陆上开疆拓土、对早就定居于此的印第安人大肆杀伐没什么不妥,此乃秉承"天命"在"筚路蓝缕,以启山林"。[1]而无论是被后世尊为开国元勋的杰斐逊,还是在美国政治文化里有着众多簇拥的杰克逊,他们皆认为殖民扩张无可厚非。杰克逊之所以被不少热衷鼓吹美国精神的人称赞有加,就是因为他花了不少力气开辟西部边疆,

[1]　胡欣:《美国帝国思想的对外政策含义》,南京:江苏人民出版社2017年版,第81—83页。

在杀戮属于"野蛮人"的印第安人之时显得尤其"勇武善战"。由此可见，虽然美国人经常自诩本国为"新世界"，但究其实一点也不新，而是与欧洲列强的殖民扩张行为一脉相承。

及至19世纪下半叶，伴随着因工业化而来的综合国力的增强，一些精英阶层开始宣称美国已然位于文明的巅峰。[1]在政治与外交层面，美国开始改变过去的孤立主义外交政策，参与对世界的瓜分活动。在此背景下，美国政学商精英们不断巧妙运用"文明等级论"来让自己的行为合法化。特纳强调边疆对于美国历史而言，塑造了美国人勇于扩张、不断占有新的土地、擅长征服落后种族的政治特性，边疆堪称一个"军事训练学校"，既保持美国文明的盎然生机，也彰显美国文明的优越性。[2]约翰·W.伯吉斯则说："不能假定每个民族都必须建立一个国家。如果我们从历史角度来评判的话，非政治性的民族在政治上隶属于或依附于那些拥有政治天赋的国家，同民族国家组织一样，看上去真的是世界文明的一部分。我不认为，亚洲和非洲可以接受任何其他形式的政治组织。"[3]西奥多·罗斯福更是直截了当地声称，国际政治的趋势之一就是"从长远看，文明人将会发现，只有征服野蛮的邻居，他才能够维持和平"。他热爱阅读充斥着白人至上主义的美国历史作品，认为征服"落后"与"野蛮"民族是美国历史的伟大功绩。因此，他颇为欣赏特纳的著作。[4]他坦言："每一次扩张所以发生，是因为其民族是伟大的民族，这是扩张民族的优异的标志和证明。""当一个伟大民族害怕扩张，

---

[1] 刘义勇：《躁动的"受托人"：美国社会的文明身份与帝国建构》，北京：社会科学文献出版社2024年版，第116—130页。

[2] 特纳著，李明译：《边疆在美国历史上的重要性》，载张世明等主编：《空间、法律与学术话语：西方边疆理论经典文献》，哈尔滨：黑龙江教育出版社2014年版，第57—93页。

[3] 霍夫施塔特著，汪堂峰译：《社会达尔文主义：美国思想的潜流》，上海：上海人民出版社2022年版，第217页。

[4] 孔华润主编，王琛等译：《剑桥美国对外关系史》上册，北京：新华出版社2004年版，第472—473页。

不再进行扩张时，那是因为这个民族已不再是个优异的民族。"[1]基于这样的认知，西奥多·罗斯福主张美国应控制和开凿巴拿马运河。[2]此外，在殖民菲律宾问题上，美国国内的殖民主义者也效仿其欧洲远亲，认为此举并非殖民，而是不辞辛苦地秉持使命去训练、开化当地人，让他们摆脱蒙昧落后的状态，美国"是作为朋友来保护当地居民的家园，保护他们的职业和保护他们个人的和宗教的权利"。[3]与此同时，美国并未放弃长期以来奉行的门罗主义，坚持对美洲地区的绝对控制权，禁止欧洲国家染指于此。其理由同样是宣称美国有义务保护、提携美洲国家。然而实际情况却是美国借助门罗主义长期干预美洲国家内政，在经济上控制这些国家，让它们长期处于低水平发展的境地。

　　二战之后，面对新的国际形势，美国开始成为西方世界对抗社会主义阵营的扛大旗者。为了全方位地回应社会主义在世界范围内的传播与实践，美国的纵横家与政客更加在意运用意识形态话语来彰显美国的"优越性"，否定社会主义思想的价值和意义，对那些坚持走独立自主发展道路的国家进行不同形式的干涉。[4]20世纪70年代，资本主义国家出现新的经济危机，二战后风行一时的凯恩斯主义难以为继，强调激进私有化的新自由主义开始登上历史舞台。作为资本主义世界的样板，英国与美国大量采用新自由主义的主张进行经济实践。在此背景下，"文明等级论"也出现了些许与以往不同的样貌。按照新自由主义的标准，"文明"肇始于建立在所谓"自发秩序"之上的经济活动，其核心内容为带有资本主义色彩的商业活动与自由市场。就此而言，资

---

[1]　霍夫施塔特著，崔永禄、王忠和译：《美国政治传统及其缔造者》，北京：商务印书馆2010年版，第252页。
[2]　刘义勇：《躁动的"受托人"：美国社会的文明身份与帝国建构》，第218—225页。
[3]　杨生茂等编：《美西战争资料选辑》，上海：上海人民出版社1981年版，第256页。
[4]　关于二战后美国统治集团对构建此类意识形态话语重要性的分析，参见罗斯托著，国际关系学院"五七"翻译组译：《从七层楼上展望世界》，北京：商务印书馆1973年版，第49—59页。

本主义体制就是人类文明的高峰。那些试图通过国家的力量来调控经济,特别是制定政策缓解、改善资本主义生产方式造成的贫富差距扩大问题,进而增加社会福利保障之举,都是与"文明"相背离的。因此,诞生于盎格鲁-撒克逊世界的政治与经济体制就成为"文明"的"典范"。根据其标准,是否在国内搞资本主义自由市场、是否在经济领域践行私有化、是否主动成为由资本主义国家主导的国际金融秩序的一分子,就成为判定某一国家是否"文明"的重要依据。照此观点,广大的发展中国家要想真正步入"文明国家"行列,就需要与奉新自由主义为宝典的资本主义国家搞好关系,要想获得由这些国家实际主导的国际金融机构的贷款,就必须接受后者对于变革本国政治经济制度与财经政策的"建议",否则便是自外于"文明世界"。

与之相似,二战之后,随着德意日法西斯的战败,那种19世纪式的建立在大国殖民扩张基础上的国际秩序越来越受到人们的批判,作为此类活动在意识形态领域的表现,"文明等级论"也黯然失色。但是,表面上的退场不代表其深层次逻辑再也不复存在。为了在理论上对抗马克思主义,从20世纪50年代起,美国政学两界开始大力宣传现代化理论。这一理论以西欧和美国的发展模式作为人类实现现代化的样板,将世界各国划分为"现代"国家与"非现代"国家。并强调那些仍处于"非现代"阶段的国家和地区,要想实现经济的腾飞、社会的转型、国力的增强,需要加入由美国主导的西方阵营,在经济上高度依赖西方国家,按照美国政学精英们描绘的发展模式(最好是由美国顾问亲自指导),改造本国的政治与经济体制,从而逐步实现现代化。在美式现代化理论里,"现代"国家与"非现代"国家的关系属性与地位差距,俨然旧式"文明等级论"之翻版。[1]

---

[1] 雷迅马著,牛可译:《作为意识形态的现代化:社会科学与美国对第三世界政策》,北京:中央编译出版社2003年版,第97—109页。

　　最后,正如世界近现代史的进程所揭示的,某一种曾经颇有影响力的意识形态话语,并不会因为时代大势的变化而迅速消亡,而是会以这样或那样的方式残存于世间。一旦环境发生变化,便有重新恢复其影响力的契机。"文明等级论"与殖民扩张活动相伴而行,它对那些被殖民与被侵略的国家和地区产生了极为负面的影响。具体表现之一,就是当地一些在外来殖民者统治时期拥有政治、经济与文化地位的精英,非但对殖民统治少有恶感,反而认为正是由于殖民统治,他们才能位居高位,享受荣华。在他们的视域里,殖民统治既让自己能看上去在本国同胞面前高高在上,显得更为"文明",也是使本国实现"现代化"的绝佳选择。所以,他们对反帝反殖运动是缺乏共情的,甚至还会不时怀念起被殖民的时光。虽然随着二战的结束,传统的殖民地统治模式逐渐从历史舞台上消失,但在当前全球一系列政治与经济动荡导致各种形式的右翼思想重新抬头的背景下,这样的主张需要引起人们注意。毕竟,在经历了战争、革命与动荡之后,当代国际秩序的那些正面遗产,依然值得热爱和平与追求进步的人们珍视。

"文明等级论"在近代中国

——一个思想史视角的鸟瞰

众所周知,晚近数十年来,中国与世界形势发生了一系列极为深刻的变化。它需要我们用广袤的视野与自洽的理论去分析那些现实当中存在着的新现象与老问题。其中,一项十分重要的任务就是梳理、剖析近代以来随着西方资本主义国家的全球扩张而流行于世的各种意识形态话语,洞察其中的内在逻辑、历史流变、现实所指。这样才能更为清晰地从回顾中外近代史入手,分析当代的中国与世界状况,进而形成符合中国实际的、能切中现实当中存在着的问题、具有学理性与普遍性的思想主张。

说起近代资本主义国家的意识形态话语,不能不提到"文明等级论"。刘禾主编的《世界秩序与文明等级:全球史研究的新路径》一书通过几个个案研究,包括国际法的译介、博览会的布局、教科书的编撰、植物学与语言学的范式、人种学的传播等,十分详细地揭示了"文明等级论"在世界近现代史上的面貌,强调今天的全球史与中国史研究中不应忽视"文明等级论"的深远影响,特别是这些跨国、跨地域、跨语言的话语实践如何创造当今的世界秩序,影响人们的思维方式。[1]因此,对于深入认识近代以来的中国与世界来说,这不但是一个历史学的问

[1] 刘禾主编:《世界秩序与文明等级:全球史研究的新路径》,北京:生活·读书·新知三联书店2016年版。

题，更是一个我们剖析至今恐怕依然在大众文化里存在着的一些症结与弊病的极好切入点。基于这样的问题意识，笔者尝试从思想史的角度，审视"文明等级论"的内涵，分析其在近代中国的流行状况与对中国人价值观念和思维方式的影响。[1]

一、何谓"文明等级论"

在《关键词》一书里，雷蒙·威廉斯对"文明"(Civilization)一词的内涵与流变进行了简要的梳理："在英文里，civilize 比 civilization 出现得早。Civilize 出现在 17 世纪初期，源自 16 世纪的法文 civiliser，最接近的词源为中古拉丁文 civilizare——意指使刑事事件变成民事事件，并且由此引申为'使……进入一种社会组织'。可追溯的最早词源为 civil（公民的、市民的）及 civis（公民、市民）。Civil 这个词从 14 世纪以

---

[1]　关于"文明等级论"在近代中国的个案研究，黄克武与黄兴涛分别在《从"文明"论述到"文化"论述——清末民初中国思想界的一个重要转折》(《南京大学学报（哲学社会科学版）》2017 年第 1 期）与《晚清民初现代"文明"和"文化"概念的形成及其历史实践》(《近代史研究》2006 年第 6 期）中，从观念史的角度分析了"文明"观念在近代中国的出现与流行。何伟亚（James L. Hevia）在《英国的课业：19 世纪中国的帝国主义教程》(北京：社会科学文献出版社 2013 年版）中分析了近代英国在侵略中国的过程中，如何把"文明等级论"观念借助各种仪式、图片与文本传播至中国，规训中国人遵从帝国主义的全球秩序。林学忠与赖俊楠分别在《从万国公法到公法外交：晚清国际法的传入诠释与应用》(上海：上海古籍出版社 2019 年版）与《国际法与晚清中国：文本、事件与政治》(上海：上海人民出版社 2015 年版）中详尽分析了近代国际法中的"文明等级论"对于晚清士人的影响。铃木胜吾在《文明与帝国：中国与日本遭遇欧洲国际社会》(北京：世界知识出版社 2019 年版）中比较了晚清中国与明治日本对待"文明等级论"的不同态度。高汶在《晚清理学视野下的英国殖民秩序》(《社会科学战线》2017 年第 4 期）中分析了郭嵩焘的理学思想如何与近代"文明等级论"相结合，形成了一套认识近代世界秩序的知识。强世功对近代以来西方列强如何运用"文明"话语来进行帝国构建进行了详尽剖析，参见强世功：《文明终结与世界帝国：美国建构的全球法秩序》，香港：香港三联书店 2021 年版。章永乐分析了"文明等级论"如何影响近代中国政学人士对于法律与制度的认识，参见章永乐：《铸典宣化："文明等级论"之下的"日邦新造"》，香港：香港三联书店 2024 年版。

来就出现在英文里，直到16世纪其引申意涵一直是orderly（有条理的、有秩序的）及educated（受教育的）。1594年胡克提到'公民社会'——在17世纪，尤其在18世纪时，这是一个重要的词。然而，civility这个词大体上是用来描述'井然有序的社会'，其最接近的词源是中古拉丁文civilitas——意指community（共同体、社区）。17世纪及18世纪，civility这个词通常被当成我们现在所用的词civilization来使用。"[1]到了启蒙运动时期，"文明"(Civilization)这个词"背后潜藏着启蒙主义的一般精神，强调的是世俗的、进步的人类自我发展"。它"凸显了现代性的相关意涵：一种确立的优雅、秩序状态"。[2]埃利亚斯则指出，在深刻影响着近代欧洲历史进程的法国，"'文明'的概念也和宫廷贵族的特性联系在一起"。"被称作'文明人'的不是别的，而正是那种体现了宫廷社会本来理想的'正直的人'的扩大了的变体。"与此同时，"与'有教养的''有礼貌的''开化的'等概念一样，'文明化'也是这些几乎被视作同义词的概念中的一个。宫廷社会的人们时而用这些概念的狭义，时而又用这些概念的广义来表明他们自身行为的特殊性，并通过这些概念来表明他们高度的社会教养及其行为规范，以示与其他普通的、社会地位低下的人在教养方面的差别"。[3]这样的思维逻辑，某种程度上堪称西方国家内部用来区分不同阶级之高下的"文明等级论"。鲍曼提醒人们，在18世纪，"文明化"象征着对于提倡者眼中属于"不文明"的地方性和民族性生活方式已不再有宽容态度。"文明化"的诉求一旦和新兴的民族国家权力结合，就会将有碍于这一权力的文化习俗视为落后与野蛮的，要除之而后快。在提倡"文明化"的知识分子眼

[1]　雷蒙·威廉斯著，刘建基译：《关键词：文化与社会的词汇》，北京：生活·读书·新知三联书店2016年版，第92—93页。
[2]　雷蒙·威廉斯著，刘建基译：《关键词：文化与社会的词汇》，第93页。
[3]　埃利亚斯著，王佩莉、袁志英译：《文明的进程：文明的社会发生和心理发生的研究》，上海：上海译文出版社2018年版，第39页。

里,他们所倡导并渴望实现的生活方式毋庸置疑优于其他生活方式,全人类迟早会被纳入彼辈所宣扬的文明进程之中。[1]

进一步而言,"文明"的概念在近代早期的西方历史当中,并不只是简单作为一个描述某种社会状态的名词,而是有着较为明确的政治意涵。伴随着西班牙、葡萄牙等国家进行海外殖民扩张活动,宗教势力与政治势力结合,以是否属于"基督教文明"为标准来划分世界,凡是不属于信仰基督教的地方,可以由基督徒占有。在著名的《大地的法》一书里,施米特指出了这样进行划分的政治意图:凡是被划分为非基督教的地区,"这里不存在战争的法律限制,所行的只有弱肉强食的丛林法则"。[2]在这些地区,作为海外扩张主力的基督徒们享有充分的"自由"。而这种自由的本质,"是因为这条线划定了一个可以肆意使用暴力的区域。该界线的潜台词是,只有基督教欧洲的诸侯和子民,才能成为参与新全球占取的协约伙伴"。[3]可见,在这样的话语体系下,那些非基督教地区在政治上是属于"非文明"的,他们生活的地方可以被视作"无主地"——因为那里的人不懂合理开发利用土地、不知私有财产观念、缺乏成熟的政治组织(当然,这些事项的具体标准都是由西方人定的);因此规范欧洲国家之间行为的法律在那里不起作用,为了传播基督教的义务,为了建立一种高级文明的秩序,象征着"文明"的基督徒可以对那些地方任意开展殖民活动。[4]

这些活动也为欧洲资本主义的早期发展创造了条件。马克思在《资本论》中分析资本主义原始积累时说道:"美洲金银产地的发现,土著居民的被剿灭、被奴役和被埋葬于矿井,对东印度开始进行的征服和

[1] 鲍曼著,洪涛译:《立法者与阐释者:论现代性、后现代性与知识分子》,上海:上海人民出版社2000年版,第128—130页。

[2] 施米特著,刘毅等译:《大地的法》,上海:上海人民出版社2017年版,第64页。

[3] 施米特著,刘毅等译:《大地的法》,第64页。

[4] 沃格林著,霍伟岸译:《政治观念史稿·宗教与现代性的兴起(修订版)》,上海:华东师范大学出版社2019年版,第148页。

掠夺，非洲变成商业性地猎获黑人的场所：这一切标志着资本主义生产时代的曙光。""殖民地为迅速产生的工场手工业保证了销售市场，保证了通过对市场的垄断而加速的积累。在欧洲以外直接靠掠夺、奴役和杀人越货而夺得的财宝，源源流入宗主国，在这里转化为资本。"[1]而关于建立在基督教教义基础上的殖民活动，马克思征引了一位研究者的话："所谓的基督教人种在世界各地对他们所能奴役的一切民族所采取的野蛮和残酷的暴行，是世界历史上任何时期，任何野蛮愚昧和残暴无耻的人种都无法比拟的。"[2]

　　到了18、19世纪，随着英国等资本主义国家生产力水平飞速提高，开始进一步将自己的政治与经济力量扩张到全世界，资本主义体制看起来蒸蒸日上，欧洲文明的正面形象被有意识地形塑。与之相对，作为对比或参照对象的非西方地区，就呈现出一种更为"低劣"的样貌，西方人斥之为"半文明"人，认为后者应该心甘情愿地接受一个高级的文明即欧洲文明的统治。[3]在当时的欧洲精英阶层眼里，

　　　　欧洲的一致性，在于全体欧洲人都有着相同的生活方式和观点，而这些东西同样存在于美国、澳大利亚和新西兰这些"欧洲人"国家。欧洲及其分枝国家构成了"文明世界"，其余地区——非洲、中国、印度以及秘鲁内地——则被称为"落后的"地区（今天它们被归入"不大发达"地区）。在1914年之前的那半个世纪里，欧洲人对他们的文明有着极其清醒的意识，并感到无比自豪。他们相信，这是经历数个世纪不断进步的必然结果，感到自己在人

---

[1]　马克思：《资本论》第1卷，载《马克思恩格斯全集》第23卷，北京：人民出版社1972年版，第819、822页。

[2]　马克思：《资本论》第1卷，载《马克思恩格斯全集》第23卷，第820页。关于欧洲殖民者在15—17世纪殖民活动中的征服、屠杀与掠夺，参见严中平：《老殖民主义史话选》，北京：北京出版社1984年版。

[3]　马兹利什著，汪辉译：《文明及其内涵》，北京：商务印书馆2017年版，第56页。

类努力的重要领域中是最进步的一支。他们认为，无论哪一个民族都必然会敬慕这同样的社会理想。就此而言，只要谁不愿意或是不能采用它们，谁就是落后的。[1]

在思想层面，启蒙运动以来，欧洲的启蒙哲人相信人类社会是不断进化的，光辉时刻属于未来而非过去。具有普遍色彩、体现着启蒙精神的理性与科学将会传播至世界各地，那些蒙昧、落后、野蛮的内容，定将在理性之光的照耀下逐渐消亡，政治上的开明与经济上的繁荣指日可待。这一思想观念在世界近现代史上的正面意义，自然不待多言。[2]然而随着经历过工业革命的欧洲列强在综合国力上明显领先全球，这样的观念遂发生了一定的异化。欧洲人开始相信自身的政治与社会形态位于世界历史的高峰，象征着繁荣、丰盛与富足的西方工商业社会也远比世界其他地区的农业社会、游牧社会与渔猎采集社会先进，同时将这样的"先进"与"落后"置于一种折射出不同历史发展阶段的等级序列之中，在此序列的顶端，就是"文明"的西方。接下来，便是大体处于"半文明"阶段的中国、波斯、奥斯曼等古老的王朝或帝国。而非洲、美洲与太平洋诸岛上的部落或酋邦，则位于"野蛮"之列。代表了所谓"文明"的西方诸国的政治制度、经济模式、社会组织、文化形态，对于"半文明"与"野蛮"地区来讲，是有着典范意义的。受此影响，许多滥觞于19世纪的"科学"或"学科"，比如人类学、博物学，甚至历史学与政治学，在凸显其"学科属性"同时，常用各种"证据"与"逻辑关系"来"论证"这一点。比如非西方地区的文字如何缺乏逻辑、生活习俗如何"低劣"、政治制度如何"落后"、伦理道德

[1]　帕尔默、科尔顿著，孙福生等译：《近现代世界史》中册，北京：商务印书馆1992年版，第750页。

[2]　彼得·盖伊著，王皖强译：《启蒙时代（下）：自由的科学》，上海：上海人民出版社2016年版，第79—116、319—340页。

如何"野蛮"、缺乏像基督教那样的宗教信仰等。许多近代西方知识分子都不约而同地参与不断完善这一意识形态话语的工程。比如人类学,哈特与奈格里认为:"无论在学术意义还是在普及意义上,19世纪人类学都把非欧洲民族和它们的文明展现为欧洲人和欧洲文明尚未开化时的模样。它们成了原始的象征,代表着欧洲在走向文明之途上经过的不同阶段。从而,人类文明进化的历时阶段在分布于全球各地的原始种族和文化中被共时地呈现出来。人类学的文明进化理论,以及它对非欧洲人的展示认证并加固了欧洲人的优越地位,从而使殖民主义整体工程获得合法依据。"[1]其中,"种族"被视为一个绝佳的证明非西方文明低于西方文明的关键。将"种族"作为"文明标准",也凸显了"文明等级"的固定性与不可逆性,甚至披上了科学的外衣。因此,在19世纪中期以后,"人种学"与"优生学"在西方世界颇为流行,一些研究者炮制出不少用来论证"野蛮人种"比"文明人种"低劣的例证与观点,使之成为西方国家对非西方世界殖民扩张的理由。[2]正如马兹利什所论:

> 他们认为欧洲文明是优越的,有一个不变的实体:种族。因此,文明之门,或者至少是西方模式之门关闭了,紧紧地将野蛮人关在门外。因此,文明与野蛮的二元之分又以一种新的形态保存下来,大多数欧洲人视此为理所应当。现在,若要消除"其他民族"的野蛮性,唯一的途径是以欧洲文明的名义将他们扫到一边,不予理睬,文明可能是欧洲人独占的产业。[3]

---

[1] 哈特、奈格里著,杨建国等译:《帝国——全球化的政治秩序》,南京:江苏人民出版社2003年版,第131页。

[2] 关于19世纪人种学、优生学和帝国主义扩张之间的关系,参见汉娜·阿伦特著,林骧华译:《帝国主义》,载《极权主义的起源》,北京:生活·读书·新知三联书店2008年版,第247—258页。

[3] 马兹利什著,汪晖译:《文明及其内涵》,第79页。

这样的观点，也恰与18世纪中后期开始，随着西欧资本主义的发展，需要从其他地区获取更多的廉价劳动力，让其承担简单而繁重的体力劳动，为资本主义原始积累与扩大化生产创造条件的历史过程高度匹配，成为近代资本主义意识形态的重要组成部分。对此，曾出版《帝国主义》一书的霍布森这样评价：

> 无论什么时候，在优秀种族能利用低等种族在农业、矿业和家务方面的体力劳动获利的地方，低等种族通常不倾向于灭绝，而是倾向于形成奴隶阶级……
>
> 当白人殖民者发现"低等种族"占有的土地上蕴藏着丰饶的农业、矿业和其他资源，他们就会受到双重的诱惑。他们想要夺取这些土地，控制当地廉价劳动力的供应，并让其在自己的监督下为了自己的利益而进行劳动。如果"土人"不好被驾驭，不能被训练为有效的劳动力，他们就要被放逐或者消灭，就像澳洲和南非的"低等游牧民"布希曼人、小黑人、博罗罗人、吠陀人等，甚至像北美洲的印第安人都是如此。在"接触优秀种族"的这一委婉说法之下，战争、谋杀、酗酒、梅毒和其他文明病，都被用作是消灭低等种族的主要手段。把当地土著肃清之后，土地就转归白人殖民者所有，而白人必须自己劳动，或者输入其他低等的工业人口为其劳动，就像美国和西印度群岛输入奴隶或者像纳塔尔、英属圭亚那等地输入契约劳工一样。
>
> 但是，在"低等种族"能被用来在自己的土地上进行盈利劳动的地方，比如做农民、矿工或仆役，白人为了满足自己的私欲就会推行"强迫劳动"制度。在大部分热带和亚热带国家，土人可以凭借自己和家人的劳动，勉强维持温饱。要想把这些人引诱到工厂中从事雇佣劳动，之前的生活方式必须被终止。所以，我们得向政府施压，使土人不能像从前那样靠土地维持生计。农民的土地

和牧民的牲畜都成为被攻击的目标。[1]

以"种族"来区分文明高下，到了20世纪初，被欧美学者用学术语言包装得更为"精致"与"巧妙"。在《文明与气候》一书里，作者亨廷顿表面上是在研究气候环境对文明形态的影响，却加入大量鼓吹白种人优越性的内容。他说："所有大规模智商测验都表明，即使在拥有平等机会的条件下，白人智商也优于其他人种。""黑人与白人的差别不仅在于体格和肤色，而且在于大脑的运转机制。这些差异很难通过训练来消弭，就如李子栽种再多也无法替代苹果。"而在宏观层面，"西欧和中欧这样的能量活跃地区作为世界上最重要的文明中心已有一千年之久，从这里迸发出来的新思想，比世界其余地区加起来的总和还要多"。"不管一个人身处何地，都感受到伟大欧洲文明中心的触角伸向全世界，并给每个角落带来生气。"照此逻辑，殖民统治也就有其"合理性"了："强大的种族能够对其统治或殖民的地区产生影响。强大种族的存在不断使一个地区的文明程度得到提升，有时比气候能量的作用还要大。爪哇、菲律宾和印度的情况皆如此。尤其值得注意的是被大英帝国统治的地区。"[2]

这就是"文明等级论"的基本形态。在传播与普及方面，到19世纪初，"文明等级论"在不少西方国家已经进入中学地理学教科书。随着此类教科书不断被投入使用，"文明等级论"也在英美等国得到较为广泛的普及，成为各国国民的一种政治常识。[3]尤其值得一提的是，到了19世纪后期，为了转移国内的阶级矛盾，英国等国家不断利用大众传媒向广大的工人阶级宣传本国的"殖民事业"，强调对"野蛮"地区

---

[1] 霍布森著，卢刚译：《帝国主义》，北京：商务印书馆2020年版，第222、226—227页。
[2] 埃尔斯沃思·亨廷顿著，吴俊范译：《文明与气候》，北京：商务印书馆2020年版，第10、13、194、195、153—154页。
[3] 郭双林：《近代英美等国文明等级论溯源》，《中国人民大学学报》2017年第6期。

的殖民活动既能彰显本国之荣光,使平民大众在面对殖民地居民时有高人一等的自豪感,又能通过掠夺殖民地的资源让工人阶级的生活水准水涨船高。[1]这大概直接影响到了西欧的社会民主党对殖民地问题的态度。因此,第二国际的理论家们时常照搬帝国主义者的文明论,声称如果没有"文明"国家的殖民活动,殖民地就会因落后而重回"野蛮"状态。殖民活动固然有剥削与压迫现象存在,但殖民者在殖民地铺设铁路、兴办学校、修筑灌溉工程,这同样让殖民地民众获益。更有甚者,他们认为如果没有殖民扩张活动,"文明"国家的二人阶级的生活将难以得到改善,向殖民地倾销本国过剩的商品,有助于让工人阶级获取更多的利益。因此,他们认为需要制定"社会主义殖民政策",即用更为"文明"的方式管理殖民地,等到殖民地的生产力水平提高了,再谈如何解决殖民地问题。这样的论调除了照搬帝国主义式的文明论,更是在教条地理解马克思的生产力理论,即认为革命只能发生在西欧资本主义国家这样生产力水平已经比较高的地方,而生产力水平未达到此标准的地区则不应奢谈革命,需要安于被生产力水平高的国家支配的现状。[2]

此外,不少传教士在殖民主义的大潮之下,也以传播"文明"为口号,向彼辈眼里的"野蛮"地区传教。当然,在不少情况下,传教往往也是侵略扩张活动的组成部分,传教士经常扮演侦察测绘或游说当地官员的角色。[3]一些西方国家在殖民地的官员同样打着使当地民众"文

---

[1] 霍布斯鲍姆著,贾士蘅译:《帝国的年代》,台北:麦田出版公司1996年版,第98—101页。

[2] 关于这些观点,参见《第二国际修正主义者关于民族殖民地问题的反动言论》,北京:人民出版社1964年版。

[3] 比如第一次鸦片战争前夕,就有一些西方传教士在中国沿海地区进行刺探与搜集中国情报的活动。参见何桂春:《第一次鸦片战争时期西方传教二的侵华活动》,《福建师范大学学报(哲学社会科学版)》。关于这一问题比较新的研究,参见吴义雄:《在宗教与世俗之间——新教传教士在华南沿海的早期活动(1807—1851)》,北京:社会科学文献出版社2022年版,第171—189页。

明化"为幌子,培养一批服膺近代西方生活方式、对殖民统治合法性毫无质疑、将自己的个人利益(或家族利益)与殖民者的利益捆绑在一起的本地精英,让后者以自己的言行来进一步证明"文明等级论"实属天经地义。[1]

当然,在政治活动中更能凸显并传播"文明等级论"的是早期的"国际法"。后者本身就源于基督教民族国家之间建立的一套行动规则。因此,早期国际法所承认的"主权国家"就限于"文明国家"。在近代,国际法的关键要义在于被"承认",即首先取决于国际法怎样确定文明等级,然后以此为标准来判断地球上哪些组织或国家拥有主权,哪些组织或国家没有主权,或只能享有部分主权,因而必须接受欧洲人的殖民统治,在被殖民的过程中得到"教化"。[2]按照国际法背后的"文明等级论",它以近代西方文明为标准,将广大的非西方地区划分为"半文明"与"野蛮"两个等级,"论证"西方列强对这些地区进行殖民扩张的正当性,把殖民活动打造成"教化""规训"非西方地区的"义务",同时强调非西方地区如若想成为"文明"社会一员,必须效仿"文明国家"的一整套政治、文化、社会体制,甚至应直接接受"文明国家"的"指导"。佩里·安德森指出,由于缺乏任何确定性的裁决或者执行权威的机构,并且将"文明标准"作为是否能被国际法认可的资格,而这种资格的认定又往往掌握在强权国家手里,所以,"从任何现实的角度来说,国际法都既不真正国际,也非名副其实的法"。它只是"作为一种服务于霸权国家及其盟友的意识形态力量,国际法是一种令人生畏的权力手段"。[3]从19世纪初至20世纪上半叶,一些非西方国家为

---

[1]　尼尔·弗格森著,雨珂译:《帝国》,北京:中信出版社2012年版,第117—123页。

[2]　刘禾:《国际法的思想谱系:从文野之治到全球统治》,载刘禾主编:《世界秩序与文明等级:全球史研究的新路径》,第79—80页。

[3]　佩里·安德森著,章永乐、魏磊杰主编:《大国协调及其反抗者——佩里·安德森访华演讲录》,北京:北京大学出版社2018年版,第94页。

了"融入"由近代西方列强主导的国际秩序,都主动地以国际法为标准来规划自己的外交活动,并接受了其背后的意识形态逻辑,希望这样就能够在"文明等级论"的游戏规则下成为"文明国家"的一员。从今天的后见之明来看,这样的想法无疑颇显天真。因为近代西方列强既是游戏的参与者,又是游戏规则的制定者,它可以根据对本国利益的考量与具体国际局势的变化,不断地重新定义"文明标准",让非西方国家永远处于相信有可能通过自我改变成为"文明国家"一员,结果却总是离"文明国家"还差一步的境地,这样由近代西方列强主导的国际秩序就不会受到实质性的威胁。[1]

二、"文明等级论"进入中国的三个主要传播途径

在历史上,中国对待周边政权有一套行之久远并日趋于成熟的制度体系。在此体系之下,中国历代王朝与周边政权进行各种类型的交往,并依据从这些具体政治和经济实践中产生出来的政治文化,于理论层面对中国与周边政权的关系进行论述、定义。即便其中有些许制度或实践的变动,也是在这一套政治文化逻辑之下的变动。换言之,这一体现中国传统政治文化核心意涵怀柔远人之"道",其自身合法性并未遇到全面而猛烈的冲击。然而鸦片战争以来,中国被一步一步地卷入由西方资本主义国家所主导的国际秩序之中,中西之间的交涉活动日益频繁。由于在列强面前,中国国力衰微,长期处于被动地位,中国与

---

[1] 也许有人会说,中国古代也有"文野"之辨,把不尊奉儒家学说的群体视为缺少教化的"蛮夷",这也是一种"文明等级"。但必须注意到,除了王夫之等少数人之外,在大多数儒者眼里,判断"文野"的主要标准是是否服膺儒学,且这和血统、种族、族群没有直接联系。即便不是汉人,一样可以通过阅读儒家典籍、践行儒学义理,进而成为"文质彬彬"之人(这一点最具代表性的例子,大概就是现代新儒家的代表人物,祖上为蒙古贵族的梁漱溟)。而一旦放弃了这两点,即便是"中国"之人,同样也可以"夷狄"视之。所以说,这种"文野"之辨是开放的、流动的,而非本质主义的。

周边政权的关系、中国在近代世界所处的地位,逐渐被以民族国家作为单位、以国际法作为主要规则的新的国际体系所覆盖。过去中国士人熟悉并认同的一整套制度与学说出现了极为严重的危机,动摇了人们对它们的服膺。与之相伴的,是不少对中国士人而言基本上闻所未闻的思想学说开始慢慢地在中国流传开来。

在此背景下,随着国际法知识渐渐地传入中国,其核心要义"文明等级论"也一并开始影响着中国人。1864年,传教士丁韪良翻译了美国人惠顿所著的《国际法原理》,以《万国公法》为名出版。[1] 书中声称:"万国尚有公法,以统其事,而断其讼焉。或问此公法,既非由君定,则何自而来耶?曰:将诸国交接之事,揆之于情,度之于理,深察公义之大道,便可得其渊源矣。"[2] 将国际法视为一种本乎天道人情的至"公"之物。[3] 当然,书中也明确提到:"或问万国之公法,皆是一法乎?曰:非也。盖此公法,或局于欧罗巴崇耶稣服化之诸国,或行于欧罗巴奉教人迁居之处,此外,奉此公法者无几。""盖未见有古今万国,蛮貊文雅,教内教外,无不认识遵行之例也。"[4] 但是此书仍向中国人表示:"盖欧罗巴、亚美利加诸国,奉耶稣之教者,与亚细亚、阿非利加之回回等国,交际往来,彼虽教化迥异,亦屡弃自己之例,而从吾四方之公法。"因此,"欧罗巴、亚美利加诸国,奉耶稣之教者,与中国迩来亦共议合约,中国既弛其旧禁,与各国交际往来,无论平时、战时,要皆认之,为平行自主之国也"。[5] 可见,在译文里,丁韪良着重把基督教国家所奉行的国与国之间的交往之法定义为"公",而非基督教国家则不在此"公"的理念覆盖之内,此叙述逻辑就是一种比较明显的"文明等级论"。而

---

[1] 关于丁韪良翻译《万国公法》的详细情形,参见赖骏楠:《国际法与晚清中国》,上海:上海人民出版社2015年版,第94—124页。

[2] 惠顿著,丁韪良译:《万国公法》,北京:中国政法大学出版社2003年版,第5页,

[3] 《万国公法》里说国际法本乎"性法"(自然法)与"天法"。

[4] 惠顿著,丁韪良译:《万国公法》,第17页。

[5] 惠顿著,丁韪良译:《万国公法》,第20—21页。

中国要想成为"自主之国",必须接受西方列强与之"共议今约"的事实,即由后者来断定中国是否符合"文明标准",把列强侵略中国看成是通过"交际往来"而让中国臻于"文明"的契机,把是否遵守在坚船利炮威胁下签订的不平等条约视为能否成为"文明国家"的基本条件。

更有甚者,为了让近代国际法秩序更为广泛地在中国精英阶层中普及,丁韪良声称中国古代也有类似于近代国际法的规则。他把春秋时期诸侯国之间的交往方式与结盟活动视为中国本土的"国际法",强调只是由于后世统一之局的出现,所以这一中国式"国际法"遂隐而不彰。因此,他相信借由挖掘春秋时期的相关史事,可以让中国士人在尊奉近代国际法的问题上更为主动、更为自觉:"今中国执政者,亦谓欧洲大小各国,境壤相接,强弱相维,有似于春秋列国,而考之载籍,觉其事其文其义,亦复与今之公法相印合。故中国亦乐从泰西公法,以与国际交际。"[1]正如他所设想的,之后确实有不少中国士人颇为真诚地相信近代国际法的基本原理与《春秋》公羊学的秩序观甚是相似。他们宣称既然《春秋》所体现的"公理"是具有普世性的,那么近代国际法秩序也同样是普世性的,近代国际法秩序的普及,就是在为《春秋》之"公理"的普及创造条件。他们甚至认为,西方列强在近代外交活动中常常是以实力作为主要决策依据,这并不能被视为近代国际法秩序本身的缺失,而应理解为近代西方列强也没有完全践行近代国际法的准则。因此,为了体现与近代国际法秩序颇为相似的《春秋》之"公理",中国应更加主动尊奉近代国际法的准则,为"公理"流行于世间创造条件。[2]

在实践层面,清政府在对外交涉中确实时常援引国际法。只是在

---

[1]　丁韪良著,汪凤藻译:《中国古世公法论略》,载王健编:《西法东渐:外国人与中国法的近代变革》,南京:译林出版社2020年版,第93页。

[2]　这样的观点,于戊戌变法前后在湖南十分活跃的唐才常身上表现得尤为明显。参见唐才常的《各国政教公理总论》《公法通义》《使学要言》等论著。

不少外交活动中,一旦涉及中外之间的利益纠纷,虽然清政府表示愿意遵照国际法来处理中外关系,但依然未能得到列强的公正对待,吃亏之处所在多有。[1]但是,面对当时衰败的国势,人们必须思考如何在国际法原则下求生存。因此,一部分晚清士人开始主张接受国际法背后的"文明等级论",并按此游戏规则来做自我改变。如薛福成就说:

> 各国之大小强弱,万有不齐,究赖此公法以齐之,则可以弭有形之衅。虽至弱小之国,亦得借公法以自存。惟亚细亚东方诸国,风气不同,政事不同,言语文字不同,初与公法有格格不相入之势,而此书亦未肯挈东方诸国在内。三十年来,日本、暹罗尽力经营,以求附乎泰西之公法。日本至改正朔,易服色,以媚西人,而西人亦遂引之入公法矣。[2]

在这里,薛福成的意思是,为了享受到国际法中的基本权利,必须接受"文明等级论",承认自己尚未能达到由西方列强所制定的"文明标准",以至于"与公法有格格不相入之势",所以更需要想方设法让西方列强觉得中国能够升至"文明国家",有必要效仿日本、暹罗之先例来进行改革。当然,虽说作为晚清少数精通洋务之人,薛福成或许也未曾料到,从这些列强极力维护其在华的巨大利益来看,无论中国如何以西方为参照进行自我改变,大概也很难真正被视为"文明国家",进而能够实质性地受到国际法规则的保护。关于这一点,从清末民初的法律修订与外交谈判诸史事中可以比较明显地看出来。

---

[1] 林学忠:《从万国公法到公法外交——晚清国际法的传入、诠释与应用》,第249—272页。

[2] 薛福成:《论中国在公法外之害》,载马忠文、任青编:《中国近代思想家文库·薛福成卷》,北京:中国人民大学出版社2014年版,第283页。

　　进一步而言,在晚清,一些讲求洋务与新学的士人,随着更为全面地洞悉近代列强对外扩张活动,以及不断思考中西交涉过程中的一些关键问题,开始反思"公法"在外交事务中的约束力究竟有多大。曾游历欧洲各国,回国后积极推广西学的钟天纬就说:"我观泰西今日之局,小国援公法未必能却强邻,大国借公法转足以挟制小国。则所谓万国公法者,不过为大侵小、强凌弱借手之资而已,岂真有公是公非之议论哉!""所谓公法者,本视国之强弱为断,而并非以理之曲直为断也。""我苟能自立,而后公法始可得而言,约章始可得而守。"[1]与之相似,郑观应也认为:"公法一书久共遵守,乃仍有不可尽守者。盖国之强弱相等,则借公法相维持,若太强太弱,公法未必能行也。太强者,如古之罗马,近之拿破仑第一,虽有成有败,而当其盛时,力足以囊括宇宙,震慑群雄、横肆鲸吞,显违公法,谁敢执其咎? 太弱者,如今之琉球、印度、越南、缅甸,千年旧国,一旦见灭于强邻,诸大国咸抱不平,谁肯以局外代援公法,致启兵端?""由是观之,公法仍凭虚理,强者可执其法以绳人,弱者必不免隐忍受屈也。是故有国者,惟有发愤自强,方可得公法之益。倘积弱不振,虽有百公法何补哉?"[2]

　　此外,19世纪下半叶,中国开始向外国派遣驻外使臣。不少驻外使臣到了西方国家,目睹资本主义文明的繁华景象,开始不自觉地受到"文明等级论"影响,并撰文向中国人介绍和传播。其中,郭嵩焘的观点极有代表性。1875年,清政府为了因"马嘉理案"而向英国"赔礼道歉",派遣曾担任苏松粮道、两淮盐运使与广东巡抚的郭嵩焘出任出使英国大臣,并兼任出使法国大臣,成为中国历史上第一位驻外使臣,开中国近代外交史之先河。虽然郭嵩焘抱着可以"以理服人"的态度

---

[1]　钟天纬:《公法不足恃论》,载薛毓良、刘晖桢编校:《钟天纬集》,上海:上海交通大学出版社2018年版,第141页。

[2]　郑观应:《盛世危言·公法》,载夏东元编:《郑观应集》上册,上海:上海人民出版社1982年版,第389页。

来和洋人交涉,但在郭嵩焘出使英国之前,把持中国海关的英国人赫德就决定在伦敦先设立一个"中国海关伦敦办事处"。名义上这一机构是为中国海关采购相关器材,实际上却是为了让赫德能控制即将成立的中国第一个驻外使馆,使他能更有效地为英国政府提供情报、影响中国外交决策。为了实现这一目的,他挑选心腹金登干(James Duncan Campbell)担任办事处负责人。郭嵩焘离京启程之前,赫德通知伦敦办事处做好准备工作,让使馆的一切情况尽在自己掌握之中。其中他特别嘱咐金登干要接近郭嵩焘,"引导公使履行他的新职责",对其施加影响,干预郭嵩焘的外事活动。[1] 如此一来,郭嵩焘还没到英国,就已经落入了赫德精心策划的"网罗"之中。因此,某种程度上可以说,郭嵩焘所看到的英国,大多为英国人希望他看到的英国。

在此背景下,郭嵩焘很快就接受了"文明等级论"。他在出使日记中写道:

> 盖西洋言政教修明之国曰色维来意斯得,欧洲诸国皆名之。其余中国及土耳其及波斯曰哈甫色维来意斯得。哈甫者,译言得半也,意谓一半有教化,一半无之。其名阿非利加诸回国曰巴尔比里安,犹中国夷狄之称也,西洋谓之无教化。三代以前,独中国有教化耳,故有要服、荒服之名,一皆远之于中国而名曰夷狄。自汉以来,中国教化日益微灭,而政教风俗,欧洲各国乃独擅其胜,其视中国,亦犹三代盛时之视夷狄也。中国士大夫知此义者尚无其人,伤哉! [2]

对于近代中国人不知何谓"文明等级论",郭嵩焘以"伤哉"视之,可

---

[1] 卢汉超:《中国第一客卿:鹭宾·赫德传》,上海:上海社会科学院出版社2009年版,第94—96页。

[2] 郭嵩焘:《记西报述西洋各国勋章及文明程度》,载熊月之编:《中国近代思想家文库·郭嵩焘卷》,北京:中国人民大学出版社2014年版,第106页。

见在他眼里,"文明等级论"是具有普世性的、极强解释力的思想学说。中国人不明此道,俨然自外于世界。这背后显现的是他对近代西方文明的极度欣羡,由此对后者的意识形态话语也报以高度的认同。早在出使英国的路上,他就于日记中写道:

> 西洋以智力相胜,垂二十年。麦西、罗马、麦加迭为盛衰,而建国如故。
>
> 近年英、法、俄、美、德诸大国角立称雄,创为万国公法,以信义相先,尤重邦交之谊。致情尽礼,质有其文,视春秋列国殆远胜之……西洋立国自有本末,诚得其道,则相辅以致富强,由此而保国千年可也。[1]

此外,19世纪是西方列强殖民扩张的高峰期。然而在郭嵩焘眼里:

> 西洋大国以爱民之心推类以及异国无告之民,设法以维持之,其仁厚诚不可易也。[2]

很明显,由于他似乎太过于欣赏西方列强的"立国自有本末",以至于把后者的大部分行为都视为有本有末的仁义之举,进而忽视了殖民扩张正是当时列强"立国自有本末"的关键环节。其殖民扩张越顺利,其立国之本末就越稳固。而"文明等级论"正是维系殖民统治的重要意识形态工具。但如此这般,对中国的影响将是怎样,作为自诩留心洋务之人,郭嵩焘却似乎并未过多考虑。可以说,在批判彼时士大夫深闭固拒、盲目自大、徒有虚骄之气的弊病时,郭嵩焘的言论是很犀利的。他

---

[1] 郭嵩焘:《使西纪程》,载《郭嵩焘等使西记六种》,北京:生活·读书·新知三联书店1998年版,第68—69页。

[2] 郭嵩焘:《伦敦与巴黎日记(节选)》,载《郭嵩焘等使西记六种》,第152页。

反复申说开展洋务的重要性,也堪称那个时代少有的清醒之人。[1]但由于受到"文明等级论"的影响,郭嵩焘也许忽视了近代中西关系中的一些带有本质属性的问题。[2]

最后,日本自明治维新以来,以"文明开化"为目标,在政治、军事、法律、教育、文化等领域大力引进西方因素,王公贵胄极力模仿西方生活方式。在此背景下,"文明等级论"受到不少日本知识分子的热捧,其中以福泽谕吉最具代表性。在他看来:"现代世界的文明情况,要以欧洲各国和美国为最文明的国家,土耳其、中国、日本等亚洲国家为半开化的国家,而非洲和澳洲的国家算是野蛮国家,这种说法已成为世界的通论。"因此,"现在世界各国,即使处于野蛮状态或是还处于半开化地位,如果想使本国文明进步,就必须以欧洲文明为目标,确定它为一切议论的标准"。[3]

自戊戌变法以来,不少中国士人东渡日本,或是避难,或是游学。当时的普遍认识是,既然日本大力学习西方,那么与其去费时费力地向西方取经,不如借助日本的成果,以"东学"为中介来了解西学。在此情形下,"文明等级论"通过日本人的译介进一步在中国士人圈里流行开来。比如在晚清言论界极具影响力的梁启超,戊戌变法失败后流亡日本,阅读了不少福泽谕吉的论著,于是经常在报刊上宣扬"文明等级论"。[4]他认为:"泰西学者,分世界人类为三级。一曰野蛮之人,

---

[1]　参见汪荣祖:《走向世界的挫折:郭嵩焘与道咸同光时代》,长沙:岳麓书社2000年版。

[2]　陆宝千先生认为,作为深受理学熏陶之人,郭嵩焘经常在中外交涉中讲求依"理"行事。参见陆宝千:《清代思想史》,台北:广文书局2006年版,第373—379页。在理学的话语里,"天理"是具有普遍性的。而当郭嵩焘开始称赞西洋诸国的强盛之时,很可能根据理学式的思维方式,把包括"文明等级论"在内的资本主义意识形态视为一种新的"天理"。

[3]　福泽谕吉著,北京编译社译:《文明论概略》,北京:商务印书馆1960年版,第9、11页。

[4]　关于梁启超对于福泽谕吉学说的吸收,参见刘文明:《欧洲"文明"观念向日本、中国的传播及其本土化述评——以基佐、福泽谕吉和梁启超为中心》,《历史研究》2011年第3期。

二曰半开之人,三曰文明之人。其在春秋之义,则谓之据乱世、升平世、太平世。皆有阶级,顺序而升。此进化之公理,而世界人民所公认也。"[1] "夫以文明国而统治野蛮国之土地,此天演上应享之权利也,以文明国而开通野蛮国之人民,又伦理上应尽之责任也。"[2] 而在将这套话语用于分析中国问题时,梁启超遂认为:"以今日论之,口国与欧洲之文明,相去不啻霄壤。"[3] 顺此逻辑,中国与西方的差异很容易被判定为中国自身的"滞后性"或"落后性"所致:

> 中国者,世界中濡滞不进之国也。今日之思想,犹数千年前之思想;今日之风俗,犹数千年前之风俗;今日之文字,犹数千年前之文字;今日之器物,犹数千年前之器物。[4]

基于这样的认知,梁启超认为中国人必须恶补现代世界的"常识"。而何谓"常识"? 根据"文明等级论"式的思维,他很自然地认为:"凡今日欧美、日本诸国中流以上之社会所尽人同具之智识,此即现今世界公共之常识也"。[5] 而在政治问题上,梁启超感到中国的文明水准只是如此这般,中国人的政治能力也不堪闻问,所以他认为中国不能进行革命,不能施行源自近代西方"文明国家"的民主政治,甚至必须经过一段"开明专制"来实现中国人文明等级的提升。在他看来,惟有借助"开明专制",向来不知秩序为何物的中国人方

[1] 梁启超:《自由书·文野三界之别》,载吴松等点校:《饮冰室文集点校》第4集,昆明:云南教育出版社2001年版,第2254页。
[2] 梁启超:《张博望、班定远合传》,载吴松等点校:《饮冰室文集点校》第4集,第2021页。
[3] 梁启超:《论中国与欧洲国体异同》,载吴松等点校:《饮冰室合集点校》,第2集,第769页。
[4] 梁启超:《中国专制政治进化史论》,载吴松等点校:《饮冰室合集点校》,第3集,第1648页。
[5] 梁启超:《说常识》,载吴松等点校:《饮冰室文集点校》第2集,第742页。

能养成参与立宪政治的资格。[1]武昌起义后，梁启超虽不再鼓吹君主立宪，但仍认为中国不能缺少强有力的中央集权政府。他建议新政权施行"保育政策"，主要理由之一便是鉴于"吾国民程度幼稚"，所以"无论在政治上，在生计上，其种种设施类多不能自举，而必有待于国家之督率"。[2]由于梁启超的文章在当时广为流传，因此这些主张也深刻地影响着那一时期一部分中国人的政治与文化观念。[3]

　　辛亥革命前十年间，不少知识分子就用与梁启超的论著高度相似的口吻与观点，发表关于中国与世界形势的文章。在他们看来："欧美者，文明之出产地也。"[4]"以今日之学言之，则欧美实世界之母也。"[5]"吾国开化在欧洲之前，而文明居欧洲之后。"[6]"条顿民族者，实今日世界上最优之民族也。"[7]当然，他们如此这般看待欧美世界，主要不是为了挟洋自重，而是激励国人奋发图强，正视自身缺点，广泛吸收域外新知来改造中国。如关于道德问题，曾与梁启超走得很近的马君武根据"文明等级论"，认为："道德何以有发达进步乎？曰人群之进化也。由野蛮以进于半文明，由半文明以进于文明。野蛮时

---

[1]　参见梁启超：《开明专制论》，载吴松等点校：《饮冰室文集点校》第3集，第1408—1428页。

[2]　梁启超：《中国立国大方针》，载吴松等点校：《饮冰室文集点校》第4集，第2417页。

[3]　不仅是梁启超，他的老师康有为同样深受"文明等级论"的影响，只是康氏希望中国能按照此逻辑成为新的位于霸权地位的"文明国家"，进而主导世界局势。关于这一点，参见章永乐：《万国竞争：康有为与维也纳体系的衰变》，北京：商务印书馆2017年版，第62—107页。

[4]　《与同志书》，载张枬、王忍之编：《辛亥革命前十年间时论选集》第1卷上册，北京：生活·读书·新知三联书店1960年版，第394页。

[5]　《论文学与科学不可偏废》，载张枬、王忍之编：《辛亥革命前十年间时论选集》第1卷上册，第413页。

[6]　张继煦：《叙论》，载张枬、王忍之编：《辛亥革命前十年间时论选集》第1卷上册，第437页。

[7]　余一：《民族主义论（节录）》，载张枬、王忍之编：《辛亥革命前十年间时论选集》第1卷下册，第487页。

代之道德，不可用于半文明之时代；半文明之时代之道德，不可用于文明之时代。"以此来看中国，"今日之中国，与二三千年以前之中国较，点滴相肖，无所别异"。所以，"既知中国旧有道德之不完全，而宗教及风俗最足为道德进步之大防也，则当输进欧美各种之道德学说，挟其精以治吾之粗，取其长以补吾之短，而其要尤在鼓励人人有自由独立之精神，养成人人有别择道德之智识焉"。[1]当然，中国之所以亟须改造，说到底是因为面临着严峻的内外危机。因此，不少有识之士虽视欧美世界为"文明"，主张借鉴吸收其精华，但并未忽视后者对中国的冲击。在时人眼里，"今日之亡人国者，不能野蛮之手段亡之，而必用文明之手段亡之……用文明之手段者，则主权尽失，民气尽灰，甚至以奴隶牛马为分所应尔，而噤不发声者，此西人之夷人家国为领土，屡试屡验之长技也"。对中国而言，"今外人之对我中国，曰势力范围，曰特别利益，为各国独营之政策；曰国债，曰教务，曰商务，曰开矿筑路，曰内河航行，为各国公同之政策。美其名曰交通利益，输入文明，从表面观之，一似平和无事，依然锦绣之山河，而不知夺我主权，灰我民气之狡谋，其毒不知几千万倍于枪林弹雨也"。[2]杨度则根据对晚近世界大势的观察，直言："今之世界果文明与否，是亦一问题也。"因为"今日有文明国而无文明世界，今世各国对于内则皆文明，对于外则皆野蛮。对于内惟理是言，对于外惟力是视。故自其国而言之，则文明之国也；自世界而言之，则野蛮之世界也"。[3]基于此，他主张中国应施行"金铁主义"，对内以君主立宪改革政治，对外须以"巩固国权"为旨要。

---

[1] 马君武：《论中国国民道德颓落之原因及其救治之法》，载莫世祥编：《马君武集》，武汉：华中师范大学出版社2011年版，第123、124、128页。

[2] 《论中国之前途及国民应尽之责任》，《辛亥革命前十年间时论选集》第1卷上册，第460—461页。

[3] 杨度：《金铁主义说》，载左玉河编：《中国近代思想家文库·杨度卷》，北京：中国人民大学出版社2015年版，第72—73页。

三、"文明等级论"与被扭曲的世界想象

晚清以降,面对危局,国人力求"开眼看世界"。毋庸多言,此乃打破深闭固拒之习,为近代中国文化开辟新路的重要环节。不过,由于彼时人们获取信息的渠道还比较单一,加之中西之间实力对比过于悬殊,以至于不少有识之士固然在努力地探寻近代世界的实相,却很难辨析各种学说与观念的本旨,难免将"俗谛"误认为"真理",把"偏见"错当成"卓识"。在政治实践中,依据"文明等级论"的逻辑,为了努力跻身"文明国家"之列,晚清士人或是不断建议中国积极参加各种国际组织与国际会议,希望通过在国际舞台上频繁亮相而抬高"文明等级";或是主张以近代西方的法律制度为蓝本,改革中国刑律,让西方人士相信中国的制度不是"野蛮"的。[1]但是,"文明等级论"在近代中国更为深远而隐幽的传播,当属影响了中国人思考自身状况以及世界形势的立场与方式。

"众生度得尽否?当在何时度尽?"[2]从甲午至戊戌,谭嗣同坐言起行,知行合一,将自己的生命献给了变法事业。在其遗著《仁学》里,谭嗣同根据儒学、佛学,以及粗浅的西学知识,构筑了一个以"仁"为核心,涉及政治、经济、社会、学术问题的知识体系。在"仁"的世界里,人与人之间的关系充满道德感。世间既不存侵略与杀伐,也不再有人对人的剥削与压制。正因为"仁"具有贯穿人我的力量,谭嗣同呼吁:"救人之外无事功,即度众生之外无佛法。"[3]基于此,谭嗣同认为当时的中国有许多亟须革除的弊病,不能虚骄自大、讳疾忌医。其"冲决网罗"

---

[1] 林学忠:《从万国公法到公法外交——晚清国际法的传入、诠释与应用》,第288—388页。

[2] 谭嗣同著,张玉亮汇校:《仁学(汇校本)》,杭州:浙江古籍出版社2021年版,第177页。

[3] 谭嗣同著,张玉亮汇校:《仁学(汇校本)》,第175页。

的思想态度,让他将批判的矛头直指中国不合理的、压制人的政治制度与社会结构。[1] 与此同时,他以一种颇为善意的姿态看待近代列强的在华活动,认为:"诋毁我者,金玉我也;干戈我者,药石我也。"[2]

基于这样的判断,谭嗣同积极汲取新知,与同样讲求西学的士人和来华传教士有着比较密切的往来。关于西学,谭嗣同接触到了近代国际法。在与贝元徵的信中,他说:

> 今中国之人心风俗政治法度,无一可比数于夷狄,何尝有一毫所谓夏者! 即求并列于夷狄犹不可得,遑言变夷耶? 即如万国公法,为西人仁至义尽之书,亦即《公羊春秋》之律。惜中国自己求亡,为外洋所不齿,曾不足列于公法,非法不足恃也。[3]

在这里,谭嗣同视近代国际法的中文版本——万国公法"为西人仁至义尽之书",并认为中国之所以不能成为适用此法的一分子,乃因"自己求亡",故而"为外洋所不齿"。这体现了他一方面接受了近代国际法所昭示的"文明等级"划分("仁至义尽"与"求并列于夷狄犹不可得"之别),另一方面却似乎未能洞察这一"文明等级"背后是如何形成关于"文明标准"的定义。相似地,在《仁学》里,谭嗣同提到了从西人处听来的有关"教化极盛之国"的语言与"头等教化之国"的法律的内容,主张中国应借鉴其中的因革之法。[4] 毋庸讳言,这样的视野其实一定程度上给予了谭嗣同宣传新知、批判传统政教的动力。

值得探讨的是,既然谭嗣同在哲学层面认为应破除国与国之间的

[1] 近藤邦康著,丁晓强等译:《救亡与传统——五四思想形成之内在逻辑》,太原:山西人民出版社1988年版,第40—46页。
[2] 谭嗣同著,张玉亮汇校:《仁学(汇校本)》,第155页。
[3] 谭嗣同:《报贝元徵》,载周振甫选注:《谭嗣同文选注》,北京:中华书局1981年版,第55页。
[4] 谭嗣同著,张玉亮汇校:《仁学(汇校本)》,第156—157页。

界限,[1]并将近代列强视为值得中国学习与效仿的对象,同时或多或少受"文明等级论"式的思维方式影响,那么他很容易就对"诋毁我者"与"干戈我者"有更多的想象,以至于用这样的方式来看待中西交涉问题:

> 中国、土耳其、阿富汗、波斯、朝鲜,海内所号为病夫者也……吾敢断之曰:各国欺凌远、近东病夫之道,即其所以致衰之道。何也?国于天地,必有与立,则信与义,其内治外交之胶粘物也。各国之强盛,罔不由于信义,天下既共闻而共见之矣。不幸独遇所谓病夫者,以信义待之,彼反冥然罔觉,悍然不顾。于是不得已而胁之以威,诈之以术。又不幸胁与诈而果得所欲,且逾其初志焉,将以为是果外交之妙用也已。相习成风,转视信义为迂缓。则以之待病夫者,旋不觉以施诸无病之人。无病之人不能忍受,别求所以相报,由是相诡相遁,外交之信义亡矣。[2]

基于这样的判断,谭嗣同建议:

> 甚矣病夫之累人,而各国遭遇之苦诚有不幸也。然为各国计,莫若明目张胆,代其革政,废其所谓君主,而择其国之贤明者,为之民主,如墨子所谓"选天下之贤者,立为天子",俾人人自主,有以图存,斯信义可复也。[3]

关于"信"与"义",谭嗣同说:"义之为宜,出于固然,无可言

---

[1]　谭嗣同说:"言乎大一统之义,天地间不当有国也。"又言:"地球之治也,以有天下而无国也。"参见谭嗣同著,张玉亮汇校:《仁学(汇校本)》,第143、167页。

[2]　谭嗣同著,张玉亮汇校:《仁学(汇校本)》,第150、151页。

[3]　谭嗣同著,张玉亮汇校:《仁学(汇校本)》,第151—152页。

也。""信之为诚,亦出于固然,无可言也。"[1]顺此逻辑,在外交领域自然也应强调"信"与"义"。但问题在于,谭嗣同不仅将近代列强常用以污蔑亚洲人的词语——"病夫",作为对中国的描述,而且有些想当然地认为正是由于像中国这样的国家不讲"信义",让以"信义"立国的列强在对付中国时不得不"胁之以威,诈之以术",外交领域里才欺诈成风,信义荡然无存。从史实层面看,只要对19世纪欧洲外交史稍有了解,就不难看到列强之间的纵横捭阖、尔虞我诈。对中国而言,第一次鸦片战争以来的中外交涉,尤其是不平等条约的签订,无处不凸显着列强充满算计的对华政策。晚清不少有过办理洋务经验的大臣不约而同意识到不能轻启事端,以免授予洋人口实,被后者仗着坚船利炮来得寸进尺,攫取更多的利益。这固然是一种消极的外交思维,显示出弱国的无奈,但至少可证明,在一些亲自参与洋务的人眼里,列强罕有"信义"可言。而谭嗣同之所以会有这样的看法,大概就是相信中西之间有着"文野之别",所谓"头等教化之国"——西洋诸国处处彰显"信义",作为"病夫"的中国则正好相反。

此外,谭嗣同给出的解决方案,即由列强"明目张胆,代其革政,废其所谓君主,而择其国之贤明者,为之民主"。关于民主政治,之后的武昌起义,革命党推翻帝制,建立民国,算是实现了谭嗣同的预想。而民主思想在中国的传播,当然靠的也是清末知识分子传播新知,广开民智。只是这一切皆由中国人主动实践,而非依靠列强"代其革政"。放眼世界近代史,所谓"代其革政",常见的理由就是认定不属于"文明国家"的"半文明"之国,其本地人不具备组织政府、处理政务的能力,需要"文明国家"予以相应的"指导",或是培养能趋近于"文明"的本地精英,或是派遣顾问代为主持国事。

也许是对中国的现状有太多的不满,谭嗣同认为需要依靠某些"外

---

[1] 谭嗣同著,张玉亮汇校:《仁学(汇校本)》,第19页。

力"来促使中国实现变革：

> 东西各国之压制中国，天实使之，所以曲用其仁爱，至于极致
> 也。中国不知感，乃欲以挟忿寻仇为务，多见其不量，而自窒其生
> 矣……不闻一新理，不睹一新法，则二千年由三代之文化降而今日
> 之土番野蛮者，再二千年，将由今日土番野蛮降而猿狖、而犬豕、而
> 蛙蚌、而生理珍绝，惟余荒荒大陆，若未始生人生物之沙漠而已。[1]

在这样的思考逻辑里，谭嗣同判定中国难以依靠自身实现变革，外力的
介入是在挽救中国。因此，列强侵略所带来的危机，是可以被忽视的。
或者说，这本来就不是亡国的危机，而是新生的契机。这其中的关键，
依然是认定中西之间的文明品质有着天壤之别。[2]顺着这一立场，谭
嗣同如此评价才结束不久的中日甲午战争：

> 若夫日本之胜，则以善效西国仁义之师，恪遵公法，与君为仇，
> 非与民为敌，故无取乎多杀……摧败中国之军，从不穷追，追亦不过
> 鸣空炮慑之而已，是尤有精义焉……民知非与己为敌，必无固志，
> 且日希彼之惠泽。当日本去辽东时，民皆号泣从之，其明征也。嗟
> 乎！仁义之师，所以无敌于天下者，夫何恃？恃我之不杀而已矣。[3]

---

[1] 谭嗣同著，张玉亮汇校：《仁学（汇校本）》，第117—118页。

[2] 其实谭嗣同不是不清楚近代列强的殖民手段。1897年，谭嗣同应陈宝箴、黄遵宪之
邀，回到故乡湖南筹办南学会。在这期间，他撰文指出："乃独不见越南乎，久为法
之人民，而犹教以《味根录》，试以八股文，其愚民且滋厉也。又不见香港乎，久为
英之属地，而犹不许其立报馆，不许其联国会，其防民为加酷也。他若南洋印度之
群国，非澳两美之土番，供役不为不勤，翊戴不为不久，而奴虏虐遇，生死惟命，何尝
得免于薙狱之惧，而毫末界以自主之权乎？呜呼！殷鉴不远，覆车在前，吾人益不
容不谋自强矣。"参见谭嗣同：《治事篇第十·湘粤》，载周振甫选注：《谭嗣同文选
注》，第235页。

[3] 谭嗣同著，张玉亮汇校：《仁学（汇校本）》，第119—120页。

把甲午战争中的日军视为"仁义之师",对其赞誉有加,同时无视日本在旅顺进行了惨绝人寰的大屠杀,这在当代日本右翼文化人的论著里或许能不时见到,但很难想象被视为晚清重要启蒙思想家的谭嗣同也这样认为。不可否认,在侵华期间,日本政府曾花重金收买外国记者,让他们刊登美化日军、有利于日本的国际宣传报道,也确有拿钱办事的外国记者撰文否认旅顺大屠杀。[1]但仍有一些有良知的外国记者对日军暴行进行了揭露,让世人看到日本军国主义的残暴。而谭嗣同如此这般论述日本侵华,要么是由于信息渠道有限,他无法得知有关日军暴行的消息,要么就是因他对"东西各国"抱有太多的好感,以至于不愿意相信日本人会干出这样的事。

总之,谭嗣同在人格上很纯粹,其立身处世也让人由衷钦佩,但不得不说,他对世界的认知却是比较片面的。之所以如此,归根结底是因为他接触到的关于外部世界的信息很大程度上沾染着"文明等级论"。在此话语里,近代列强的形象被不断美化,中国的形象则被不断污名化。因列强是"文明"的,所以他们"恪遵公法",其军队乃"仁义之师";因中国不属"文明"之列,所以不讲"信义",妄以"挟忿寻仇为务"。

作为亲历者,梁启超在《清代学术概论》里认为,甲午至戊戌年间,忧时之士引进西学,因不通西洋文字,故"稗贩、破碎、笼统、肤浅、错误诸弊,皆不能免"。[2]具体到谭嗣同,虽然他"尽脱旧思想之束缚,夏夏独造,则前清一代,未有其比",但仍难免"驳杂幼稚之论甚多"。[3]这其实并非谭嗣同个人之咎,实为时代使然。像他这样不忘世间疾苦,立志救国救民的志士,需要拥有"批判的武器"。流行于其时的西学,很大

---

[1]　刘文明:《前言》,载刘文明编:《西方人亲历和讲述的甲午战争》,杭州:浙江大学出版社2015年版,第14—16页。

[2]　梁启超:《清代学术概论》,北京:中华书局2020年版,第161页。

[3]　梁启超:《清代学术概论》,第151页。

程度上就成为他所依靠的武器。可是这武器本身的性质，却因能够获取的信息太过有限，使他难以清楚辨识。从思考的起点来看，谭嗣同不少关于个人、社会、国家与世界的新想法，来源于近代列强对中国的冲击所造成的变局。但是，由于缺乏更为锋利的思想武器，他很难深入审视、剖析近代列强秉持的19世纪式的政治逻辑，更不易找到一种替代建立在殖民与被殖民、征服与被征服关系之上的国际秩序的可能性。他对人间的一片热忱与赤诚很大程度上却所托非人，这是一个巨大的历史遗憾，着实令人叹息。这也反映出近代以来中国人探索未来发展道路时的曲折与艰难。今日与其事后诸葛，一味指摘，不如多抱以同情的理解。而那些依靠殖民扩张与武力杀伐来称霸一方的近代列强，也根本不配成为谭嗣同——这位对天下苍生饱含情感的卓越之人——所期待的由"仁"所构成的理想世界里的中坚力量。

1911年，在外交领域颇有名望的伍廷芳用英文撰文，向西洋人士介绍中国，并对比中西文化。在谈及近代西方人的"开荒殖垦"时，他说：

> 数百年里，那些自称文明的人靠着把当地居民赶出家园，甚至杀害他们的办法获取土地。如果当地人野蛮而未开化，使用武力算得上是权宜之计；如果受侵犯的人是半开化的人民，或者是具有高级文明的人民（尽管西方人会认为没有达到他们自己文明的高度），就应采取不同的方法。[1]

在这里，伍廷芳认为对"野蛮而未开化"之民使用武力，可视为"权宜之计"，而对于"半开化"或"具有高级文明"之民，则不应采用武力。从表面上看，此论确实也是在批评近代西方人的殖民手段。但若细究

---

[1] 伍廷芳：《中国》，载丁贤俊、喻作凤编：《伍廷芳集》下册，北京：中华书局1993年版，第412页。

这段话的逻辑,则不难看到,伍廷芳其实认同了"文明等级论"式的话语,将非西方地区分为"半开化"或"野蛮而未开化"两类。而关于后者,他认为在必要的时候,对之使用武力也是可以的。几年之后,伍廷芳撰写《美国视察记》。在谈到西方列强的外交政策时,他说:"西方民族,则一往而不知顾虑,设开拓领土,纯出于善意,欲以良善政治导入其邦,拯民于水火,进治为文明,斯诚卓然义举,吾人颂扬之莫及,又何敢攻击?"不过接下来他话锋一转,说道:"然余深悲所谓善意义举,仅属之口头禅,而按之实际,百不得一焉。"言至此,仿佛他意在揭示西方列强话术之虚伪。不过接下来,他又言:"其差强人意而稍合此谊者,为美国之购斐律宾(按:即菲律宾)群岛。"为何明明是美国占领菲律宾,此处却偏要用一"购"字? 伍廷芳这样解释:"盖即以兵力占之,而复酬以重价,微与世之野心家有别,故谓之曰占,无宁谓之曰购之当也。"在他看来,美国统治菲律宾,是在"尽力开辟其富源,发展其产业,改良政治,振兴教育,启迪土人之心思"。[1] 通过这番弯弯绕绕的言说,不难窥见伍廷芳一方面对列强的殖民扩张表示不满,一方面却又比较相信美国在菲律宾是在采取一种不同于其他西方国家、显得更为"善意"、能使后者"进治于文明"的统治方式。

及至五四新文化运动,时人出于对中国现状的强烈不满,开始猛烈抨击中国的传统,极力引进他们所了解的西学,希望通过思想革命的方式改造政治与社会。陈独秀认为:"可称曰'近世文明'者,乃欧罗巴人之所独有,即西洋文明也;亦谓之欧罗巴文明。移植亚美利加,风靡亚细亚者,皆此物也。"[2] 相比之下,陈独秀及其同道多相信,中国的礼俗、学说,甚至文字,是落后野蛮且一无是处的,必须除之而后快。毛子水就说:"我们中国民族,从前没有什么重要的事业,对于世界文明,没有

---

[1]　伍廷芳:《美国观察记》,载丁贤俊、喻作凤编:《伍廷芳集》下册,第746页。

[2]　陈独秀:《法兰西人与近世文明》,载任建树主编:《陈独秀著作选编》第1卷,上海:上海人民出版社2009年版,第164页。

重大的贡献,所以我们的历史,亦就不见得有什么重要。"[1]这样的想法对于反思传统礼教的不合理处、唤起广大底层民众的民主意识、培育国人的独立人格自有其不可磨灭的意义。但这些颇显极端的观点,很明显透露着"文明等级论"的气息。[2]

在五四新文化运动的执牛耳者中间,比较典型地体现着"文明等级论"对中国知识分子之影响的,大概就是胡适。在今天,如何评价胡适仍旧是一个很容易产生巨大分歧的问题。毋庸多言,胡适在五四新文化运动中起到了十分重要的作用。他登高一呼,发表了不少引人瞩目的观点。在掌握大量学术资源后,胡适提携了不少日后在文史领域取得不小成就的人士,这对中国现代学术的发展产生了深远影响。而正如今人的考证,在不同场合,胡适对于中国文化的态度也是不一样的,并非总是一味地批判与否定。更为重要的是,虽然长期以"铮臣"自居,但胡适在南京国民政府成立后不久对后者所进行的批评,仍然一针见血地指出了国民党统治的一些本质特征,并促进了近代民主思想在中国的传播,这在中国近代政治思想史上有着重要意义。不过即便如此,恐怕仍不能忽视"文明等级论"式的价值观与分析框架对胡适的影响。

1922年,中国共产党发表第二次全国代表大会宣言,批判帝国主义列强,特别是美国对中国的侵略,号召人们开展反帝运动。对此,胡适立即撰文回应。针对《宣言》中关于帝国主义国家的性质与政略的分析,胡适声称:"我们要知道,外国投资者的希望中国和平与统一,实在不下于中国人民的希望和平与统一。"比如说在民国初年,"外人所以捧袁(即袁世凯),大部分是资本主义者希望和平与

---

[1] 毛子水:《国故和科学的精神》,载陈崧编:《五四前后东西文化问题论战文选》,北京:中国社会科学出版社1989年版,第131页。
[2] 关于这一点,参见刘禾:《语际书写:现代思想史写作批判纲要》,上海:上海三联书店1999年版,第27—64页。

治安的表示。我们可以说他短见,但不能说这全是出于恶意"。在巴黎和会之后,列强又召开了华盛顿会议,"中国的匡民外交和美国的舆论竟能使华盛顿会议变成一个援助中国解决一部分中、日问题的机会"。而列强之所以干涉中国内政,是由于国际投资发生问题,而这"正因为投资所在之国不和平,无治安,不能保障投资者的利益和安全"。所以,"我们现在尽可以不必去做那怕国际侵略的恶梦。最要紧的是同心协力的把自己的国家弄上政治的轨道上去。国家的政治上了轨道,工商业可以自由发展了,投资者的正当利益有了保障了,国家的投资便不发生问题了,资本帝国主义者也就不能不在轨道上进行了"。[1] 当然,出于对美国的好感,胡适恐怕未能意识到,彼时美国对孱弱的中国表现出某种"善意",很大程度上是为了同日本在东亚地区展开竞争[2],不断提升美国在中国经济和文化领域的影响力,以捍卫中国主权为由头来尽可能维持能使其利益最大化的门户开放政策。[3] 无独有偶,1927年,胡适在美国驻华协进社做了一场名曰"美国征服了中国"的演讲。其中他向美国人大谈"征服中国的可能性",鼓励后者"务必要竭尽所能地去完成这个文化征服的大业",并声称美国向中国进行文化输出,可以收获比简

---

[1] 胡适:《国际的中国》,载欧阳哲生编:《胡适文集》,北京:北京大学出版社1998年版,第3卷第383、384、385页。

[2] 关于"一战"后美国与日本在中国的利益冲突,参见应俊豪:《欧战后美日两国在华的对抗》,香港:开源书局2023年版,第97—152、237—283页。

[3] 中国共产党的"二大"宣言与之后胡适发表的回应文章,一个重要的立论背景就是不久之前召开的华盛顿会议,而这场会议的焦点之一便是中国问题。关于华盛顿会议,笔者比较认同《剑桥中华民国史》里的评价。该书认为:"华盛顿会议提出了很高的理想,但是没有提供实现的方法,中国的主权仍受不平等条约体系损害。"列强之所以愿意一定程度上确保中国的主权完整,即"一个政府不是作为徒有虚名的中央政府而存在,那是因为列强愿意承认它这样。因为列强需要一个中央政府来偿还中国的借款,就外国的新利益进行谈判,并按照国际法处理各种事务"(参见费正清、费维恺编,刘敬坤等译:《剑桥中华民国史(1912—1949)》下卷,北京:中国社会科学出版社1994年版,第107、109页)。

单地用坚船利炮威胁中国更多的成果。他举美国退还庚子赔款，挪作教育经费为例，认为此举"为美国立下了一个用公正无私的方法来作为征服中国的基础"，从美国国家利益的角度来看，无疑收效甚丰。[1]即便胡适这番话的本意是强调中国需要加大力度引入现代化知识（中国确实也很需要），但他表述的口气却很不像中国人，反而更像是一位替美国国家利益着想、主动为美国在华所作所为辩护和代言的"世界公民"，盘算着如何让美国借输出现代化知识之名来进一步影响中国文化界。

1928年，胡适撰文号召国人应正视西方文明的优越性。从学理角度来看，取人所长，补己之短，本无可厚非。但胡适对此问题的叙述方式却是：

> 这种急需的新觉悟就是我们自己要认错。我们必须承认我们自己百事不如人，不但物质上不如人，不但机械上不如人，并且政治上道德都不如人。[2]

更有甚者，他如是总结彼时中国落后的原因：

> 因为我们从不曾悔过，从不曾彻底痛责自己，从不曾彻底认错……我们全不肯认错。不肯认错，便事事责人，而不肯责己。[3]

"九一八"事变之后，面对愈发严峻的民族危机，胡适再一次阐述相似的观点：

---

[1] 胡适：《美国征服了中国》，载潘光哲主编：《胡适全集·胡适时论集》第8卷，台北："中研院"近代史研究所2018年版，第293页。

[2] 胡适：《请大家来照照镜子》，载欧阳哲生编：《胡适文集》第4卷，第27页。

[3] 胡适：《请大家来照照镜子》，载欧阳哲生编：《胡适文集》第4卷，第27页。

二千五百年前，一个哲人曾说："既不能强，又不能弱，所以毙也！"我们今天最大的教训是要认清我们的地位，要学到"能弱"，要承认我们今日不中用，要打倒一切虚骄夸大的狂妄心理，要养成虚怀愿学的雅量，要准备使这个民族低头苦志做三十年的小学生。[1]

只要以公心看待中国近代史，不难认识到，积贫积弱的中国确实需要变革，确实需要克服僵化的文化传统与落后的社会结构所带来的种种弊病，确实需要推进个人的现代化与国家的现代化。胡适本人就在这些方面做出了不少贡献。他主张的"用铁轨、汽车、电线、飞机、无线电，把血脉贯通，把肢体变活，把国家统一起来"，"用教育来打倒愚昧，用实业来打倒贫穷，用机械来征服自然，抬高人的能力与幸福"，"用种种防弊的制度来经营商业，办理工业，整理国家政治"，皆为中国的现代化建设中需要涉及的事项。[2]但是，所谓百事不如人之论、认错之论、不中用之论、做小学生之论，关键之处或许在于中国应向"谁"认错，在"谁"面前自称小学生。关于何谓"文明"，胡适自己曾说："文明是一个民族应付他的环境的总成绩。"[3]换言之，"文明"并非空洞缥缈之物，它是见之于某一实体之上的。而他所称赞的，是精神上与物质上都臻于至善的"西洋近代的文明"。[4]此文明的代表，当然也就是西洋诸国。因此，恐怕很难辨析清楚，中国究竟是在向"文明"认错，在"文明"面前自称小学生，还是在向代表了"文明"的西洋诸国认错，在西洋诸国面前自称"小学生"。如若是后者，这就俨然将代表了"文明"

[1]　胡适：《全国震惊以后》，载潘光哲主编：《胡适全集·胡适时论集》第4卷，台北："中研院"近代史研究所2018年版，第141页。
[2]　胡适：《请大家来照照镜子》，载欧阳哲生编：《胡适文集》第4卷，第28页。
[3]　胡适：《我们对于西洋近代文明的态度》，载欧阳哲生编：《胡适文集》第4卷，第3页。
[4]　胡适：《我们对于西洋近代文明的态度》，载欧阳哲生编：《胡适文集》第4卷，第12页。

的西洋诸国视作掌握了真理解释权的"师",而中国只是一个不遵其教导的、不争气的"小学生"。既然中西关系变成了"师生关系",那么中国的变革,恐怕也就不再单纯为了绝大多数中国人都能过上富足且有尊严的日子,还包含着想方设法赢得"师者"——西洋诸国的承认。进一步而言,既然中国"百事不如人",这般"不中用",那么如此资质,还怎能潜心积蓄,奋起直追,实现救亡图存、国富民强?似乎唯一的出路,就是将"主从关系"加在"师生关系"里,让中国习惯于"能弱"——甘心处在由"文明国家"主导的国际体系中相对不那么高的位置以求苟存,视得到"文明国家"的"照顾"与"庇护"为改变自己命运的宝贵机遇。[1]胡适对于中国的发展道路,固然有自己的思考,这些思考在当代中国文化领域也有不少的回响。不过从国家利益与大众福祉的角度来看,从20世纪大多数亚非拉国家的发展史来看,这些观点恐怕是有进行再探讨的空间的。仔细玩味其言,不难窥见些许"文明等级论"的逻辑。

　　从现有的材料来看,恐怕很难认为胡适此时的言论只是因受时事刺激而生的情绪性表达。到了晚年,在冷战的背景下,胡适的类似观点就说得更为直接且露骨。为了让美国担负起"反共"的大旗,他希望后者继承19世纪大英帝国的遗业,成为新的世界主宰者。在一份残稿中,

---

[1]　当然,胡适的"能弱"之论,一个现实所指,就是关于"九一八"事变之后处理中日关系的意见。一开始,他并不赞成与日本撕破脸,因为中日之间实力过于悬殊,中国并无什么优势去战胜日本。1937年8月3日,王世杰在日记中记载:"二三日来,首都一般人士,均深感大战爆发后之危险。无知识或无责任之人,感觉身家危险,有知识者则对国家前途不胜恐惧。故政府备战虽力,而一般人之自信力仍日减。今日午后与胡适之先生谈,彼亦极端恐惧,并主张汪、蒋向日本作最后之和平呼吁,而以承认满洲国为议和之条件。"(参见林美莉编辑校订:《王世杰日记》上册,台北:"中研院"近代史研究所2012年版,第28页)几天以后,胡适致信蒋介石,主张"以放弃东三省为最高牺牲,求得此外一切疆土的保全与行政的完整,并求得中日两国关系的彻底调整"(参见《胡适致蒋介石函(1937年8月6日)》,载潘光哲主编:《胡适中文书信集》第2册,台北:"中研院"近代史研究所2018年版,第514页)。不过,随着日本步步紧逼、得寸进尺,以及国际局势的变化,特别是美国对远东问题态度的转变,胡适开始相信,抵御日本侵略,是必要且可行的。于是在驻美大使任上,他极力为中国的抗战奔走呼号。

他如是论述这一"遗业"：

> 在座的朋友许多都太年轻了，不会记得在1914年——第一次
> 世界大战——以前整个世界的和平。那个世纪被称为"大英帝国
> 统治下的和平"。大英帝国在将近一百年的岁月里，是这个世界
> 一个伟大的稳定力量。[1]

在这样的视域里，中国自鸦片战争以来所遭受的以英国为代表的帝
国主义侵略，其实不能叫"侵略"，而是在享受着由"一个伟大的稳
定力量"所主导的"和平"。而同样以英国为代表的西方列强对世界
其他地区进行的殖民与杀戮——这些史事在各种历史书中很容易看
到——也被忽略不计了。[2] 在这样的历史视野下，仿佛19世纪大英帝
国的文明之光也让饱尝积贫积弱之苦的中国人与有荣焉。胡适还曾
在梳理蒋政权与美国关系的来龙去脉后，引用《孟子》中的"父子之
间不责善，责善则离"来"结束和加强我的小理论"，强调"古时人并
不亲自教他的儿子"。如若这真是胡适原话，恐怕很容易让人觉得在
他眼里，蒋美关系类似于"父子关系"。[3] 这体现了"文明等级论"式
的价值立场对胡适的熏染大概是比较明显的。

　　当然，一位在具体时空里活动的历史人物，很难不受某些普遍存在
的时代氛围的影响。在近代中国，实现救亡图存，摆脱积贫积弱，大概
是绝大多数政治与文化精英的集体共识。只是在如何定义这些目标、

[1] Hu shih, "Some Historical Lessons of Disarmament"，转引自江勇振：《舍我其谁：胡适(第四部)：国师策士，1932—1962》，台北：联经出版事业公司2018年版，第696页。
[2] 关于19世纪英国在全球建立殖民统治秩序过程中发动的战争与其他暴力活动，及其导致的死亡人数，参见迈克尔·曼著，郭台辉等译：《社会权力的来源(第三卷)：全球诸帝国与革命》(上)，上海：上海人民出版社2018年版，第50—54页。
[3] 胡适：《十年来中美关系急趋恶化的原委》，载潘光哲主编：《胡适全集·胡适时论集》第7卷，第14—15页。

如何实现这些目标上，不同立场与派别的人或许会有不一样的看法。因此，即便说"文明等级论"对胡适有影响，也不能就简单地认为他与这样的时代氛围背道而驰。1929年，胡适在上海的大夏大学做演讲。其中谈到如何振奋国人的精神：

> 我们要天天把"亡国灭种"的观念放在心头上，中国才有救；中国现在一些振作气也没有了，反不如民国元年，大家还能够把"瓜分"的念头，刻刻的放在心头上！所以那时，大家还能振作！中国现在，那件事不是去求人家？关税问题，要听人家的意旨，要取得人家的承认。中国离国家的独立，还远得狠！铁路也没有，航路也没有，血脉简直不流通！[1]

只要熟悉晚清以来的政治论说，就不难看到时人常用"亡国灭种"之论来批判列强的侵略政策、呼吁国人奋发图强。而关税、铁路与航路问题，也是经常借以凸显列强在经济上控制中国，中国尚无名副其实的主权的重要依据。很明显，胡适并未自外于这样的时代氛围。直至晚年，胡适依然不时以这样的方式来谈中国问题。1952年，他应邀赴台南工学院演讲"工程师的人生观"。当谈及中国的科学与工业化时，他说：

> 从西方人后来实现了我们老祖宗的理想，我们亦可就知道，只要振作，是可以迎头赶上的。我们只要二十年、三十年的努力，就可以同世界上科学工业发达的国家站在一样的地位。[2]

可见，人们常说的近代中国因落后于西方而心生的强烈"赶超意识"，

---

[1] 宋广波：《胡适年谱长编》第3卷，武汉：湖北人民出版社2024年版，第378—379页。

[2] 宋广波：《胡适年谱长编》第8卷，第62页。

在胡适这里也有颇为明显的体现。或许是十分期待有朝一日中国能与近代西方国家在科技工业上并驾齐驱,胡适定下了一个并不太长的时间表——"只要二十年、三十年"。而这反映出的,大概就是胡适毕竟是一个生活在近代中国的人物,他虽然有鲜明的政治与文化立场,但同样有着这个时代大多数人共有的时代感受与情感。

通过以上例子,可以看到从晚清到民国,出于由衷折服于近代列强的国力,在面对"文明等级论"时,一些中国知识分子多将其视为一种新的、具有普遍性与权威性的价值观、世界观和思考方式,于是较为彻底地服膺"文明等级论",主动接受其基本内容,将之用来审视、评价中国的古今情状。当然,这样的认知在一定程度上确实可以透视出近代中国所面临的一些基本困境,促使国人自省。但它的基本立场却很难说是站在大多数试图通过自身努力改变现状的中国人的角度来思考问题,而是自觉或不自觉地将列强的中国观内化为自己的中国观。犹有进者,对于胡适及其同好而言,他们确实希望中国能变好,否则他们也不会抱着"今天正是大火的时候,我们骨头烧成灰终究是中国人,实在不忍袖手旁观"的想法积极评议时政。[1] 但是这样的"好"是建立在能得到像美国那样的"文明国家"承认的基础上,或者说,中国变好不能妨碍到美国的国家利益。因为在胡适等人眼里,基于文明等级,一个没有美国主导的世界秩序是难以想象的,是有可能带来许多动荡的。[2]

---

[1]　胡适:《人权论集·序》,载欧阳哲生编:《胡适文集》第5卷,第523页。

[2]　唐德刚先生曾这样分析胡适那一辈有海外留学经历的知识分子的心态:"胡先生那一辈的留美学生,可以说全是中国士大夫阶级里少爷小姐出身的。他们漂洋过海,又钻进了美国的WASP的社会里来,心理上、生活上,真是如鱼得水,一拍即合。但是这个WASP的社会比他们原有的腐败落伍的士大夫生活要合情合理得多;换言之,也就是'现代化'得多了。见贤思齐,他们难免就自惭形秽。至于WASP幕后还有些什么其他的花样,又怎是胡适当年这批二十多岁的中国青年所能体会的呢?"等而下之,"由留学生变质的官僚,因而逐渐形成一个标准的职业官僚阶层,他们眼中哪里还有汗滴禾下土的老百姓? 结果弄到民不畏死,铤而走险,不是顺理成章的事吗?"参见唐德刚译注:《胡适口述自传》,载欧阳哲生编:《胡适文集》第1册,第216—217、第248页。

当中国的国家利益与老百姓的福祉同美国的国家利益大体一致时，他们非但不会反对中国的发展，还有可能主动为中国的发展做出不容忽视的贡献。但是，如果中国的发展与美国的利益发生矛盾，他们也许很容易就将后者作为首要的关心对象。大概在他们的逻辑里，满足了后者的需求，虽然短时间里或许对中国没有直接益处，却给中国提供了一个与"文明国家"拉近距离的机会。因为若无象征着"文明"的美国势力不远万里来华，中国哪里会有实现现代化的契机？而从长远来看，这也能给中国带来好处，因为美国的处境好了，中国的处境自然会水涨船高，这象征着"文明国家"对比自己落后的国家的"提携"。其实，他们未必不知道包括美国在内的列强对中国的侵略史，但由于习惯将前者视为人类文明发展的样板，他们不太会去思考这种侵略对中国造成的危害，反而把列强的侵略活动视作其无比强大、不可战胜的象征，随之产生仰视与歆羡的心态，希望能通过精神上的脱胎换骨来换取列强对自己地位的认可，使自己更有资格成为本国民众的榜样。他们很可能是发自内心地相信，只有当中国老百姓的世界观都像他们那样时，中国的国民素质才会实现质的提升，中国人才不会自外于"文明"，中国的发展才会是一片坦途。而与他们唱反调就是在与"文明"背道而驰。对于这样的心态，其实既没必要去简单地大加批判，更不应忽视基本事实，一味否定秉持此心态的这批人对中国社会做出的贡献，而或许应当呈现如此这般心态的表现形式与底层逻辑，将其视为一种复杂且曲折的历史进程中的产物，置于更为广阔的历史视野下予以全面审视。

四、对"文明等级论"的反思与批判

尽管"文明等级论"在近代中国颇为流行，但仍然有不少有识之士，或是出于对中国历史主体性的坚持，或是从实践出发去思考中国与世界的关系,或是接受了马克思列宁主义对资本主义、帝国三义意识形态的剖析,他们开始反思、批判"文明等级论"在近代中国的流传,揭示其中的帝国主义与殖民主义特征,并思考如何建立一个更为平等的世界体系。

在辛亥革命前十年间,不但梁启超这样的立宪派颇受"文明等级论"的影响,以推翻清廷为职志的革命党对于"文明等级论"也有着相似的态度。不少革命党人希望通过"文明排外"——承认不平等条约与列强在华利益——来获得后者的认可,并时常根据"文明等级论"的逻辑来分析中国内部的问题。比如孙中山在清末为了论证推翻帝制、建立共和的正当性,遂强调:"我们人民的程度比各国还要高些。"[1]只是他所指的"各国",并非欧美诸国的白人。他说:"兄弟由日本过太平洋到米国,路经檀香山,此地百年前不过一野蛮地方,有一英人至此,土人还要食他,后来与外人交通,由野蛮一跃而为共和。我们中国人的程度岂反比不上檀香山的土民吗?后至米国的南七省,此地因养黑奴,北米人心不服,势颇骚然,因而交战五六年,南败北胜,放黑奴二百万为自由民。我们中国人的程度反不如米国的黑奴吗?"[2]依照同样的逻辑,孙中山还说:"百姓无所知,要在志士的提倡;志士的思想高,则百姓的程度高。所以我们为志士的,总要择地球上最文明的政治法律来救我们中国。"[3]可见,孙中山的这番话确实透露出了些许"文明等级论"的色彩,但他主要是将此作为带有激励效果的正面论据,强调中国应在政治上有所变革,并号召国人不要自暴自弃,应勇于探索"地球上最文明"的政治制度。不过,既然孙中山将"志士"区别于"百姓",这就显示了在

---

[1] 孙中山:《在东京中国留学生欢迎大会的演说》,载《孙中山全集》第1卷,北京:中华书局2011年版,第280页。

[2] 孙中山:《在东京中国留学生欢迎大会的演说》,载《孙中山全集》第1卷,第280页。

[3] 孙中山:《在东京中国留学生欢迎大会的演说》,载《孙中山全集》第1卷,第281页。

他的政治视野里，中国内部同样存在着文明程度的差异，其"训政"
思想，于焉而生。辛亥革命之后，在著名的《建国方略》里，孙中山
为了论证"训政"的必要性，以美国殖民菲律宾为例："美国之欲扶
助菲岛人民以独立也，乃先从训政着手，以造就其地方自治为基础。
至今不过二十年，而已丕变一半开化之蛮种，以成为文明进化之民
族。"[1] 可见，在孙中山看来，"训政"是提高"半开化之蛮种"的文明
等级的良方。它既可用之于殖民统治，也可在一国内部用来建立秩
序。基于此，孙中山说："是故民国之主人者，实等于初生之婴儿耳，
革命党即产此婴儿之母也。即产之矣，则当保养之，教育之，方尽革
命之责也。"[2]

而作为革命党内著名的理论家，章太炎根据他对中国与世界形
势的判断，一面全盘性地阐释中国传统，一面广泛阅读东西典籍，开
始反思由近代西方所形塑的现代性诸面向。与他的不少革命同志及
论敌之服膺近代文明论不同，章太炎对这套意识形态话语背后的权
力本质洞若观火，看到了这一说辞背后的权力关系，以及其试图掩盖
的征服与杀戮行径。他指出：

> 今之言文明者，非以道义为准，而以虚荣为准。持斯名以挟
> 制人心，然人亦靡然从之者。盖文明即时尚之异名，崇拜文明，即
> 趋时之别语。[3]

他还说：

---

[1]　孙中山：《建国方略》，载《孙中山全集》第6卷，第211页。
[2]　孙中山：《建国方略》，载《孙中山全集》第6卷，第211页。关于对孙中山训政思想
　　　中"文明等级论"因素的详细分析，参见吴双：《文明、进步与训政：孙中山训政思
　　　想与美帝国的菲律宾经验》，《开放时代》2019年第6期。
[3]　章太炎：《复仇是非论》，载《章太炎全集》第4册，上海：上海人民出版社2014年版，
　　　第281页。

> 综观今世所谓文明之国,其屠戮异洲异色种人,盖有甚于桀
> 纣。桀纣惟一人,而今则合吏民以为之;桀纣无美名,而今则借学
> 术以文之。独一桀纣,犹不如去之为愈,况合群策群力以为桀纣
> 矣。夫斗殴杀人者,其心戆;计谋杀人者,其恶深;独力杀人者,其
> 害微;聚众杀人者,其祸剧。[1]

可见,章太炎意识到了在"文明等级论"的包装下,殖民扩张过程
中出现的杀戮与奴役,都可在殖民者比被殖民者更有"道德"、更有
"优越性",殖民活动能让"落后地区"变得更"文明"等幌子下被忽
略不计,至多仅属一种"不得已而为之"的憾事。这种"借学术以
文之"的话术,是古代专制帝王都难以做到的。因为它能产生极强
的动员效应,让"文明之国"的国民主动地支持此类活动,为之大唱
赞歌。相较之下,古代专制帝王为了自己的野心而穷兵黩武,造成
"白骨露于野,千里无鸡鸣"的惨境,就显得过于憨直笨拙了。因而
这种"文明"的实质,在章太炎看来恰恰是虚伪且狠毒的。此外,在
《国故论衡》的《辨性下》中,章太炎强调虽然"文教之国"时常指责
"蠕生之岛"野蛮,但根据"见与痴固相依"的原理,"其见愈长,故
其痴亦愈长"。[2]他借助佛学的概念,指出"文教之国"内部同样存
在各种各样的问题,尤其是对于国家机器的盲目崇拜、对于披着"理
性"与"进步"外衣的权力等级秩序缺乏反思,致使其民看似在享受
"文教"之果,实则深受"文教"及其背后的支配关系束缚,丧失独
立性而不自知,因此并无资格去鄙夷"蠕生之岛"。由此出发,章太
炎构筑了一套以"差异平等"为特征的"齐物哲学",从学理上对抗

---

[1]　章太炎:《五无论》,载《章太炎全集》第4册,第463页。
[2]　章太炎:《国故论衡·辨性下》,上海:上海古籍出版社2003年版,第142—146页。

"文明等级论"。[1]

此外,在《齐物论释》里,章太炎又进一步论证:

> 志存兼并者,外辞蚕食之名,而方寄言高义,若云使彼野人,获与文化,斯则文野不齐之见,为桀跖之嚆矢明矣……今之伐国取邑者,所在皆是。[2]

他的这些看法,无疑是对"文明等级论"的突破,特别是揭示了这套意识形态话语实际上是服务于近代列强进行殖民扩张活动的。要想真正的推翻它,不能仅从思想理论上着手,更要设想一个具有包容性的、体现平等特征的新的国际秩序。正是在这样的基础上,章太炎开始思考新的国际秩序的可能性。

1907 年 4 月,章太炎、张继、刘师培等中国革命者联合印度、越南、缅甸、菲律宾、朝鲜、日本等地的志同道合者,在日本东京成立"亚洲和亲会"。该会的创建,离不开"社会主义讲习会"中的中国革命党人,以及日本的社会主义者、亚洲其他国家的革命者的共同参与。也正因如此,该会将批判矛头直指在亚洲各国大肆进行殖民扩张的列强。在该会"约章"中,章太炎指出:"百余年顷,欧人东渐,亚洲之势日微,非独政权兵力,浸见缩朒,其人种亦稍稍自卑。"在这一帝国主义入侵浪潮之下,"越南、缅甸,继遭蚕食"。因此,亚洲和亲会旨在"反抗帝国主义,期使亚洲已失主权之民族,各得独立"。关于会员,"凡亚洲人,除主张侵略主义者,无论'民族主义''共和主义''社会主义''无政府主义',皆得入会"。各国会员之间,应摒弃社会达尔文主义的伦理

---

[1] 关于章太炎"齐物哲学"的政治与文化意涵,参见汪晖:《代表性断裂——再问"什么的平等"?》,载《短 20 世纪:中国革命与政治的逻辑》,香港:牛津大学出版社 2015 年版,第 419—432 页。

[2] 章太炎:《齐物论释》,载《章太炎全集》第 6 册,第 46、47 页。

观与政治观,尊重彼此的传统文化,以文化为纽带建立休戚相关的联系。在政治领域,"以互相扶持,使各得独立自由为旨"。"亚洲诸国,若一国有革命事,余国同会者应互相协助,不论直接间接,总以功能所及为限。"中国在其中的意义,便是作为一个亚洲大国,"幸得独立,则足以为亚洲屏蔽,十数邻封,因是得无受陵暴"。[1]换言之,章太炎等人构想的亚洲区域体系,建立在各殖民地与被帝国主义压迫国家实现政治独立的基础上,中国的反清革命在其中能起到示范作用。可以说,这是近代中国知识分子第一次较为系统地思考如何超越建立在殖民扩张与帝国主义之上的国际秩序,革命党的革命论述由此更具批判力度与理论深度。也唯有这样,方能彻底从行动上批判"文明等级论"。

　　章太炎在当时还接触了一些从事政治活动的印度知识分子。在"文明等级论"的说辞里,中国与印度常被描绘成"半文明"国家。然在章太炎看来:"夫文化高下,固不以国之盛衰兴废为期。""怀势利之心,以观文化,固无往而不抵牾。"[2]在与印度爱国之士的交往中,章太炎希望中印两国都能够摆脱帝国主义侵略,建立起平等关系,进而"使百姓得职,无以蹂躏他国、相杀毁伤为事",以此"使帝国主义之群盗,厚自惭悔,亦宽假其属地赤黑诸族,一切以等夷相视"。[3]在他看来:"支那、印度既独立,相与为神圣同盟,而后亚洲殆少事矣。"[4]不可否认,他的愿望有些过于不切实际,"帝国主义之群盗"不会玉为中印建立友善关系而善待其他被侵略的亚洲国家。但究其动机,章太炎确实希望中印两国树立榜样,为建立一个不同于以殖民扩张为基础、以"文明等级论"为说辞的国际秩序创建契机。

---

[1]　章太炎:《亚洲和亲会约章》,载《章太炎全集》第10册,第279、280、281页。
[2]　章太炎:《印度人之观日本》,载《章太炎全集》第4册,第382页。
[3]　章太炎:《送印度钵逻罕保什二君序》,载《章太炎全集》第4册,第376页。
[4]　章太炎:《支那印度联合之法》,载《章太炎全集》第4册,第385页。

进一步而言，章太炎之所以有这些思考，与他自己的学术主张息息相关。和大多数关心中国命运的同时代人相似，章太炎"自从甲午以后，略看东西各国的书籍，才有学理收拾进来"。[1]西学与东学，是他重要的知识来源。在重订本《訄书》里，章太炎征引了大量由日本学者编译的近代西学论著。[2]不过自从1906年东渡日本，担任革命党机关报《民报》主编起，章太炎开始较为系统地反思近代西学，同时阐扬中国学术内在价值。他认为："国所以立，在民族之自觉心，有是心，所以异于动物。"[3]而这样的"自觉心"，建立在对本国学问之精华的高度认同之上，此即"用国粹激动种性，增进爱国的热肠"。[4]否则，"国粹尽亡，不知百年以前事，人与犬马当何异哉？人无自觉，即为他人陵轹，无以自生；民族无自觉，即为他民族陵轹，无以自存"。[5]因此，在与印度志士的交往中，他特别强调两国的传统学问是各自形成对帝国主义侵略的抵抗意识的重要根基。当然，作为革命党人，章太炎更强调："中国学术，自下倡之则益善，自上建之则日衰。凡朝廷所阘置，足以干禄，学之则皮傅而止。"[6]研究中国学问，是为了在西力东侵之际树立民族自觉心，是为了培养起"排除生死，旁若无人，布衣麻韈，径行独往"的独立人格，抵抗各种权力关系的压制。[7]而非借此来贴近权力，进而丧失独立人格。所以他提醒世人："儒家之病，在以富贵利禄为心。"[8]

在近代中国，有一批坚守中国传统学术价值，反对在文化上一味趋

[1] 章太炎：《在东京留学生欢迎会上之演讲》，载章念驰编订：《章太炎演讲集》，上海：上海人民出版社2011年版，第1页。
[2] 姜义华：《章太炎思想研究》，上海：上海人民出版社2009年版，第120—121页。
[3] 章太炎：《印度人之论国粹》，载《章太炎全集》第4册，第383页。
[4] 章太炎：《在东京留学生欢迎会上之演讲》，载章念驰编订：《章太炎演讲集》，第3页。
[5] 章太炎：《印度人之论国粹》，载《章太炎全集》第4册，第384页。
[6] 章太炎：《与王鹤鸣书》，载《章太炎全集》第4册，第154页。
[7] 章太炎：《答铁铮》，载《章太炎全集》第4册，第393页。
[8] 章太炎：《论诸子学》，载章念驰编订：《章太炎演讲集》，第38页。

新的人士。他们由于强调中国历史与文化的独特价值，主张不能仅从近代西方的立场出发看中国，应继承儒学所蕴含的普遍性色彩，从中国的立场出发看世界，拒绝将19世纪以来的资本主义全球化视为人类未来发展的唯一可能。这一定程度上具备了抵御、反思"文明等级论"的思想契机。[1]其中，钱穆的观点极具代表性。

钱穆曾说："东西文化孰得孰失，孰优孰劣，此一问题围困住近一百年来之全中国人，余之一生亦被困在此一问题内。"[2]因此，要想有效地思考这个问题，就必须从中国的历史文化与现实处境出发，形成广袤的世界视野。而如果说近代中国所面临的最主要变局就是被卷入由西方列强为主导的世界秩序之中的话，那么国人的世界视野首先应对近代中西交涉的性质，特别是列强的政治与经济手段有所了解，进而剖析其背后的意识形态说辞。在代表作《国史大纲》中，钱穆指出：

> 晚近一二世纪以来，彼（西洋）乃突飞猛进，而我懵然不知。彼我骤相接触，彼好讥我为自傲。夫一民族对其固有文化抱一种

---

[1] 值得注意的是，20世纪30年代，蒋介石命令在全国范围内开展"新生活运动"。从表面上看，这场运动的主要目标是提倡传统美德、宣扬三民主义、提高蒋介石个人威望。但正如论者所言："在具体的礼仪问题上，却是要求中国人的一举一动完全效仿近代西方（及日本）的身体美学及公共意识。是故，中国人的举止动作是否美观的判断标准取决于其在西方人的眼里是怎样被认识的。换言之，新生活运动要求中国人把西方人的眼光内在化，以此来管理、控制自己的举止动作，由此体现近代身体观和社会观。"（参见深町英夫著/译：《教养身体的政治：中国国民党的新生活运动》，北京：生活·读书·新知三联书店2017年版，第37页）所以说，新生活运动很大程度上是将提倡者眼里的西方当成近代文明的典范。国民党政学精英常把各种正面词语，诸如"整齐""清洁""爱国"等，视为他们想象中的西方社会里普遍存在的特点。相反，则把一些关于个人与社会的负面概念，用来描述中国社会与中国人。就此而言，这场运动的出发点确实有极强的民族主义色彩，但实际上，却主动地将一些带着贬义的"刻板印象"固定在中国人身上。

[2] 钱穆：《八十忆双亲　师友杂忆》，北京：生活·读书·新知三联书店2005年版，第46页。

自傲之情,此乃文化民族之常态,彼我易地则皆然。且彼之来也,其先惟教士与商人;彼中教义非我所需,彼挟天算、舆地、博物之学以俱来,我纳其天算、舆地、博物之学而拒其教义,此在我为明不为昧。彼不知我自有教义,乃以天主、天国相强聒,如其入非洲之蛮荒然,则固谁为傲者耶?且传教之与经商,自中国人视之,其性质远不伦。经商惟利是图,为中国所素鄙,奈何以经商营利之族,忽传上帝大义?中国人不之信,此情彼乃不知。抑商人以贩鸦片营不规之奸利,教士笼络我愚民以扰撺我之内政,此皆为我所不能忍。而彼则以坚甲利炮压之,又议我为排外,我何能服?且彼中势力所到,亦复使人有不得不排拒之感。[1]

钱穆这番话的意思是,现代中国人所应具备的世界视野,关键之处是切勿被包括"文明等级论"在内的近代西方的意识形态给束缚住,致使不能认清近代中西关系的本质。把近代中国描绘成"自大""封闭""停滞",与其说此乃历史的实相,不如说是为近代西方列强的侵略活动进行某种"论证"。因为按照"文明等级论"里对文明标准的定义,资本主义列强肆无忌惮地藐视全球,视许多地区的民众为"半文明人"或"野蛮人",岂不更自大?而要真说近代中西之间的交流,将中国作为资本主义的原料获取地与商品倾销地,并且借助不平等条约来占取中国的土地、为传教士在华活动大开方便之门,凡此种种,又何曾征求过中国人的意见?何曾有半点平等交流的影子?而列强却制造了一套历史说辞,宣称由于中国不同意"自由贸易",所以才迫使自己动用武力。然而从中国的立场出发,正是因为如此,国人才"有不得不排拒之感",中国反抗列强侵略是具有正义性的。总之,钱穆的这些历史思考,其实已经包含了批判"文明等级论"的内容。

---

[1] 钱穆:《国史大纲》下册,台北:台湾商务印书馆1995年版,第890—891页。

正是基于这样的主张,在抗战胜利前夕,钱穆通过分析近代西方文明的特征来预测战后世界局势。[1]依他之见,"这四百多年的世界,简直只是为欧洲人特设的舞台。这是一种人类社会的新势力。这一种势力,具体言之,是一种中层阶级工商阶级之资产势力。向内则有代议政治的争得,向外则有殖民地之征服。内面的代议政治成立,和外面殖民地征服,是支持这一种势力的两个基点,亦是营养这一种势力的两条血管"。[2]而第二次世界大战,则显示出这种充满剥削色彩的资本主义体制逐渐退出历史舞台的可能性,即"在欧洲中心圈里说,资本主义之崩溃,将为无产阶级之兴起。而在超欧洲中心的整个世界来看,则欧洲中心的资本主义之崩溃,将为殖民地政策之告终,与殖民地统治的解放"。[3]很明显,钱穆预言,随着全球范围内的反帝反殖运动展开,世界将会出现新的面貌。"文明等级论"所依托的政治与经济基础不复存在,这一意识形态也终将被人们遗弃。[4]1950年,钱穆在台湾省立师范学院演讲"文化学",对这一点进行了更为直白而完整的论述。他说:"近代西方人,常有一种错误看法,他们似乎常认'文明传播'即可转变为'文化移植'。更错误的是,他们又似乎常认为只要外面经受物质条件之压迫,即可促成其内部文化精神之转向。于是逐渐形成一种文化布扬其表,经济侵略其里之强横态度。"所以,"西方人凭其近代科学之突飞猛进,常抱一种文化优越、民族优越之非客观的

---

[1]　必须声明的是,笔者认为钱穆的这些观点有一定道理,并不代表笔者对钱穆的所有观点,特别是他关于中国古代政治制度与近代中国的变革要义也表示认同。依笔者愚见,钱穆为了表示对于中国历史的"温情与敬意",或多或少地美化了中国古代的政治制度与政治实践。在今天,这个问题尤其需要辨析清楚。关于此,笔者拟另文详论。

[2]　钱穆:《战后新世界》,载《文化与教育》,北京:九州出版社2011年版,第63页。

[3]　钱穆:《战后新世界》,载《文化与教育》,第68—69页。

[4]　以往人们多认为钱穆是一位坚守中华传统文化的现代儒者,对于钱穆的国际观,特别是他对资本主义体制的剖析与对全球反帝反殖运动的认识则不甚关注,但后者实为理解钱穆思想的重要切入点。对此,笔者将以另文详论。

态度"。[1]而这样的态度,在国际政治格局的变化下,似已难以为继:
"自经最近几十年来,第一、第二两次世界大战,近代西方文化,本身病
症暴露,其领导控制世界的力量亦逐渐削弱,只要从前有历史有文化
的诸民族,都想从西方势力的压迫下逐渐解放,逐渐重获自由,此如阿
剌伯回教民族、印度民族皆是。""西方文化之重更新生,势必引出此两
百年来西方向外侵略帝国主义与殖民政策之转向与停止。因于帝国
主义与殖民政策之停止,而世界其他各民族,凡属从前有历史有文化
传统的,亦可回头得一反省,得一苏息复生之机,得再从头自己提撕、
自己调整、自己充实,各自求其文化之新生。"或可预测:"将来之新世
界,将以各地之文化新生,代替以往之西方文明之传播;再将以各地文
化新生中之相互交流,代替以往西方文明传播中之经济摩擦。"[2]他的
这一看法,及至晚年仍未变化。1978年,钱穆在香港中文大学演讲中
国文化,开篇即言国际形势,认为二战后的世界是"解放的世界"。具
体来说,即"新时代来临,殖民地解放,各处殖民地的旧文化复兴,和欧
洲文化平等存在"。"将来世界只有一条路,各民族都解放了,你自由,
你自治,大家不再相争,便可走上一条新的路。"相比之下,"在以前
的旧世界里,欧洲人的文化这样的高,其他民族的文化这样的低……
其他民族只有跟随欧洲人,做他们的殖民地",这样的时代一去不复
返了。[3]

　　正如马克思所言,"批判的武器当然不能代替武器的批判,物质的
力量只能用物质的力量来摧毁"。[4]想真正彻底批判"文明等级论",
除了思想层面的辨析,更需要在现实当中抵抗帝国主义列强对中国的

[1]　钱穆:《文化学大义》,北京:九州出版社2011年版,第87页。
[2]　钱穆:《文化学大义》,第88页。
[3]　钱穆:《从中国历史来看中国民族性及中国文化》,北京:九州出版社2011年版,第
　　　11、10、14、13页。
[4]　马克思:《〈黑格尔法哲学批判〉导言》,载《马克思恩格斯选集》第1卷,北京:人民
　　　出版社2012年版,第9页。

侵略与剥削，推翻国内那些具有明显落后性与腐朽性的传统势力或特权集团，使大多数民众实现真正的觉醒，成为国家的主人（这一点恐怕钱穆并未过多论及），进而改变近代以来由东西列强主导的世界体系。正如瞿秋白在大革命时期所呼吁的："只有颠覆军阀，颠覆帝国主义的列强，才有文明。"[1]1929年，吕振羽出版《中国外交问题》。在"导言"里，他谈到帝国主义与"文明"的关系：

> 自欧洲封建制度灭亡，递嬗至资本帝国主义产生，全世界的形势，又急剧的转入这个弱肉强食的野蛮状态。有人说，这也是人类历史进化中一个必经的阶段。好呀，在这个所谓必经的阶段当中，我们看，一切未开化半开化以及未加入他们伙伴的世界文明民族，无论黄色，棕色，黑色，红色人种，眼睁睁望着帝国主义把他们一个一个来处决，全世界的地图，无论亚洲非洲美洲澳洲甚至一块沙漠一个荒岛，都沾污着铁蹄践踏的凄惨的血迹，他们之所谓文明的本来面目就是这样。孙中山先生谓他们之所谓五大强国，不过是五大强盗。实则强盗至少还有点人类的同情，还比不上这样的狞恶残毒。他们心目中的弱小民族和国家，并不是国际上对立的主体，不过是一群奴隶和榨取膏血的牲畜集体罢了。[2]

1933年，马克思主义史家李平心指出：

> 当帝国主义挟着长枪大炮向产业落后国家施行无耻的打劫的时候，老是撑出"文明"这面大纛，说他们的掠夺是极其合理的，

---

[1] 瞿秋白：《文明的列强，野蛮的中国？》，载《瞿秋白文集·政治理论编》第2卷，北京：人民出版社2013年版，第64页。

[2] 吕振羽：《中国外交问题》，载《吕振羽全集》第1卷，北京：人民出版社2014年版，第6页。

因为这是"文明"对于"野蛮"的征服,"野蛮民族"天然应该给"文明民族"奴役。英国掠夺印度,法国掌握安南,美国统治菲律宾,以及帝国主义强盗们分割欧洲、大洋洲和马来群岛,都是在此等妙论之下,给予"合理"的意义。[1]

要想彻底地检讨"文明等级论"及其衍生品,这样的历史视野似乎不可或缺。当然,也不能止于就事论事的简单描述或喊口号式的批判,而需深入内里,揭示其本质,探究其源流。

五、余论

正如萨义德通过对"东方学"的批判性审视,让人们得以洞察近代西方通过一系列学术与文化修辞来实现对东方诸国的精神和话语主宰一样,从思想史的角度分析"文明等级论"在近代中国的传播、影响与批判,有助于丰富人们对于中国近现代思想学术与政治文化的认识,将近代中国的历史发展置于一个比较广阔的世界历史背景下予以分析,意识到自觉或不自觉地接受"文明等级论"很可能是近代中国思想与文化的重要特征之一。

当然,如果我们承认实现救亡图存、摆脱积贫积弱、走向国富民强是近代中国大多数政学精英所追求的目标,那么时人一定程度上接受"文明等级论",是想将其作为用来自我鞭策与自我激励的学说,促使中国人发愤图强,奋起直追,不要自甘沉沦。这在清末体现得尤为明显。比如时人认为:"世界大通,群治日进。国与国有交际,人与人有交通。以半开化之国,与文明开化先进国遇,则半开化之国立败。以

---

[1] 李平心:《论文明》,载胡逢祥主编:《李平心全集》第5卷,上海:上海人民出版社2022年版,第178页。

教育不完之民,与教育完善之民遇,则教育不完之民必穷。"因比,讲求"群治进化",对中国而言便是一件十分紧迫的事情。[1]还有人指出:"夫半开化之民,只知有一己之利害,而不知有同种同族同国之利害。"其结果就是觉得国事与己漠不相关。而"善治国者,知开民智而授民权,使民发其自然之天性以爱国,而国亦可以受其益"。[2]此外,当时一些宣扬君主立宪的言论,强调这一制度多为"文明国"所采用,是提升国力的重要因素,也是希望以此来推进清廷的政治改革。[3]

进一步而言,之所以清末知识分子惯于用"文明等级论"进行自我鞭策与自我激励,主要原因之一,大概是彼时关心国事之人,多认为19世纪中叶以来的世界大势是国力强盛的"文明国家"开始进入以对外扩张与称霸为职志的民族帝国主义阶段,此乃强调优胜劣汰、适者生存的社会达尔文主义在国际关系中的体现,是不可违逆的历史趋势。中国要想在此环境里自存,应师法那些善于积聚国力开疆拓土的强国,以成为他们当中的一分子为目标。总之,要么成为"文明国家"称雄一方,要么停留在"半文明"或"野蛮"阶段,等着被蚕食、瓜分,甚至惨遭"灭国"。

不过,"文明等级论"毕竟与近代殖民扩张有着密切关联,对于饱受东西列强侵略的中国而言,它恐怕不是一个十分适合用来激励民气、振兴民德的学说。到了后来,一些人士在象征着近代列强强盛国力的坚船利炮与工商产业面前,逐渐服膺"文明等级论"描绘的世界图景,视西洋诸国为"文明"之典范。他们并不否认中国应当改变现状,但比较相信近代中国的主要奋斗目标之一就是按列强("文明国家")所设定的"文明标准",不断地进行自我批判与自我改变,并发自内心地渴望通过这样能得到"文明国家"的承认。在他们看来,中

---

[1] 《论群治与自治之关系》,《盛京日报》1908年9月26日,第2版。

[2] 《论民气与国家之关系》,《盛京时报》1908年12月17日,第2版。

[3] 章永乐:《铸典宣化:"文明等级论"之下的"旧邦新造"》,香港:香港三联书店2024年版,第103—165页。

国应彻底"融入"由"文明国家"主导的世界体系,成为里头本本分分、虚心向学的一分子,此乃中国实现现代化的最优路径。因为此刻的"文明国家",非但不会率由旧章,侵略或瓜分实力弱于自己的国家,反而能主动"帮助"后者逐步提升文明水准。所以,当20世纪20年代起中国的政治与文化形势发生新的变化,他们不怎么认同批判帝国主义,甚至觉得帝国主义本身就是一个难以定义、颇显虚幻的概念。而对于革命,他们多数时候也持保留态度。当然,这些人士毕竟不像一些西方世界的意识形态家那样,认为定义"文明"的核心要素就是种族,进而宣称全球范围内的文明等级本质上难以改变。

此外,随着资本主义在中国的发展,新兴的消费文化开始流行。不容否认,在近代消费文化里,有不少借宣扬民族主义来推销国货的内容。但与当时西方国家主导资本主义全球市场一样,在中国的大众消费领域,伴随着洋货(包括奢侈品)充斥中国市面,包括鼓吹近代西方生活方式与生活品味,将西洋的审美品味视为"高贵的""文明的""时尚的",引导人们相信使用西洋商品可以在同胞面前高人一等,都不时显露着"文明等级论"的痕迹。而此类通俗化、生活化的宣传品的大量出现,更是让"文明等级论"下沉为中国社会日常生活中的大众意识形态,至今仍不难看见其余波(抑或越来越显而易见?)。[1]在这里,仅举冯友兰的一段观察作为例子:

> 在那时候,中国人的心理,亦是殖民地人的心理。所谓殖民地人的心理者,即殖民地人因为常受压迫,久而久之,即有一种自卑情结,认为自己本来就是不行底……在清末民初,中国人的殖民地人的心理,可以从语言里观察出来……中国人本以西洋人为野蛮,到后来则以西洋人为文明,而自居野蛮。所以在清末民初,凡

---

[1]　关于"文明等级论"在近代以来中国大众生活中的表现形式,笔者拟另以专文论之。

西洋底东西,俱可以"文明"二字加之。如话剧称为"文明戏",手杖称为"文明棍",行新式婚礼称为"文明结婚"。又如长江及沿海轮船,其头等称"大菜间",二等称"官舱",三等称"房舱"。这些名称表示当时"百姓怕官,官怕洋人"的心理。以上所说各名称,所表现底心理,都是殖民地人的心理。[1]

　　他所说的这些现象,以及背后折射出的心理,可以说就是"文明等级论"在日常生活中的表现。要想完整地认识中国近代大众文化史与社会生活史,这些内容恐怕不能忽视。这就引出了一个值得强调的事项。从晚清以降的历史进程来看,揭示、批判"文明等级论"的内涵及其本质,确实有助于澄清一些颇为关键的历史问题与理论问题。但是,同样不能忽视的是,"文明等级论"之所以会在清末以降的中国社会有一定的市场,之所以能够对政治与文化精英产生颇为深远的影响,根本原因之一是当时中国内部的政治与社会结构。当掌握政权的人为了维持统治,不得不想方设法依附由19世纪以降的列强主导的国际秩序时,当外部力量的支持与否,直接关乎其统治是否稳定时,统治集团在实际作为甚至政治文化心态上,必然不会与"文明等级论"所描绘的种种现象相差太远。即便这样的政权(比如南京国民政府)不断对内鼓吹民族主义,希望借抽象的民族主义来掩盖其统治下普遍存在的剥削与压迫,让人仿佛觉得内部的不平等皆由外因所致,实际上却难以模糊人们对它的洞察:在宣传口号上用民族主义来应付民众的政治情感,在外交政策上却十分依赖"文明国家"的"提携"与"扶持"。甚至其统治阶级(如孔宋诸人)在生活方式上也高度西化,比如说言谈之中往往于一句话里刻意夹杂几句洋文。而这样的生活方式,在他们眼里,恰恰是"文明"的,是能够在广大民众面前更显尊贵的。至于与该政权

──────────

[1]　冯友兰:《新事论:中国到自由之路》,北京:生活·读书·新知三联书店2007年版,第147—148页。

走得比较近的文化精英也自觉或不自觉地服膺"文明等级论",亦可用相似的缘由来解释:政治与经济上的依附,很容易造成文化上的依附。此类人之所以能成为时代的精英,离不开他们有这样或那样的海外经历或海外资源。"文明国家"对他们的认可(甚至是垂怜),就是他们能在国内把控文化资源、掌握话语权的重要资本。就此而言,他们往往不太会去检讨、批判这样的文化权力结构,反而不断想方设法,使这样的文化权力结构能天长地久、稳如磐石。[1]

行文至此,也许必须直面一个问题,即如果作为意识形态的"文明等级论"实在不足取,那么应如何定义、思考"文明"? 这个问题当然不是坐在书斋里空想就能得到答案的。但值得一提的是,按照"文明等级论",被视为"野蛮"或"半文明"的国家固然可以通过内部改革在某些方面符合"文明标准",但这一标准是由实际支配着全球政治、经济与社会资源,自居于"文明国"之列的国家所制定的。如果前者通过改革或革命,在不少现代国家都必须具备的要素上实现迅猛发展,并探索符合其自身历史与现实的制度与文化,那么就很有可能会影响到后者对于世界体系的支配。这样一来,后者说不定会制造新的"标准"来定义何谓"文明",进而再次对前者展开一轮新的负面化描述。因此,构建一个更为民主的、平等的世界体系,探索一条能让大多数国家的人民都能获益的、能充分体现人的尊严与人的基本权利、具有普遍性的发展模式,是实现名副其实的"文明"之必要前提。

[1] 经历了20世纪中国一系列政治与文化变革的费孝通,晚年在谈话中曾这样回忆民国时期的知识界:"北大有一个以胡适为代表的,从文化上看是东西结合的学术集团。不是留学生,没有点西方文化的味道,很难打得进去。""当时清华园用庚子赔款所培养出来的人,就处于这个中心。这批人起了很大的作用。""国民党吸收的主要还是以清华园为代表的中西合璧的这一种人物,如胡适、傅斯年、顾毓琇等,不吸收钱穆这样的人。""共产党后来批判了胡适,可是接受了这个集团。接受了这个知识分子集团。""可是共产党自己没有培养出来一个知识分子集团来抵抗这个集团的力量,没有形成一个这样的知识分子集团出来。"他的这些观察,对于理解"文明等级论"在近代中国的传播,颇有助益。载张冠生记录整理:《费孝通晚年谈话录(1981—2000)》,北京:生活·读书·新知三联书店2019年版,第421、422页。

近代日本的文明论、殖民论及其批判之声

——甲午战争130周年祭

　　2024年是中日甲午战争130周年。关于这场战争的来龙去脉、各个战场的详细情况，以及议和与签订不平等条约的全过程，今天已有十分详尽且完备的研究。[1]这场战争对中国政学精英的冲击十分之大，在签订完《马关条约》后，李鸿章大概也知道此事对中国的打击有多严重，自己将背负怎样的骂名，于是感慨"一生事业，扫地无余"。[2]立志于救国救民的谭嗣同悲咽："世间无物抵春愁，合向苍冥一哭休。四万万人齐下泪，天涯何处是神州。"[3]曾在日本明治维新后出使该国的黄遵宪感叹："竟卖卢龙塞，非徒弃一州。赵方谋六县，楚已会诸侯。地引相牙犬，邻还已夺牛。瓜分倘乘敝，更益后来尤。"[4]曾在甲午战争之前参与对朝鲜事务的张謇悲愤："是谁吮续贵和篇，遗恨长留乙未年。第一游人须记取，春帆楼上马关前。"[5]在近代中国舆论界影响深远的梁启超于1911年途经马关时仍不忘慨叹："明知此是伤心地，亦到维舟

---

[1] 参见戚其章：《甲午战争史》，上海：上海人民出版社2024年版。

[2] 苑书义：《李鸿章传》，北京：人民出版社1994年版，第325页。

[3] 谭嗣同：《有感》，载陈占彪编：《甲午五十年：1895—1945：媾和·书愤·明耻》，北京：生活·读书·新知三联书店2019年版，第199页。

[4] 黄遵宪：《马关纪事五首》，载陈占彪编：《甲午五十年：1895—1945：媾和·书愤·明耻》，第201页。

[5] 张謇：《东游纪行》，载陈占彪编：《甲午五十年：1895—1945：媾和·书愤·明耻》，第207页。

首重回。十七年中多少事，春帆楼下晚涛哀。"[1]甲午一战，中国惨败，让关心中国前途与命运的人们更为深刻地认识到禹域神州面临着极为险恶的外部环境，救亡图存、除旧布新的事业不容再被耽误。

而在日本方面，则将其通过击败中国来称霸东亚、进而与西方列强一决高下的野心另做解释。作为战争期间日本内政外交的主要策划者与决策人，陆奥宗光在其回忆录里这样描述战前的中国与日本：

> 近来欧洲各国将其势力发展至东洋，所谓西方文明元素向远东地区涌入。特别是我国，自明治维新以来已二十七年有余，不管政府还是国民都努力汲取西方文明，由此完成各项改革，迅速取得长足进步，旧日本面目一新，展现出新日本之振兴，引来先进国家如欧美各国一片赞叹之声。然清国依旧墨守成规，丝毫未见顺应内外形势改变旧习之处。一衣带水之隔的两个国家，一个代表西方的文明，另一个则呈现固守东亚积习之异象……两者感情冰炭不洽，日后势必又会引发一大争论。但是，争论无论以何种形式表现出来，争论之因必定是西方的新文明与东亚旧文明之间的碰撞，这是尽人皆知的事实。[2]

与之相似，被视为明治维新之后日本首屈一指的思想家、其头像已被印在该国纸钞上的福泽谕吉，在中日开战之后发表了一篇名为《日清战争乃文明对野蛮的战争》的时评。关于这场战争的性质与对中国的看法，自诩希望通过办报来表达"不偏不党的论点"[3]的福泽声称：

---

[1] 梁启超：《二十五日舟泊马关》，载陈占彪编：《甲午五十年：1895—1945：媾和・书愤・明耻》，第213页。

[2] 陆奥宗光著，赵戈非、王宗瑜译：《蹇蹇录》，北京：生活・读书・新知三联书店2018年版，第24—25页。

[3] 福泽谕吉著，马斌译：《福泽谕吉自传》，北京：商务印书馆2016年版，第253页。

"日清战争于世界之表面展开,文明世界之公众究竟会如何看待呢?战争虽然发生在日清两国之间,但若究其根源,此乃谋求文明开化之进步者与妨碍其进步者之间的战争,绝非两国之争。""(中国人)冥顽不灵,不懂普通的道理,见到文明开化之进步,不仅不感到高兴,反而表现出阻碍进步、粗暴反抗我国之意,导致事情发展到如今这个局面,即日本人眼中无支那人,无支那国,只以世界文明之进步为目的,妨碍此目的的都要打倒。这已不是人与人、国与国之间的事,而是一种宗教纷争。""如果支那人能通过此次失败悔悟,对文明之势力心生敬畏自改前非,一扫四百余州腐云败雾,仰文明日新之余光,那么这些损失就不值一提,他们甚至应向文明的引导者日本人三叩九拜,感谢其恩德。"[1]

可见,无论是彼国的政客抑或言论家,都把"文明"作为一个重要的对中国开战的理由,用"文明"来文饰、掩盖、美化日本发动侵略战争的真实意图,甚至将"文明"作为一种政治叙事,来描述战前的中日关系。作为一个肇始于近代西方的词,"文明"(civilization)这一旨在描述理想的政治制度、社会形态、生产方式、道德准则、个人特质的词与近代日本的殖民扩张活动之间有何关联? 特别是那些旨在发扬明治维新之始所宣称的"开拓万里波涛,布国威于四方"的文人学士,是如何将文明与殖民扩张勾连起来的? 而在近代日本,有无检讨、批判这一做法的声音,其理论基础又是什么? 凡此种种,值得展开讨论,因为此乃理解甲午战争以来东亚局势的重要内容。

一、"文明论"与"殖民论"的基调

从18世纪启蒙运动始,"文明"被越来越广泛地使用,人们多将其用来描述一种理想的人类生活状态。在法国,其典型代表,以编撰

---

[1] 福沢諭吉:《日清の戦争は文野の戦争なり》,慶応義塾編:《福沢諭吉全集》第14卷,岩波書店,1961,491—492頁。

文明史见长的基佐就认为："说出'文明'这个词时，我们首先想到的是社会的进步，社会状态的改善，人与人之间的关系达到更完美的程度。它也立即在我们内心唤起了这样的观念：国家日益繁荣，社会关系中更多的活动和更好的组织。一方面，整个社会的权力和福祉明显增加；另一方面，这种权力和福祉在构成社会的个人之间有了更公平的分配。"此外，"除了社会生活的进步和改善，另一种发展也包含在我们的文明概念中，即个人生活的发展，人类思想及其能力的发展——人本身的发展"。[1]在英国，擅长分析政治经济问题的约翰·密尔说："蒙昧生活中没有商业、没有制造业、没有农业，或者几乎什么也没有；那么一个有着繁荣的农业、商业和制造业的国家就称作是文明的。""无论什么地方，只要那里出现了足够的生活艺术的知识，有足够的财产和人身保障，使财富和人口的增长才有可能，社群就会在我们刚才列举的所有因素上开始并且持续进步。这些因素就存在于现代欧洲，特别是在大不列颠，并且比起其他任何地区、任何时候，其程度都更加显著，发展速度都更加迅速。"此即"文明高度进步状态"。[2]

当然，在实际的历史进程中，"文明"绝不仅是用来描绘、想象理想生活状态的词。既然有"文明"之地，那么就存在着"半文明"或"野蛮"之地。所谓文明国家由于其国力强盛、经济发达，便有条件、有资格、有义务去"开导""教化"那些未臻于文明之境的地区，使"文明"所蕴含的普遍性（当然很大程度也是"单一性"）得以落实。一旦后者拒绝前者的"好意"，那么使用武力就成为重要的选项。甚至后者因此而被征服、被奴役，也属因其"不文明"而遭遇的必然结局。因此，"文

---

[1] 基佐著，刘文明译：《"文明"概说》，载刘文明、魏孝稷主编：《西方"文明"概念史》，上海：上海三联书店2023年版，第110、111页。

[2] 约翰·密尔著，翟书宁译：《论文明》，载刘文明、魏孝稷主编：《西方"文明"概念史》，第122页。

明"往往与西方列强由于本国资本主义发展而亟须展开的殖民扩张活动紧密结合,成为借以论证殖民扩张之正当性的绝佳说辞,将赤裸裸的政治、经济与军事利益包装得正义而华美。在很长一段时期,所谓国际法也仅适用于"文明国家"之间,那些未被彼辈认证为同一文明等级的国家,是不配得到国际法承认的。[1]

自青年时代起,福泽谕吉就有很强的学习西学(即"兰学")的热情。1860年起,福泽曾三次赴欧美考察,这让他大开眼界。在英国,福泽"觉得他们国内也有一些光明正大的好人,这越发使我平生所持的主见——开港论坚定起来"。在荷兰,福泽感到"在文学、语言上来说,我们在欧洲好像回到了第二故乡,心情自然是愉快的"。[2]因此,他深感有必要将近代西学在日本广泛传播,同时颇为反感德川幕府治下颇为森严的等级制度与深闭固拒的锁国政策。明治维新之后,福泽谕吉一面在庆应义塾讲学,一面撰写大量论著,在舆论界的影响力越来越大。

与19世纪西方思想流变的基本特征相似,福泽谕吉也十分重视文明问题。在向日本民众介绍西方国家状况的著作《西洋国情》里,福泽认为人类历史的发展进程是从"蒙昧野蛮"步入"文明开化"。[3]而面对德川幕府后期欧美国家的威胁,福泽深感一国独立之重要性。在《劝学篇》中,他呼吁:"人民与政府必须相互配合,我们尽国民的本分,政府尽政府的本分,彼此互助,才能维持全国的独立。"[4]而要想实现国家独立,则需认识此刻日本的"短板"。对此福泽直言:

[1] 布雷特·鲍登著,杜富祥等译:《文明的帝国——帝国观念的演化》,北京:社会科学文献出版社2020年版,第127—196页。

[2] 福泽谕吉著,马斌译:《福泽谕吉自传》,第102、103页。

[3] 福泽谕吉著,杜勤译:《西洋国情　外篇》,载《西洋国情》,上海:上海译文出版社2018年版,第81—84页。

[4] 福泽谕吉著,群力译:《论学者的职分》,载《劝学篇》,北京:商务印书馆1984年版,第20页。

> 今试观察我国现势，其不及外国之处，就是学术、贸易和法律。世界文明不外就是这三项。如果这三项不完备，国家就不能独立。这是不待识者就会明白的。[1]

毋庸多言，在福泽谕吉所生活的时代，所谓较之日本于"学术、贸易和法律"更胜一筹的"外国"，就是欧美诸国。因此，如何通过效法欧美，实现日本的国家独立，甚至能与前者并驾齐驱，就成为福泽谕吉甚为关注之事。在著名的《文明论概略》里，他便以"文明"为切入点，详细讨论这一事项。

在该书的开篇，福泽就说："研究事物，必须去其枝节，追本溯源以求其基本标准。"[2]基于此，他认为彼时世界各地的文明状况图景已然十分清晰：

> 现代世界的文明情况，要以欧洲各国和美国为最文明的国家，土耳其、中国、日本等亚洲国家为半开化的国家，而非洲和澳洲的国家算是野蛮的国家。这种说法已经成为世界的通论，不仅西洋各国人民自诩为文明，就是那些半开化和野蛮的人民也不以这种说法为侮辱，并且也没有不接受这个说法而强要夸耀本国的情况认为胜于西洋的。不但不这样想，而且稍识事理的人，对事理懂得越透澈，越能洞悉本国的情况，越明了本国情况，也就越觉得自己国家远不如西洋，而感到忧虑不安。于是有的就想效仿西洋，有的就想发奋图强以与西洋并驾齐驱。[3]

很明显，福泽这里深受滥觞于世界近代史的"文明等级论"的影响。

---

[1]　福泽谕吉著，群力译：《论学者的职分》，载《劝学篇》，第20页。
[2]　福泽谕吉著，北京编译社译：《文明论概略》，北京：商务印书馆1960年版，第5页。
[3]　福泽谕吉著，北京编译社译：《文明论概略》，第9页。

按照这一说辞，近代西方位于"文明"的顶端，广大的非西方世界，要么是"半文明"的、要么是"野蛮"的。而这些地区如果打算进阶至"文明"序列，则需主动在政治、经济与文化上效仿西方国家，以后者为样板、为导师，服服帖帖地遵循由后者所主导的世界秩序，发自内心地认同后者的支配地位，规规矩矩地按照后者制定的游戏规则来行事，否则就是自外于"文明"。对此，福泽说："现在世界各国，即使处于野蛮状态或是还处于半开化地位，如果想使本国文明进步，就必须以欧洲文明为目标，确定它为一切议论的标准，而以这个标准来衡量事物的利害得失。"[1]

明治维新以来，日本政府一直追求振兴国权，修改欧美列强与日本签订的不平等条约。[2] 作为了解西洋诸国概况、一心追求日本独立富强之人，福泽谕吉自然不会把鼓吹日本应屈从于19世纪的西方国家作为自己的奋斗目标。他宣称："日本人当前唯一的任务就是保卫国体。保卫国体就是不丧失国家的政权。为此，必须提高人民的智力。提高智力的办法固然很多，但是，首先在于摆脱旧习的迷惑，汲取西洋的文明精神。""唯有汲取西洋文明才能巩固我国国体，为我皇统增光，这又何必踌躇呢？应该坚决汲取西洋文明。"[3]

在这个意义上，福泽谕吉以"文明"为标尺，批判日本旧风俗与旧学术，强调独立人格与自主精神对于个体的重要性，宣传政治制度与教育制度变革的必要性。凡此种种，置诸东亚近代史，确实有启蒙的意义。但是，正如丸山真男提到的，在福泽谕吉那里，"国际关系始终优先于国内问题"。[4] 所以，福泽这些言说的主要落脚点，依然是思考如何

---

[1]　福泽谕吉著，北京编译社译：《文明论概略》，第11页。

[2]　陈秀武：《近代日本国家意识的形成》，北京：商务印书馆2008年版，第179—187页。

[3]　福泽谕吉著，北京编译社译：《文明论概略》，第25页。

[4]　丸山真男著，区建英译：《福泽谕吉（1834—1901）》，载《福泽谕吉与日本近代化》，上海：学林出版社1992年版，第4页。

让日本能在国际政治中与西洋诸国比肩。他提醒日本国民："文明既有先进和落后，那么，先进的就要压制落后的，落后的就要被先进的所压制。"因此，"我国人民首先考虑到的，就是自己国家独立的问题"。[1]在这样的思虑下，福泽谕吉认为必须清醒地认识彼时国际政治的底层逻辑，尤其是那些"文明国家"处理国际关系的主要方式：

> 从目前世界的情况来看，没有一个地方不建立国家，没有一个国家不成立政府的。如果政府善于保护人民，人民善于经商，政府善于作战，使人民获得利益，这就叫作"国富民强"。不仅本国人引以自豪，外国人也感到羡慕，而争相仿效其富国强兵的方法。这是什么道理呢？这是由于世界大势所趋，不得不然，虽然违背宗教的教义。所以，从今天的文明来看世界各国间的相互关系，虽然在各国人民的私人关系上，也可能有相隔万里而一见如故的例子，但国与国之间的关系，则只有两条。一条是平时进行贸易互相争利，另一条就是一旦开战，则拿起武器互相厮杀。换句话说，现今的世界，可以叫作贸易和战争的世界。[2]

只要对19世纪以来西方资本主义列强的外交史稍有了解，则不得不承认，福泽谕吉的这番观察是比较准确的。列强之间，或是为了本国政治安全而纵横捭阖，或是为了获取经济利益而对外扩张，甚至希望瓜分世界，以此保障本国的政经利益。随着资本主义生产方式在西方国家的进一步普及，战争与扩张附带着越来越明显的经济理由，即控制一块能用来输出商品与资本、攫取原料与廉价劳动力的势力范围。当然，在福泽的视域里，那些所谓"文明国家"的对外活动，主要是为了应对因经

---

[1]　福泽谕吉著，北京编译社译：《文明论概略》，第169页。
[2]　福泽谕吉著，北京编译社译：《文明论概略》，第174—175页。

济发展而带来的人口大幅度增长。在他看来,彼辈解决这一问题的方案主要有三:或是输出本国商品,同时"从土地丰饶的国家输入生活资料";或是"把本国的人民移至海外殖民";或是"将资本投到外国,取其利润以供本国的需要"。特别是最后一种办法,"向工农业技术落后、贫困而缺乏资金以及劳动力多的海外某些国家,输出本国的资本,这样,贷款利息较高,是一种不劳而获的办法"。福泽称赞:"真是发财致富的捷径。"[1]

既然主张效仿西洋文明,那么以上西洋"文明国家"实现国富民强的路径,也自然让福泽谕吉颇为认同,尤其是如此这般的做法能够让日本确保国家独立。1878年,福泽谕吉出版《通俗国权论》。他开宗明义:"在国内主张民权,是为了对外国主张国权。"[2]在他看来,巩固"国权"是日本能够在列强竞争之世得以立足的重要基础。而对外力争国权,非但不与民权对立,反而能引导广大民众关心外交事务,培养起国民对国家的责任感。与之相关,福泽强调,西洋文明固然值得借鉴,但不可因此而让西方列强支配日本国内政治。臻于"文明国家"行列,有助于更好地巩固"国权"。而巩固"国权"的要义之一,便是需意识到国际政治的本质特征。

对此,福泽谕吉用十分冷峻的笔调说道:

> 亲善条约也好,国际法也好,虽然看上去很美,只不过是表面文章罢了,交际的实质却是争夺权威贪图利益。看看世界古往今来的实例,贫弱愚昧的小国完全依靠条约和公法保全独立体面的例子不存在,这一点尽人皆知。不仅限于小国,即便是大国之间关系,针锋相对相互觊觎,稍有可乘之机绝对不会放过。窥探之余,

---

[1]　福泽谕吉著,北京编译社译:《文明论概略》,第188、189页。

[2]　福泽谕吉著,顾宁译:《通俗国权论》,载《通俗民权论·通俗国权论》,沈阳:辽宁人民出版社2015年版,第91页。

至今尚未行动的原因只是因为兵力的强弱，不存在其他的顾虑。长达百卷的国际法不如几门大炮，数册亲善条约不如一箱弹药。大炮弹药不是为讲道理而是为不讲道理制造的器械……西洋各国之间的对立，就是如此。更不消说他们统治东洋各国的方法了。就算是那个并不完备的国际法都不愿意用，只是一味地恫吓。[1]

因此，福泽谕吉建议，日本不应回避战争，而是要做好赢得战争的准备，此乃保障"国权"必不可少的环节，也是成为名副其实的独立国家的重要体现：

英国的军队非常强大，名声在外，其实英国非常善于挑选对手，常常是对付弱的避开强的……我们日本的外交政策是，以战争为最坏的打算，一旦爆发战争就要顽强坚持而不轻易罢兵，做好持续几月几年的准备，比拼双方的忍耐力。[2]

只有人民做好了战争的准备，形成箭在弦上之势，外交官才可以运筹帷幄争取外交上的权益。倘若作为一个独立国家，自始至终也不敢与外国开战的话，就和那个躺在床上等死的人一样，从那一天起就不配称之为独立国家了。[3]

尤有进者，既然战争是难以避免之事，那么福泽谕吉认为，通过宣传战争、强调国家利益，能够唤起民众的爱国之心，让他们真心感觉到自己是国家的一分子，不断提升自己的文明素养，以此来尽国民之义务。就此而言，"国权"与"民权"实为互补关系。他直言："没有比对外战争更能激发全国人民之心，令国民全体感动的

[1]   福泽谕吉著，顾宁译：《通俗国权论》，载《通俗民权论·通俗国权论》，第127—128页。
[2]   福泽谕吉著，顾宁译：《通俗国权论》，载《通俗民权论·通俗国权论》，第129页。
[3]   福泽谕吉著，顾宁译：《通俗国权论》，载《通俗民权论·通俗国权论》，第130页。

了。"'当今面对西洋各国,能够激发我国人民报国心的方法,没有比战争更好的了。虽然说有一些过激,但是没有比这更有效又能够让人心永远感动的方法。"[1]与之相似,他还强调外交事务在一国政治生活中的首要地位:"我辈诚望天下人心越发增长见识,不问公私,在公众舆论方面,与国内事务相比更加重视与外国的交往,以外交层面的国安为先,以国内之安全为后,以外交之利害为出发点判断罪行的轻重是非。"[2]

可见,福泽谕吉从文明论入手,先是强调文明等级,凸出效仿西洋文明的重要性,进而分析当时的国际政治,声称国民要做好战争的准备,巩固"国权"刻不容缓,并将对外扩张视为"文明国家"发展的必经阶段。正如论者所言:"福泽谕吉是个启蒙主义者,但他同时又是一个国家主义者,实际上他正是从国家主义的立场出发,来理解启蒙和强调启蒙的重要性。"[3]所以,在福泽谕吉那里,"文明"绝非温情脉脉之物,而是与战争、杀伐、扩张相伴而行。而随着日本资本主义原始积累的逐步完成,明治政府的政治动员与经济汲取能力不断提高,整军经武达到了一定的水准,福泽谕吉开始高度关注东亚局势,宣传应让日本效法西方列强,称雄东亚。

1882年12月,福泽谕吉发表《东洋之政略究竟如何》一文。他期待日本"不仅要效法英人统治印度支那的土著,还要教训英人,将东洋权柄握于我手"。"遥想前途,想象我国国威远扬,甚为愉快。陆上备有几十万貔貅,海上浮有几百艘军舰,地球之海上无不见日本军舰,日章旗飘扬于整个东洋,其影响远至西洋诸国,不亦乐乎!我等是东洋强国之民,国已富强,有贸易之权。因此,我们在国内产业日益兴盛

---

[1]　福泽谕吉著,顾宁译:《通俗国权论》,载《通俗民权论·通俗国权论》,第132、133页。
[2]　福泽谕吉著,顾宁译:《通俗国权论二编》,载《通俗民权论·通俗国权论》,第154页。
[3]　松本三之介著,李冬军译:《国权与民权的变奏——日本明治精神结构》,北京:东方出版社2005年版,第46页。

的基础上,开辟通商之道,在亚细亚之东创造一个大的新英国,绝非难事。"[1]1884 年 12 月,朝鲜发生甲申政变,福泽谕吉敏感地观察到此事乃未来中日冲突的一个重要节点。他撰文声称:"与支那之战倘若不胜,我日本自此将永蒙支那凌辱,且为世界各国轻辱侵凌,无法维持国家独立;倘若胜之,我日本之国威立刻光耀东洋,且远为欧美列国敬畏,不仅能撤销治外法权,还能作为和西洋平等的文明富强国,永被奉为东方之盟主。"[2]可见,福泽将战胜中国作为日本跻身"文明国家"行列的重要标志,因为这证明了日本可以像西方列强征服非西方国家那样对付处于"半文明"地位的中国。这也进一步显现,在他那里,"文明"离不开侵略战争。一年以后,福泽谕吉发表著名的《脱亚论》。福泽认为,对于日本而言,"莫不如与时俱进,共同在文明之海中浮沉,共同掀起文明的波浪,共同品尝文明的苦乐,除此之外别无选择"。而与一心追求引进西洋文明的日本相比,中国与朝鲜长期浸淫于"儒教主义",致使"在遭遇麻疹般文明开化流行之际",打算"硬是回避而闭居于一室之内,导致因隔绝空气流通而窒息"。因此,日本应果断与中国和朝鲜切割,"与西洋之文明共进退"。在外交上,"对待支那、朝鲜,也不必因其为邻国而特别予以同情,只要模仿西洋人对他们的态度、方法即可"。[3]很明显,福泽谕吉的"脱亚"之论,绝不仅是学理层面的文明辨析,而是与日本的国家定位与外交政策息息相关。换言之,成为"与西洋之文明共进退"之国,就必须做到像西方列强对待中国与朝鲜那样来行事。而在福泽生活的年代,西方列强是如何对待中国与朝鲜的,只要对相关史事稍有了解,就不难明晰其本质。也正因为这样,在甲午

---

[1] 福沢諭吉:《東洋の政略果たして如何せん》,慶応義塾编:《福沢諭吉全集》第 8 卷,岩波書店,1960,436—437 頁。

[2] 福沢諭吉:《戦争となれば必勝の算あり》,慶応義塾编:《福沢諭吉全集》第 10 卷,岩波書店,1960,161 頁。

[3] 福沢諭吉:《脱亜論》,慶応義塾编:《福沢諭吉全集》第 10 卷,岩波書店,1960,238—240 頁。

战争前后，福泽谕吉颇为积极地替日本政府谋划侵略之道，尤其是如何控制朝鲜、击败清廷、殖民台湾。其文明论与殖民扩张之间的紧密联系，在此刻表现得愈发显著。[1]

二、批判"文明论"与"殖民论"

甲午战争，中国惨败，日本通过与清政府签订不平等条约，除了在台湾实施殖民统治，还在中国掠夺了大量经济利益，说近代日本工业发展的第一桶金来自对中国的掠夺也不为过。[2]当然，由于俄国、德国、法国的干涉，日本被迫放弃之前已经捞到手的在中国东北地区的利益。这让日本政军两界人士，在三国干涉还辽之后，更为关注东亚地区的霸权争夺，特别是扩大在中国的经济利益，以及进一步控制朝鲜。[3]在中日交战期间，借助从战场传回来的各种消息，日本国内掀起了一股藐视中国的风气。随着日本取得胜利，这一风气有加无已。[4]在这样的氛围里，一些日本知识分子也开始大力鼓吹殖民扩张，宣称此乃日本走向强盛的必由之路。比如在舆论界颇有影响的德富苏峰，就从先前的"平民主义"立场转变为以扩充"国权"为职志，支持日本大搞侵略扩张，并声称此乃"顺应大势"之举。在甲午战争尚未结束之际，德富苏峰便将自己关于侵略中国的文章结集出版，命名为《大日本膨胀论》。

---

[1]　参见董顺擘：《从"东洋盟主论"到"脱亚论"：福泽谕吉的亚洲观研究》，北京：光明日报出版社2023年版，第138—244页。

[2]　参见伊源泽周：《关于甲午战争的赔偿金问题》，载《从"笔谈外交'到"以史为鉴"——中日近代关系史探研》，中华书局2003年版，第149—168页；戚其章：《甲午战争史》，第209—510页。

[3]　信夫清三郎编，天津社会科学院日本问题研究所译：《日本外交史》，上册，北京：商务印书馆1980年版，第294—306页。

[4]　伊势弘志：《甲午战争与亚洲藐视观的形成》，载郭阳、王记华主编：《甲午战争与东亚近代历史进程——甲午战争120周年国际学术研讨会文集》中卷，北京：社会科学文献出版社2019年版，第928—939页。

从如此露骨的书名里,就能知晓他想在书里讲些什么。他认为甲午战争的意义在于象征日本未来在亚洲"膨胀"的趋势,战胜中国,意味着作为"文明国"的日本将文明之光注于作为落后之地的中国。[1]

这种鼓吹殖民扩张的言论的具体表现之一,便是帝国主义开始成为日本知识界热议的话题。其时代背景,自然是甲午战争之后,日本的政阀、军阀与财阀对日本社会的统治与支配越来越深入,官僚阶层不断宣扬殖民扩张背后巨大的经济利益。[2]德富苏峰、高山樗牛、浮田和民等人,从不同的方面宣传帝国主义,认为日本应采取积极的对外扩张的政策,实现国力的进一步提升。[3]其中,由于浮田和民对晚清思想界颇有影响,因此值得详论。浮田和民认为:"自土耳其、中国、朝鲜、埃及各旧国,至于亚细亚阿非利加各处,皆为帝国主义之角逐场。南美诸邦,及太平洋诸岛,亦尽为膨胀国民所分领,将有并吞之势。由此观之,则谓二十世纪为帝国主义之时代,亦非过言。是帝国主义,为现时之大势,可断言也。"[4]而帝国主义之所以不同于以往的扩张活动,除了民族国家内部的"民族膨胀"使然之外,还因为其有着很明显的经济动机,即通过帝国主义扩张,来为本国的产业寻找出路,同时遏制、排斥别国的商业。换言之,帝国主义属于那些政治组织完备、产业高度发达的"文明国家"的对外政策。

关于此,浮田和民声称:

> 现在各文明国,互于国际法之范围内,相为竞争。或开未开之地,或求市场而扩张商业,极力谋国民之发达,期于人类之文明,

[1] 刘岳兵:《日本近现代思想史》,北京:世界知识出版社2010年版,第135—137页。

[2] 井上清著,宿久高等译:《日本帝国主义的形成》,北京:人民出版社1984年版,第131页。

[3] 刘岳兵:《日本近现代思想史》,第140—152页。

[4] 浮田和民著,出洋学生编辑所编:《帝国主义》,载北京大学《马藏》编纂与研究中心编纂:《马藏》第1部第1卷,北京:科学出版社2019年版,第527—528页。

为美备之贡献。故纵天然之大法，使至国民主义，与世界主义，卒相调和。是吾人于帝国主义所有之理想也。[1]

正是在此立场上，浮田认为那些施行帝国主义政策的国家，非但不能被视为无道德之国，反而体现了道德："于狭小地面，有过多人口之国家，于南美及阿非利加人口稀薄之地，移植其人民，保护之、生息之，绝非无道德心之举也。为发达国内之商工业，改进国民经济之生活，而求市场于外国，谋利益之扩张，又绝非无道德心之举也。"[2] 这背后暗含的潜台词就是，他认为未来的世界大势，是"世界去小国时代，而入大国时代"，[3] 大国兼并弱国实为势不可挡之事。因此，能够成功实践帝国主义者，在此一优胜劣汰之世里便是值得称颂的国家。而如此这般，并不仅是为了统治阶级一己之私利，而且是为了"改进国民之经济生活"。

此外，浮田和民还视帝国主义扩张实为传播文明的重要途径，用"文明等级论"的逻辑来论证帝国主义的某种"必然性"。他说：

> 于世界各处，举野蛮蒙昧之民，教育训练，使进文明，先进国之责任也。彼遂行帝国主义之国家，一则谋己国之利益，一则借此以尽大责任。文明之制造品，各国为扩张商业，遂流入世界之各方，而促蛮族之进步。[4]

> 至若未开化之民族，被并吞同化于文明国，其状虽属可怜可

---

[1]　浮田和民著，出洋学生编辑所编：《帝国主义》，载北京大学《马藏》编纂与研究中心编纂：《马藏》第1部第1卷，第556页。

[2]　浮田和民著，出洋学生编辑所编：《帝国主义》，载北京大学《马藏》编纂与研究中心编纂：《马藏》第1部第1卷，第556页。

[3]　浮田和民著，出洋学生编辑所编：《帝国主义》，载北京大学《马藏》编纂与研究中心编纂：《马藏》第1部第1卷，第557页。

[4]　浮田和民著，出洋学生编辑所编：《帝国主义》，载北京大学《马藏》编纂与研究中心编纂：《马藏》第1部第1卷，第557页。

悯，然彼等既属劣败之人种，无优胜者之助力，亦终归灭亡。且文明国，以无报答、无酬谢，而训练彼等、诲教彼等……盖人道者，不使狰狞人种，纵其狰狞之性，以荼毒人类，则为文明而利用彼等，又有何背戾道德之处存夫其间耶。[1]

可见，通过运用"文明等级论"，帝国主义所蕴含的侵略与杀伐都在使"野蛮地区"得以接触"文明"的理由下被忽略不计。那些被归类于"劣败之人种"的群体，在充斥着优胜劣汰与弱肉强食的社会达尔文主义的逻辑下，甚至连反抗的资格都被消解了，因为"文明国家"可以打着"教化"与"训练"的旗号理直气壮地统治他们。如果说帝国主义是那些资本主义生产方式高度发达的"文明国家"为求扩张国力而采取的政策，那么将帝国主义与文明论勾连在一起，则让这样的盘算呈现出势不可挡的"历史必然性"。这不但能够引导本国民众如打了鸡血一般全力支持本国统治阶级与其他列强在世界舞台上一决雌雄，蔑视、仇恨那些即将被本国侵略的国家和地区，而且能借助巧妙的话术，让被殖民地区的民众丧失抵抗的意愿，甚至觉得被"文明国家"支配乃一幸事。纵览19世纪世界史，在海外拥有巨大利益的英国就很善于将自己的对外政策描绘成在世界各地传播文明使命，让世界各地在英帝国的庇护下分得一杯羹。[2]虽然从丰臣秀吉侵略朝鲜起，日本的对外扩张伴随着异常残暴的杀戮与掠夺，但是作为日本帝国主义的意识形态家，浮田和民却很擅长运用"文明"这一概念来为日本的对外扩张活动进行意识形态上的辩护。也正因为如此，他提出所谓"伦理帝国主义"，建议日本要搞"和平的、经济的、商业的膨胀"，学习英国进行"实业上

---

[1] 浮田和民著，出洋学生编辑所编：《帝国主义》，载北京大学《马藏》编纂与研究中心编纂：《马藏》第1部第1卷，第558页。

[2] 奥斯特哈默著，强朝晖、刘风译：《世界的演变：19世纪史》，第2卷，北京：社会科学文献出版社2016年版，第860—870页。

的帝国主义",通过"扶植"亚洲各国,特别是朝鲜与中国,来让日本成为亚洲之盟主。[1]

与19世纪欧洲资本主义国家的发展过程相似,日本的资本主义生产方式的普及,同样伴随着社会结构的变化、社会经济问题的逐渐显露。由于明治政府采取扶持财阀的政策,坐拥巨富者同广大平民特别是工业劳动者和佃农之间的贫富日渐悬殊,加上日本政府为进行对外扩张而极力征收高额赋税,民间抱怨之声不断。在此背景下,社会主义思潮开始在日本广泛传播,日本国内出现了一些社会主义团体。[2]在日本早期的社会主义者里,幸德秋水对帝国主义问题尤为关注。他的名著《20世纪之怪物帝国主义》出版不久,便被留日的中国知识分子翻译成中文,此外,他的另一本代表作《社会主义神髓》甚至出现了好几种中文译本。

在《20世纪之怪物帝国主义》里,幸德秋水其实并未像罗莎·卢森堡、希法亭、布哈林、列宁等社会主义者那样,着重从政治经济学的角度剖析帝国主义何以出现,它代表了资本主义发展过程中的哪一阶段,帝国主义与金融资本之间的关系是什么;而主要是在拆解鼓吹帝国主义者所秉持的话术,并从道德的角度去批判帝国主义,强调帝国主义者所宣扬的"爱国心"实为一种野蛮的"动物本能"。[3]这在当时日本国内狂热的国家主义氛围与崇拜天皇制的背景下,显得尤其有针对性。而关于鼓吹帝国主义者声称的帝国主义扩张能为全体国民带来经济利益,幸德秋水说:

---

[1] 钱昕怡:《简论浮田和民的"伦理的帝国主义"》,《日本研究》2012年第2期;马冰洁:《近代日本帝国主义论的本质与流变——以浮田和民的"伦理的帝国主义"为中心》,《华中师范大学学报》2024年第4期。

[2] 远山茂树著,邹有恒译:《日本近现代史》,第1卷,北京:商务印书馆1983年版,第151—156页;周曙山编著:《日本社会运动史》,郑州:河南人民出版社2017年版,第25—44页。

[3] 幸德秋水著,赵京华编译:《20世纪之怪物帝国主义(外一种)》,北京:生活·读书·新知三联书店2023年版,第17—18页。

富人的战争，可以带来更多的财富和更多的奴隶仆从。而穷人却什么也得不到，只言为了国家而战。他们为国家战斗而坠入为奴的境地，却仍然在追忆讨伐敌人的虚荣，并满足于此。呜呼，这是何等的愚痴。[1]

今日之帝国主义是国民发展壮大的结果吗？这难道不是少数政治家、军人的功名心之膨胀吗？请看他们所谓"国民的发展壮大"，实际上大多数国民不是为了生活而日甚一日地苦斗着吗？不是贫富差距越来越大，贫穷、饥饿和无政府组织以及各种罪行在不断增长吗？[2]

通过揭示这样的现实状况，幸德秋水根据社会主义学说，呈现帝国主义国家内部的社会经济问题。他告诉世人："欧美贫富差距越来越大、财富与资本越来越集中于少数人手中，以至于大多数人民的购买能力极端衰微，这实际上乃是现行的自由竞争制度的结果，源于资本家、企业家垄断了法外的利益。""欧美今日的经济问题，比起压制未开化的人民而强迫消费其商品来，更在于首先应该提高本国大多数人民的购买能力，而提高本国购买能力就必须禁止对资本的法外利益的垄断，必须使一般劳动的分配更加公平，而要使分配公平则必须根本改造现行的自由竞争体制，即在于确立社会主义性质的制度。"[3]如此一来，对帝国主义的批判，就不再止于就事论事，而是以此为起点，引入关于施行社会主义之必要性的讨论。而审视国际政治，不能忽视从一国内部考察其社会经济状况。

此外，通过批判帝国主义，幸德秋水还重新检视了"文明"这一被帝国主义者反复用来作为意识形态说辞的概念。他指出："欧美19世

[1]　幸德秋水著，赵京华编译：《20世纪之怪物帝国主义（外一种）》，第15页。
[2]　幸德秋水著，赵京华编译：《20世纪之怪物帝国主义（外一种）》，第64页。
[3]　幸德秋水著，赵京华编译：《20世纪之怪物帝国主义（外一种）》，第74页。

纪的文明，一方面有激烈的自由竞争，人心越发变得冷酷无情，另一方面则是高尚正义的理想和信仰斯文扫地。"[1]针对将帝国主义与文明论挂钩的话术，他说："他们所谓的大帝国建设，并非必要而实为私欲，并非福祉而实为灾难，并非国民的发展壮大而实为少数人功名野心的膨胀，并非贸易而实为投机，并非生产而实为强取豪夺，并非扶植文明而实为破坏文明。这岂能成为社会文明的目的乃至国家经营的宗旨呢？""欧美的政治家、工商业家……只是为了夸饰一时的虚荣而追求永远的垄断，向海外领土扩张投入莫大的资本，滔滔滚流而不知终止。其结果，造成政府财政的越发膨胀，越发地吸收资本，工商业家越发疯地追逐利益，分配也越来越不公平。这样，随着领土扩张不断地推进、贸易额越发增大，以至于国民大多数的贫困就越发严重，接下来发生的便是破产和堕落，如此而已。"[2]

在这里，幸德秋水揭开了被"文明"话语所掩盖的政治与经济支配关系，不再把"文明国家"内部的所有人视为一个抽象的整体来看待，而是具体分析不同的阶级在这样的政治制度与经济生产关系下的真实生活状况。进一步而言，这也提醒世人，分析文明问题，不能仅停留在单调的概念分析与理想社会状态描述，甚至将文明作为一种区分敌与我、强与弱的意识形态标尺。对文明问题的检视，离不开剖析那些自诩为体现了文明所蕴含的诸多要素的国家，其内部的社会现状与社会矛盾，评估其"说的"与"做的"之间的落差。同时洞察掌握了政治与经济权力的群体，如何将"文明"作为一种修辞来为自己的政治经济主张背书，其一系列言行的真实目的是什么。由此也可看到，社会主义学说赋予了幸德秋水一种新的审视本国与世界的视野，即从反抗压迫与实现普遍意义上的解放入手思考国内外形势，这样的分析方式与盛行于

---

[1]　幸德秋水著，赵京华编译：《20世纪之怪物帝国主义（外一种）》，第17页。

[2]　幸德秋水著，赵京华编译：《20世纪之怪物帝国主义（外一种）》，第81、75页。

19世纪的文明论极为不同。

在《广长舌》中，幸德秋水延续了《20世纪之怪物帝国主义》的立场与方法，进一步剖析世界形势，探讨实现社会主义的可能性。在全书开篇，他就指出"19世纪"与"20世纪"的差异。他承认，近代世界很大程度上深受欧洲文明的影响，后者的"进步扩张一年比一年迅速，仿佛自由落体一般越接近地面其速度越快，一个种族的文明变成了多个国民的文明，而多个国民的文明正将汇成世界全体的文明"。然而，尽管近代欧洲文明较之古代文明体现出一定的进步意义，例如打破了"贵族专制主义"，但距离实现普遍平等的境界仍有差距。因为它"未能解决经济上的不平等"，致使"下层劳动者不堪其制度的弊端"，所以工人运动风起云涌。面对此形势，"当资本家无法阻挡这一运动而感到有资本联合的必要，他们便将组成托拉斯而向海外谋求市场，并与帝国主义政治家们联手，试图煽动起国民的膨胀"，借此来抵御工人运动。幸德秋水认为，这表面上是资本家与统治阶级联手，但"随着交通运输的发达和文明普照范围的扩大，世界的生活、利害、物价、知识、道德将渐趋平均化"，蕴含着改变当前占支配地位的政治统治形式与经济生产方式之契机，全球范围内的社会主义运动很可能随着帝国主义国家的全球争霸而出现。总之，"帝国主义只是我们迈向世界社会主义的一个阶段而已，我们在20世纪前半叶必将扫除帝国主义的弊害而达成世界社会主义"。[1]

具体到日本，幸德秋水认为，代表着"文明"的19世纪式的政治、经济与文教体制，到了20世纪初，在日本国内已经显现出很明显的弊病。政治上，由于藩阀的操纵，代议制越发名实背离，已经"深深地陷入了寡头专制政治的悲惨境地"。经济上，"贫富差距越来越大，经济

---

[1] 幸德秋水著，赵京华编译：《倡言社会主义·19世纪与20世纪》，载《20世纪之怪物帝国主义（外一种）》，第90、91、92页。按：这里的《倡言社会主义》，就是《广长舌》。

危机频繁出现,投机越发兴盛,分配越发不公正"。其结果,"在今日自由竞争制度之下,其兴隆反而使社会和人民陷入更加悲惨之苦境"。在文教领域,"由于贵族专制制度得以永远维持,以形同虚设的'忠君爱国'四字为教育的主旨,由此教育的根基也遭到相当的破坏,其发展完全受到阻断。思想界顽固保守,几乎后退到几百年以前"。[1]对于这些弊病,帝国主义政策并不能将其克服。唯有社会主义,才是从根本上解决时代病症之良方。因为社会主义要消除的,是造成贫富悬殊的经济制度,以及依托于如此这般经济制度的统治阶级所鼓吹的战争与杀伐。幸德秋水告诉人们:"19世纪乃是自由主义的时代,20世纪则将是社会主义的时代。"[2]"帝国主义使大多数人民陷于困窘、饥饿、罪恶的原因,实际上就在于拉大了贫富的差距,激化了生活的苦斗程度。而社会主义的目的,在于排除这种悬隔。"[3]在这个意义上,反对帝国主义,就不仅是被殖民地区的民众勠力同心之事,也与帝国主义国家内部被压迫、被剥削阶级的翻身息息相关。

在《社会主义神髓》里,幸德秋水进一步指出,在社会主义制度下,"国家是全体人民的国家,政治是全体人民的政治"。[4]这样的政治形态,能够终止统治阶级为了一己之私利而进行的殖民扩张:

> 今日的国家只是代表资本,代表土地,代表武装。今日的国家只是为掌握这些东西的地主、资本家、贵族、军人的利益服务,而不是为全体人民的和平、进步、幸福服务。如果国家的任务仅仅是

[1]　幸德秋水著,赵京华编译:《倡言社会主义·革命来临》,载《20世纪之怪物帝国主义(外一种)》,第94、95页。

[2]　幸德秋水著,赵京华编译:《倡言社会主义·废除金钱吧——社会主义之理想》,载《20世纪之怪物帝国主义(外一种)》,第102页。

[3]　幸德秋水著,赵京华编译:《倡言社会主义·帝国主义的衰败趋势——社会主义之大势》,载《20世纪之怪物帝国主义(外一种)》,第116页。

[4]　幸德秋水著,马采译:《社会主义神髓》,北京:商务印书馆1963年版,第38页。

这些，那么，社会主义就必须把削弱今日所谓"国家"的权力，作为它的首要任务……社会主义不但不承认今日国家的权力，而且坚决反对军备和战争。军备和战争是今日"国家"用来保卫资本主义制度的"铜墙铁壁"，多数人类为此遭受了重大的牺牲……如果世界各国没有地主和资本家阶级，没有贸易市场的竞争，物产丰富，分配公平，人人各自安居乐业，还要为谁扩充军备，为谁发动战争呢？这些悲惨的灾难祸害将为之一扫而空，天下一家的理想也将得以实现。社会主义一方面是民主主义，同时又意味着伟大的世界和平主义。[1]

总之，虽然幸德秋水对于资本主义与社会主义的政治经济学分析，或许没有同时期的几位欧洲社会主义者那么深入且详尽，对于如何在日本实现社会主义，也较为缺少缜密的、有可操作性的探讨，但无论他对帝国主义的批判、对19世纪"文明"的解构还是对实现人类和平的向往，都足以使他成为同时期日本思想界首屈一指的人物。更为难能可贵的，是幸德秋水言行合一，与在日本的中国革命党人往来密切，参与后者组织的不少活动，用实际行动昭示着一种不同于福泽谕吉"脱亚"思想的东亚各国交往方式。[2]而他受到儒家思想的影响，呼吁"仁人志士"坐言起行，无畏艰难险阻，实践社会主义，这样的道德意识，无疑也体现出儒家思想与社会主义的复杂关联。[3]他的思想之所以能在清末中国知识分子那里引起共鸣，这或许也是不容忽视的一点。

---

[1]　幸德秋水著，马采译：《社会主义神髓》，第38—39页。

[2]　相关史事，参见石母田正著，李士苓译：《辛亥革命与幸德秋水》，载《国外中国近代史研究》第2辑，北京：中国社会科学出版社，1981年，第336—337页。

[3]　王家骅：《初期社会主义与作为动力学的儒学》，载王起等译：《日本儒学史论》，南京：江苏人民出版社2019年版，第415—418页。

三、"文明论"与"殖民论"的变种

　　说起近代日本政学两界对于中国的观察与研究，不能不提及在学术领域影响深远的东洋史学。日本东洋史的兴起，同明治维新以降日本随着国力提升而不断对周边国家进行的扩张和殖民活动关系紧密，它的诞生本来就不是一个"纯学术"的事件。它重构包括中国在内的东亚地区的历史，本质上是为了提升和加固日本在国际上的地位。[1]因此，不少东洋史学研究者，其论学与论政之语往往很难区分清楚，甚至他们的学术论著，背后往往折射出很具体的政治诉求。

　　新闻记者出身的内藤湖南就是这样的人物。[2]中日甲午战争期间，供职于大阪朝日新闻社的内藤湖南意识到战争的结果将会极大改变中日两国在东亚的地位，于是撰文讨论日本的国家发展方向。在《所谓日本的天职》一文里，内藤湖南认为日本"建于远东已有三千年，血统和国语都称纯一无比。国民之间至亲至爱，阋墙御侮，现折冲之效"。[3]不特此也，日本的"风尚和文明，虽有借鉴于大陆的部分，大海天堑，交通不便，反而使我国能同化借鉴来的东西，因此能免于侵略，温雅秀洁，自现特秀"。[4]这一论调，既与明治维新之后日本政府反复宣扬的历史与政治叙事如出一辙，又体现出内藤和主张"脱亚入欧"之辈的相异之处，即突出日本自身的"特性"。因此，他对于一意倒向西洋文明之举并不认同。这或许与他曾担任以鼓吹国粹主义为职志的政教

[1]　王晴佳：《中国近代"新史学"的日本背景——清末的"史界革命"和日本的"文明史学"》，载徐庆兴编：《东亚知识人对近代性的思考》，台大出版中心2012年版，第262页。
[2]　钱婉约：《内藤湖南的中国学》，北京：九州出版社2020年版，第281—336页。
[3]　内藤湖南著，吴卫峰译：《所谓日本的天职》，载《燕山楚水》，北京：中华书局2007年版，第175页。
[4]　内藤湖南著，吴卫峰译：《所谓日本的天职》，载《燕山楚水》，第175—176页。

社机关杂志《日本人》的编辑有关。在此期间,内藤颇受国粹主义的影响,甚至曾作为代笔之人,将国粹主义代表人物三宅雪岭的口述内容写成《真善美日本人》一书。[1]日本的国粹主义者强调宣扬日本历史与文化的"精髓",彰显日本在东亚地区的"优越"地位,反对彼辈眼里浅薄的欧化主义。或许是受此影响,内藤湖南认为日本的对外侵略历史也有值得"回味"之处。他说:

> 丰太阁奋有四海之雄图,乃乘此时而筹画。丰公之远征,人恒以为出于其好夸大之弊。在丰公身家计,或许如此。然而亦有国势之不得已之处……人才郁积,易招祸乱,非资本劳动力之比。于大陆求其疏通之地,固得其计者,故而,文禄之役之不济,归于伟才之屈于天寿以及方略之失,而非筹画之过。[2]

可见,内藤湖南虽然不认同欧化主义,但并不代表他不认同对外侵略。他对丰臣秀吉侵略朝鲜持正面态度,认为并非侵略之举本身有问题,只是丰臣秀吉死得太早、具体"方略"有所欠缺,致使"前功尽弃"罢了。而丰臣秀吉的侵略活动,远远早于近代民族国家兴起后的殖民扩张。由此可见,内藤在论述所谓"日本的天职"时,是与福泽谕吉这样主张"脱亚"的人士处在不同的历史坐标上的。

因此,内藤湖南反对将日本的优越地位建立于日本在东亚诸国里最先接受西洋文明,是向中国与朝鲜传播西洋文明的重要中介之上。在他看来:

> 日本的天职,就是日本的天职,不是介绍西洋文明,把它传给中国,使它在东亚弘扬的天职;也不是保护中国的旧物卖给西洋;

---

[1]   钱婉约:《内藤湖南的中国学》,第35—41页。

[2]   内藤湖南著,吴卫峰译:《所谓日本的天职》,载《燕山楚水》,第176—177页。

而是使日本的文明、日本的风尚风靡天下、光被坤舆的天职。我们因为国在东亚，又因为东亚各国以中国为最大，我们天职的履行必须以中国为主要对象。[1]

在内藤眼里，日本即便不因欧化主义而强盛，在东亚诸国也理所应当成为执牛耳者，此乃其自身的历史文化特性使然。而甲午战争，日本获胜，其结果便是应使"日本的文明、日本的风尚风靡天下、光被坤舆"。同时作为历史上与中国有着密切关系的国家，日本更应在中国尽其所谓"天职"。在这里，内藤湖南的观点虽与日本国内的欧化主义者不太一样，但其分析逻辑则与后者颇为相似，即都认同建立在"文明等级论"基础上的权力结构与支配关系。只是在内藤这里，日本之所以位于顶端，是由于它有独特的禀赋，这并非"以西洋文明为目标"之论所能完全涵盖的。在这个意义上，内藤说："我们和清国出于意外而竟发展成严重对抗的这次事件"，有人认为此乃日本"接受了天命，需要尽我们的天职"，他觉得"此论最善"。[2]

　　具体到落实层面，内藤湖南说："我以为，中国如此庞大，使世界的政治家们无法施展手腕。即便周公、凯撒复活，也几乎不可能使彐的和结果相等。"因此，"必须对中国的历史与现状，以及中国与世界文明的接触有全面的把握，深思熟虑之后才行"。[3]而他"深思熟虑"的结果，就是主张效仿在上海租界里进行统治的西方列强，在靠着不平等条约而占领的租界里彰显日本的"文明"地位，使中国人对之产生某种好感。具体言之：

　　　　对于中国人来说，本国政府的权力不能涉及的地方，反而比

---

[1]　内藤湖南著，吴卫峰译：《所谓日本的天职》，载《燕山楚水》，第183页。
[2]　内藤湖南著，吴卫峰译：《所谓日本的天职》，载《燕山楚水》，第180页。
[3]　内藤湖南著，吴卫峰译：《关于东亚问题的研究》，载《燕山楚水》，第184、185页。

本国政府管辖下的其他地区更加安全,上海租界的繁华,大多是这个原因造成的……使中国人感受到西欧政治好处,上海的租界确实很有贡献……在我看来,我国(按:即日本)在没有对通商上的利弊进行周密计划的情况下已经择地建立了租界,那么我们就应该着眼于通商以外的利益,以便积极地利用租界。就是说,以此为模范行政区示范给中国人看,用变法带来的利益来开启中国模仿变革的道路。这就是专管租界的利用上最有利的方面。[1]

与之相关,内藤还说:

中国志士稍有见识的人中,有人知道徒法的显然无效,知道现在中国人手中的变法成功无望,主张要创造变法的机会的话,就要多聘用我国人,把他们放在重要的位置上,使所有的事情都有成例,然后清国官民就可以按照他们的范例行事。看到海关和邮政按照外国的成例取得了成功,就足以知道以上的主张很有根据,知道除此之外没有其他变法的道路。这样的话,以我国专管租界为模范行政区的想法,不是应该作为当今开导清国官民的刻不容缓的事情来做吗?[2]

如果熟悉近代西方列强的殖民史,就会发现内藤湖南的这番设想其实并没有太多原创性,基本是照搬了像英国这样的国家在非西方地区搞殖民统治时反复使用过的手段。就是让当地民众觉得殖民者更加"文明",殖民地的各项建设更为"现代",反衬出当地长期以来的停滞与落后,使当地精英对殖民者心服口服,觉得后者的高高在上实为天经地

---

[1] 内藤湖南著,吴卫峰译:《关于清国的专管租界》,载《燕山楚水》,第189、190页。
[2] 内藤湖南著,吴卫峰译:《关于清国的专管租界》,载《燕山楚水》,第191页。

义，甚至把自己的前途荣辱与殖民者牢牢绑定。

内藤湖南一面研究中国历史，一面关注中国政局。在武昌起义爆发后不久，他基于对清代历史流变与晚近中国政治的认识，预测"中国应该是一个统一的国家。不管是满洲朝廷复兴，还是袁世凯实行骗局来统一中国，还是革命党来组织共和政府而举统一之实，总之是要归而为一的"。[1]此外，在这些不同的政治派别里，内藤更看好革命党："可以这么说，革命党是要成功的。革命主义、革命思想的成功是无疑的。"[2]然而没过多久，面对辛亥革命之后中国的政治乱局，内藤湖南的看法发生极大转变，声称此乃中国人向来缺少统一的国家观念，不适宜生活在现代政治体制下所致。[3]在他看来，理解中国政治与社会的关键，在于把握乡村社会里具有很强话语权的"父老"："不得父老欢心就不能继续统治。""所谓收揽父老，就是不问其法制之美善、人格之正邪，此乃支那的成功秘诀。无论恶人也好，恶法也罢，只要得此秘诀，必可成功。而就成功的要素来说，改革论也好，政治上的主义也罢，在收揽父老面前，无法发挥任何用处。""父老并不重视对于外国的独立心和爱国心，只要乡里安全、宗族繁荣、安乐度日，无论何国人来统治都会柔顺服从。"[4]换言之，内藤从他所理解的中国历史脉络出发，认为中国

---

[1]　内藤湖南著，夏应元、钱婉约等译：《清朝衰亡论》，载《中国史通论》，北京：九州出版社2018年版，第774页。

[2]　内藤湖南著，夏应元、钱婉约等译：《清朝衰亡论》，载《中国史通论》，第775页。

[3]　根据今天的研究，辛亥革命之后，"日本人注视着邻国发生的革命之进行。对于中国革命的前途，交错着期待与失望。然而，革命的企图一再失败，暴露出政治的混乱、财政的匮乏以及兵士的衰弱，认为革命在中国终究无法生根、中国无法形成近代的统一国家的看法，遂成为舆论的主流"。而这样的声音的重要思想源流，"就是汉学家与中国史学者鼓吹的，中国原本就没有近代国民国家的国家观念，只有传统的天下世界观"（参见马场公彦著，林晖钧译：《近代日本对中国认识中脉络的转换——从"支那"这个称呼谈起》，载张崑将编：《东亚视域中的"中华"意识》，台北：台大人社高研院东亚儒学研究中心2017年版，第283页）。内藤湖南的观点，也与这样的思想氛围一致。

[4]　内藤湖南：《支那論》，《内藤湖南全集》第五卷，東京：筑摩書房，1997，296、297頁。

人难以适应统一的、具有完备制度体系的现代国家,中国社会的领袖是根植于乡里、具有很强宗法色彩的"父老"。只要控制了他们,就能控制中国。而这一群体,更是对现代政治毫不关心,缺少国家认同,所以"并不重视对于外国的独立心和爱国心"。

因此,内藤给中国开出了这样的"药方":

> 当今有真知灼见的政治家首先应该认识到,未来二十年左右,支那绝无国防的必要。即使露西亚、英吉利侵略蒙古和西藏也绝无兵力与之对抗。托列国势力均衡之福,支那即使完全废弃国防,其被侵略的土地也是有限的,绝不会有完全丧失独立的危险。[1]

> 由数十年来的实绩观之,支那的政治交给外国人是成功的。财政上,海关交给外国人成功了,随后厘金和盐税等由外国人经手而后余裕日增。今日,支那人无不承认财政委托于外国人给政府和人民带来的利益。[2]

在辛亥革命后列强环伺、希望趁机扩大在华利益之际,鼓吹让中国放弃国防,将主要政治与经济事务交由外国人代管,这会对中国产生哪些万劫难复的影响,只要稍微熟悉近代殖民史,恐怕不难预想。而认为中国人缺少政治能力,不足以建立统一的现代国家,此论虽说打着从中国历史流变出发的幌子,但实际上依然与近代的"文明等级论"有着千丝万缕联系。因为按照"文明等级论",那些处于"半文明"或"野蛮"地位的人,其主要表现之一就是缺少政治能力,不能独立处理复杂的政治事务,离不开"文明人"的"教化"与"指导"。

---

[1] 内藤湖南:《支那論》,《内藤湖南全集》第五卷,381页。
[2] 内藤湖南:《支那国是の根本義》,《内藤湖南全集》第四卷,530—531页。

不过,内藤湖南自有一套历史与文化叙事来文饰其政治主张。他说:"从世界各民族的历史来看,一个民族创造了优秀的文化,该民族也就即告终焉,其国家灭亡,只有其文化传承下去,例如希腊、罗马这些国家就是例子。尔后又有新兴的国家继承了在其之前的国家的文化——受到前面文化感化的民族兴起,其吸收以往的文化,逐渐形成自己的文化。"[1] 具体到中国,内藤认为,由于传统天下观的影响,中国文化不以具体的边界为界限,而是处于不断的发展、移动中。与中国文化中心转移到长江流域相似,到了近代,中国文化的中心已不在中国,而是移动到了日本:

> 文化中心的移动是不问国民的区域如何而前进的。对于接受中国文化决不晚于广东等地的日本,现在正在成为东洋文化的中心,日本文化对于中国文化将成为一大势力,乃当然的事理。日本现在是比中国更好的强国,中国人对于日本的兴盛却用一种猜疑的眼光来看。可是假使日本与中国因某种关系在政治上形成一个国家,文化中心移至日本,此时日本人将在中国的政治上或社会上展开其活动,中国人恐怕不会以为是特别奇怪的现象吧。[2]

基于此,内藤声称,既然"中国国民拥有世界主义的特性,抱持超国界的观念",那么"在应用这一超国界观念的时候,对于今天在中国领域之外的日本也好朝鲜也罢,也都应当与现代中国国民一视同仁,纳入中国国民的势力中心、文化中心的移动领域之内。朝鲜这种不适于形成势力中心的民族姑置不论,日本则与中国国民一同,被包括于一领域之

---

[1]　内藤湖南:《何谓日本文化(二)》,载内藤湖南著,刘克申译:《日本文化史研究》,北京:商务印书馆2018年版,第13页。

[2]　内藤湖南:《论东洋文化中心的移动》,载中国科学院近代史研究所资料编译组编译:《外国资产阶级是怎样看待中国历史的》第1卷,商务印书馆1961年版,第4页。

内,具有形成势力中心的资格"。[1]可见,他的这些历史论证,归根结底是为了凸显日本"具有形成势力中心的资格"这一点:

> 日本现在既采用了古代的中国文化,也采用了新兴的西洋文化,正在逐步形成日本文化,然则从这一现状来看,当日本文化成熟之际,或者将会对中国文化施加比今天更大的影响,成为东亚世界整体领域的中心,也并不是没有可能的事情了……文化中心的移动,即使在将来也是无可避免的,因此中国人对于日本在东亚所肩负的使命,实不应抱有嫌恶猜忌之心。[2]

此外,针对五四新文化运动之后马克思列宁主义在中国的传播,以及五卅运动期间声势渐广的反帝救亡运动,内藤湖南在发表于1926年的一篇文章里声称:"从外国移植过来的东西毕竟是无法在中国生根的,如果不是中国自身所生长出来的思想和社会组织,毕竟没有办法在中国生根发芽。"[3]他用这一明显带有文化本质主义的论调,来反对中国国内的政治变动。他延续之前的看法,认为从中国历史来看,中国很难适应现代政治。因此,"李鸿章以来持续至今的富强主义是没有用处的,换言之,中国并不一定非要富强不可,即使不富强,也不必担心外国的侵略"。[4]也许是为了使自己的论证更迂回、更高明,内藤说:

> 我的意见是:不仅仅是中国,即使在我们日本,过去一直以来也把富强作为国家的唯一目标,这本身就是错误的,国家原初的目

---

[1] 内藤湖南:《作为中国人观的中国将来观及其批评》,载林晓光译《东洋文化史研究》,上海:复旦大学出版社2016年版,第154页。

[2] 内藤湖南:《作为中国人观的中国将来观及其批评》,载林晓光译《东洋文化史研究》,第154、155页。

[3] 内藤湖南:《回归中国》,载林晓光译《东洋文化史研究》,第163页。

[4] 内藤湖南:《回归中国》,载林晓光译《东洋文化史研究》,第167页。

的乃是在于文化。而像中国这种拥有古老文化的国家，早晚会回归到以文化为国家首要目标的立场上去，这应是可预见的。[1]

他还说：

> 没有工业，不富强，然后在政治上也几乎没有优点，在中华民族的这种一无所有中，却反而令今天的世界预感到了一种永久性。这不能不说是漫长历史的结果。中国倘若果真要渐渐觉醒起来，回归到本来的中国，就必须抛弃数十年来泥足深陷的富强欲望，保全其文化，思考如何发展对于弊害的免疫性。[2]

从表面上看，内藤这是在主张"文化"相较于"富强"的重要性，并把日本也不温不火地批评了一番。但实际上，从甲午战争开始，内藤一直鼓吹的日本的所谓"天职"、日本将成为新的文化中心，不正是因为明治维新以来，日本倚仗坚船利炮不断对外侵略、烧杀抢掠、攫取资源么。清末以来中国的寻求富强之路，说到底也是为了抵御包括日本在内的帝国主义国家对中国的侵略。在这个意义上，内藤通过将论史与论政杂糅在一起的方式宣扬中国不应执着于富强，不应建设现代国家，从实际结果来看，只会让日本更为便利地侵略中国。中国的文化，也将沦为日本炮制其侵略理论的符号或标签。进一步而言，当日本的侵略活动变得更为迅猛时，内藤湖南似乎也颇为热衷于加入如何巩固侵略果实的讨论之中。"九一八"事变之后，眼见日本占领中国东北，内藤撰写了多篇文章鼓吹日本占领东北的必要性，日本应加大对东北的经济控制与开发力度，通过建立文教体制来灌输东北民众对日本统

---

[1]　内藤湖南：《回归中国》，载林晓光译《东洋文化史研究》，第168页。
[2]　内藤湖南：《回归中国》，载林晓光译《东洋文化史研究》，第170页。

治的认同。[1]

总之，如果对内藤湖南的这些言论视而不见，刻意把他塑造成一位深居庠序之中的"纯学者"，以他与王国维、罗振玉这样的清遗老的交往应酬作为他"热爱"中国文化的理由，恐怕是不符合历史本相的。与之相关，虽然内藤湖南并不否认中国历史上自有其变动的过程（例如"唐宋变革论"），但他难以意识到（也有可能是不愿意识到）随着第一次鸦片战争以降新的经济生产关系的出现，以及五四新文化运动所掀起的大众救亡风潮，中国的政治制度与社会结构出现了不同于以往的新变化，新的政治与文化力量逐渐登上历史舞台。在救亡图存运动里，以"父老"为代表的传统乡里秩序成为被检讨与批判的对象，新的自下而上的组织形式开始出现。而从这种历史判断的误差出发，或许也可进一步审视近代日本东洋史学的一些本质特征。

四、超越"文明论"的中国观

同样是研究中国的历史与现实，内藤湖南不能或不愿直面之的内容，就是近代日本马克思主义者能够洞察并展开深入分析之处。这一点，在卷入二战时期著名的"佐尔格案"的尾崎秀实身上表现得尤为明显。虽然都对中国的变革抱以同情和支持态度，但与幸德秋水这样的日本早期社会主义者不同，尾崎秀实在东京帝国大学接受过比较完备的马克思主义学术训练，对政治经济学有更为透彻的了解，加之他早年在被日本殖民统治的中国台湾生活多年，1928年又被朝日新闻社派驻上海，有机会近距离观察中国社会与中国左翼运动，这使他能够直接运用马克思主义来分析中国问题，审视中国历史的基本特征，揭示晚近中

---

[1] 丁泌：《内藤湖南的"满洲国"建设方案》，东北师范大学历史文化学院2012年硕士学位论文，第18—28页。

国的政治与经济症结,思考中国未来的历史走向。[1]顺带一提,在尾崎秀实求学的时期,日本的马克思主义史学有了比较蓬勃的发展,日本的马克思主义者开始尝试运用马克思主义政治经济学来研究日本历史,特别是明治维新以来日本的社会性质与阶级关系。[2]可以说,这样的知识氛围,是尾崎秀实确立左派立场的关键。

尾崎秀实并不否认中国所面临的动荡局势与政治经济危机,只是他对这些问题的分析,并不诉诸文明论这样抽象而空泛的话语,而是运用马克思主义政治经济学,从社会结构、生产关系、政治组织、中外关系等方面入手,系统分析中国的基本面貌,展望中国实现变革的契机。他尤其重视从"国际关系"与"民族运动"两个方面来展开立论。[3]关于中国的现状,在发表于1937年7月的《转折期中国的基本问题》里,尾崎秀实从中国的经济建设情况入手说道:

> 第一,建设的速度。现在处于半殖民地状态的中国为摆脱其不利地位,最为需要的是迅速获得建设的成果。如果其速度明显落后于列强,中国的建设和这些国家的差距就将成为陷中国于殖民地状态的殖民地化指标。
>
> 第二,建设的内容。以往常常听到这样的非难之声,即经济建设只是为了中国的银行家、产业资本家和地主的利益,为了蒋某及其一党独裁权力的强化。
>
> 第三,建设事业与外国的关系。有人怀疑中国的经济建设不

---

[1] 关于尾崎秀实在东亚政治与思想史上的位置,参见汪力:《尾崎秀实与中日战争时代的东亚》,东北师范大学历史文化学院2019年博士论文。

[2] 远山茂树:《历史唯物主义史学的成立——特别以明治维新史的研究为中心》,载(日)历史学研究会、日本史研究会编,北京编译社译:《日本历史讲座》第8卷,北京:商务印书馆1964年版,第208—231页。

[3] 野村浩一著,张学锋译:《尾崎秀实与中国》,载《近代日本的中国认识》,南京:江苏人民出版社2014年版,第138—139页。

是为了自身的利益,而主要是为了外国在中国的利益而进行的。不容忽视,在南京政权推进的统一和经济建设的事实之中,始终有形影相随的与列强利害关系的一致性。例如,航空线路的发展伴随着外国航空公司的利益,公路的延长与外国汽车公司的利益相合,铁路的发展亦与外国火车车辆公司的利益相伴。而且,帝国主义时代的这些经济利害关系必然伴随着政治势力的渗透。[1]

尾崎通过分析中国经济建设,揭示了中国时局动荡、民不聊生的几个重要原因:半殖民地半封建的社会形态、国民党的独裁统治及其阶级基础、帝国主义对中国政治与经济的干涉。这三者并非各自独立,而是相互影响、互为因果。

在这些因素里,帝国主义问题实属亟须剖析的重点。尾崎秀实认为:"时至今日,中国逐渐沦为帝国主义列强竞相角逐的对象,这一点在此无须赘述。"[2]在发表于1935年的《列强在中国的角逐》里他具体分析英国、美国、日本对中国经济侵略的主要手段与利益聚焦点,揭示了中国从自然资源到工业生产,从交通运输到对外贸易,被列强干涉、支配、控制的情形。在此局面下,中国沦为列强获得经济特权、攫取经济利益之地。凡此种种,"促使中国的资本主义发展美梦成为泡影,亦使通过国民政府实现统一的愿景更为艰难"。[3]当然,这一切其实源于中国内部的政治与社会矛盾,尤其是国民政府的统治。"眼见中国日益走上殖民地化之路,而作为统治者的国民党政权面对列强却表现出软弱

---

[1] 尾崎秀实:《转折期中国的基本问题》,载赵京华编选,张秀阁、赵京华译:《暴风雨中的中国——尾崎秀实文选》,北京:生活·读书·新知三联书店2023年版,第86页。

[2] 尾崎秀实:《北方中国问题的重要性》,载赵京华编选,张秀阁、赵京华译:《暴风雨中的中国——尾崎秀实文选》,第20页。

[3] 尾崎秀实:《列强在中国的角逐》,载赵京华编选,张秀阁、赵京华译:《暴风雨中的中国——尾崎秀实文选》,第34页。

无能，愈发催生了列强扩张活动的虎狼之态。"[1]不但如此，国民党自身也带有很强的"前现代"色彩："在中国，国民党采取的是以党治国的原则。但实际上，国民党呈现为垄断的、血缘和地缘性的、行会式的统治性质。维持和强化这种统治，以青帮为首的包括陈立夫、陈果夫兄弟率领的CC团或蓝衣社等秘密会社，发挥着重要作用。"[2]不过另一方面，也正因为中国的现状是由内外因素共同导致的，中国问题的解决也就具有世界意义，"与解决人类文化如何向更高阶段发展这一问题的关键是一样的"。[3]

基于这样的政治经济学分析，尾崎秀实认为当时统治着中国的国民党政权如若不能让中国摆脱帝国主义的侵略与支配，不改变中国半殖民地社会的现状，那么其统治根基是不会牢靠的。在发表于1934年的《共产军西移与今后的中国局势》里，他说：

> 无论蒋介石的权力在短时间内如何迅猛膨胀，他也不会成为第二个墨索里尼或希特勒。究其原因，乃因半殖民地性质的中国不具备这个条件。搅动中国时局的内外诸多势力在对华政策上，分裂为之的离心力远胜于统一为之的向心力，且这股离心力在不断增强。[4]

在发表于西安事变之后的一篇文章里，他再次提及这一问题：

---

[1]　尾崎秀实：《列强在中国的角逐》，载赵京华编选，张秀阁、赵京华译：《暴风雨中的中国——尾崎秀实文选》，第34页。

[2]　尾崎秀实：《南京政府论》，载赵京华编选，张秀阁、赵京华译：《暴风雨中的中国——尾崎秀实文选》，第112页。

[3]　尾崎秀实：《列强在中国的角逐》，载赵京华编选，张秀阁、赵京华译：《暴风雨中的中国——尾崎秀实文选》，第35页。

[4]　尾崎秀实：《共产军西移与今后的中国局势》，载赵京华编选，张秀阁、赵京华译：《暴风雨中的中国——尾崎秀实文选》，第12页。

最为根本的是要解决中国半殖民地性的地位问题。当中国自身真正解决了这个问题，并在如今中国民众所期待的形式之下，日中关系真正得到调整的机会才会到来。中国的民族解放运动和日本的所谓大陆政策的方向，在本质上是不相容的。然而，问题在于国民党面对如此巨大的民族运动的惊涛骇浪，却没有引领、控制其波浪的力量。而最近不断发展的事态稍有差错，就可能有将国民党政权掀翻在浪潮下的危险。[1]

总之，在尾崎秀实看来，通过剖析中国社会半殖民地的现状，以及建立在如此这般现状之上的经济生产关系，方能大体把握国民党政权的统治特征，而不被其表面的政治宣传所迷惑。他提醒人们："南京政府虽然依靠表面的统一而获得了国际地位的上升，但本质上还处在半殖民地的地位，不仅如此，还有进一步殖民地化的风险。认识到中国中央政府的这种性质，是绝对必要的。"[2]此外，对于南京国民政府在经济上依靠（或曰"利用"）的重要对象——江浙财阀，尾崎秀实认为同样不能忽视其半殖民地性格：

一般可以说，成为中国近代性民族资本母体的，是晚清以来的官僚资本和伴随外国资本的侵入而发达起来的买办资本。而随着资本主义的发展，这两种资本逐渐融合构成了一个民族资本的形态。浙江财阀在发生的当初属于买办资本，尤其以本土的银行资本为根基。如今，成为中国民族资产阶级核心的无疑是这个银行资产阶级，而浙江财阀本身对应于此，成为银行

---

[1]　尾崎秀实：《"西安事变"之后的新形势》，载赵京华编选，张秀阁、赵京华译：《暴风雨中的中国——尾崎秀实文选》，第66页。

[2]　尾崎秀实：《南京政府与中国共产党》，载赵京华编选，张秀阁、赵京华译：《暴风雨中的中国——尾崎秀实文选》，第96页。

资本的根基。[1]

因此,理解近代中国时局动荡的钥匙,就在于认识到由于中国社会自身的症结与问题,几个主要的帝国主义国家觊觎中国,划定自己的利益范围,控制中国的经济,让本该成为先进生产力代表的中国民族资产阶级带有极强的半殖民色彩,难以担当发展本国经济的重任。

此外,中国社会自身的症结,实为尾崎秀实十分关注的问题。在一些政论里,他对此有零星的分析。而在出版于 1939 年的《现代中国论》里,他对此有更为详细的论述。在他看来:"中国社会残存着极多的封建性因素,它们并非不起作用,而是在现代中国社会的发展走向中发挥着相当重要的功能。"[2]在这个意义上,需完整把握"半殖民地性和半封建性社会"这个概念。他说:"'半'字并不要求特别的数量上的准确表述。""概而言之,即未能到达现代资本主义社会的社会中所遗留的种种特性,全都包含在这个'半封建性'的词语中了。"[3]而正是因为半封建性的存在,中国难以真正摆脱半殖民地社会:"表面上看来,似乎中国已经脱离了半殖民地性质的影响,然而实际上这种关系却使得中国在列强的影响下愈加沉沦。"[4]

今天的研究显示,尾崎秀实比较熟悉中日两国马克思主义史家关于中国社会性质的研究,对中国不同左翼派别之间进行的中国社会史论战也颇为关注。在分析中国古代社会时,他经常参考属于马克思主

[1]　尾崎秀实:《南京政府论》,载赵京华编选,张秀阁、赵京华译:《暴风雨中的中国——尾崎秀实文选》,第 117 页。

[2]　尾崎秀实:《现代中国论·中国社会的两大特征》,载赵京华编选,张秀阁、赵京华译:《暴风雨中的中国——尾崎秀实文选》,第 254—255 页。

[3]　尾崎秀实:《现代中国论·中国社会的两大特征》,载赵京华编选,张秀阁、赵京华译:《暴风雨中的中国——尾崎秀实文选》,第 254、255 页。

[4]　尾崎秀实:《现代中国论·中国社会的两大特征》,载赵京华编选,张秀阁、赵京华译:《暴风雨中的中国——尾崎秀实文选》,第 257 页。

义史学的"亚细亚生产方式"论。[1]受这些学术观点的影响,他认为:"中国的官僚制造成了集权的专制主义中心,同时产生了作为地方势力的地主阶级,而强有力的士大夫精英阶层是其核心。这一封建父权专制主义直到近年依然是中国社会的支配性势力,至今仍残留着余威。这正是贯穿全中国社会的关系结构。"[2]到了近代,中国半殖民地半封建社会里的"半封建",主要表现便是官僚制:"要了解现代中国社会中的封建遗制,有必要认识在封建社会达到极发达的程度,尤其是在封建末期占据重要地位的官僚制度。中国的官僚制度不仅在中国社会结构中居于中心,还是农业社会的核心。两者几乎是同一性质的东西,共同构成了中国社会结构的内核。农村的地主既是官僚的母体,又是官僚退隐的后路,实际上它就是官僚本身。"[3]具体言之,"官僚在地方为地主,中央政府的官吏回到地方就是地方官,下野则成为地方的士绅、乡村的绅士——乡绅,拥有极大的势力"。"官僚不限于地主。商业资本一定程度的繁荣也掌握在中国官僚的手里。商业资本的很大一部分积蓄在官僚手中,因官僚不具有生产性,反而阻碍了商业资本的发展。"[4]而作为近代社会动荡祸首之一的军阀,也同样带有极强的封建官僚色彩,属于后者的特殊形态。

在这样的社会形态下,中国的民族资本主义除了带有极强的半殖民地色彩,其发展历程也与官僚制有着千丝万缕的联系:

> 中国的商业资本没有发挥欧洲商业资本在封建制社会向资

[1]　汪力:《尾崎秀实与中日战争时代的东亚》,东北师范大学历史文化学院2019年博士论文,第17—43页。

[2]　尾崎秀实:《现代中国论·历史的制约与现代中国》,载赵京华编选,张秀阁、赵京华译:《暴风雨中的中国——尾崎秀实文选》,第287页。

[3]　尾崎秀实:《现代中国论·现代中国的独特形态、封建诸要素的浓厚残余》,载赵京华编选,张秀阁、赵京华译:《暴风雨中的中国——尾崎秀实文选》,第290页。

[4]　尾崎秀实:《现代中国论·现代中国的独特形态、封建诸要素的浓厚残余》,载赵京华编选,张秀阁、赵京华译:《暴风雨中的中国——尾崎秀实文选》,第291页。

本主义社会发展时所发挥的作用。它一方面与封建的官僚统治相结合而处于从属关系,另一方面其货币积蓄没有投入生产部门,而是投到了可以取得封建地租的土地购买或对农民放高利贷等方面。过去,中国的商业资本只起到了破坏封建农民的经济生活的作用,而没有使封建体制本身崩溃,相反它是依存、寄生于封建性统治之上的。[1]

所以,在尾崎秀实看来,中国社会的变革,不能寄希望于中国芟民族资产阶级,因为它既带有封建官僚体制的底色,又有比较明显的依附性。这就意味着,中国的"民族问题"的解决,离不开社会革命——改造中国不合理的社会机构,唤起新的政治力量,推翻中国的半殖民地半封建体制。而这样的变革,除了改变中国,同样也属于世界革命的重要环节。[2]用他自己的话说,中国的"抗日民族阵线","根本上是一种消除其社会半殖民地性和半封建性并摆脱漫长的历史停滞状态的要求"。[3]

一战之后,北一辉撰写了极受日本右翼追捧的《日本改造法案》。他声称:"现在的状态下,无所谓正义。""英国是夸耀全世界的六富豪,俄国是北半球的大地主。以零散的岛屿为界限,是国家间的无产阶级的日本,就没有在正义名义下夺取他们的独占,向他们开战的权利吗?承认国内无产阶级的斗争,却诽谤国家间无产阶级国家的战争为侵略主义、军国主义。这种欧美社会主义者,根本思想上就很矛盾。"[4]这番颇为怪异且诡辩的论调,却成为之后不少曾了解社会主义基本内容的

[1]　尾崎秀实:《现代中国论・现代中国的独特形态、封建诸要素的浓厚残会》,载赵京华编选,张秀阁、赵京华译:《暴风雨中的中国——尾崎秀实文选》,第312页。

[2]　赵京华:《解说　社会革命与亚洲改造的大视野——尾崎秀实的现代中国论》,载赵京华编选,张秀阁、赵京华译:《暴风雨中的中国——尾崎秀实文选》,第394—402页。

[3]　尾崎秀实:《现代中国论・变动中的中国》,载赵京华编选,张秀阁、赵京华译:《暴风雨中的中国——尾崎秀实文选》,第372、373页。

[4]　北一辉:《日本改造法案》,张孤山编,天津:大公报社1932年版,第72页。

日本政学人士常用的侵略说辞。当尾崎秀实频繁撰文分析中国问题之时,日本国内开始急剧右翼化,不但国家主义者反复叫嚣着要通过对外扩张来转移日本的国内矛盾,包括日本共产党在内的日本左翼政党里的一部分人,也开始鼓吹"马克思主义式的国际主义是空想",宣称要"向民族回归",畅想着"克服国内的阶级对立和发扬国威",替日本军国主义摇旗呐喊。[1]更为关键的是,一些鼓吹日本侵略中国东北的团体和个人,师法北一辉,常借用马克思主义的话语,比如对抗英美资本主义、推翻东亚落后封建势力、摆脱1929年以来的全球经济大萧条等,来强调所谓解决"满蒙问题"的紧迫性。[2]此真《庄子》所谓"为之仁义以矫之,则并与仁义而窃之"。在此背景下,更能凸显尾崎秀实政治立场之难能可贵。当然,不容忽视的是,太平洋战争爆发后,尾崎秀实关于中国、亚洲与世界大战的认识,产生了一些与日本军国主义政府立场或许不那么泾渭分明的判断。[3]

　　然而从整体上看,尾崎秀实关于中国问题的分析,昭示着一种不倚赖同殖民扩张高度挂钩的文明论式的分析框架与路径。这样的框架与路径不否认中国社会存在落后的、衰朽的、反动的因素,也不刻意淡化中国所面临的时代危局,却并不因此而将中国刻画为一个静止的、充满负面形象的存在,作为列强"有资格"侵略中国的理由。揭示中国社会的矛盾与症结,是为了寻找改变这一现状的方法,探索变革的契机与可能性。在这个意义上,看似孱弱的中国,其实内部却孕育着充满生命力与正义性的新力量。总之,尾崎秀实的这些研究与思考,与王亚南的

---

[1] 升味准之辅著,郭洪茂译:《日本政治史》第3册,北京:商务印书馆1997年版,第671—674页;堀幸雄著,熊达云译:《战前日本国家主义运动史》,北京:社会科学文献出版社,第173—193页;日本历史研究会编,金锋等译:《太平洋战争史》第1卷,北京:商务印书馆1959年版,第128—129页。

[2] 关宽治、岛田俊彦著,王振索、王家骅译:《满洲事变》,上海:上海译文出版社1983年版,第125—127、161—163页。

[3] 顾菱洁:《中日战争时期的"东亚"——以尾崎秀实为中心》,《北大史学》第26辑,北京:社会科学文献出版社2023年版,第123—137页。

《中国官僚政治研究》《中国经济原论》，陈翰笙的《帝国主义工业资本与中国农民》，胡绳的《帝国主义与中国政治》一样，都属于1949年以前运用马克思主义政治经济学剖析中国问题的佳作。

五、余论

甲午战争深刻影响了中日两国与朝鲜半岛的历史进程，是人们审视后续一系列重要政治、军事与外交事件的起点。因此，对于这场战争，以及战争之前与之后的中日两国的比较，也就成为颇受关注的话题。晚近40余年，一些人士时常就中国的洋务运动为何失败，日本的明治维新为何成功，展开各种议论。说洋务运动失败，这无可厚非，因为这场运动本身确实暴露出许多弊病与症结，比如清廷落后而衰朽的政治制度，以慈禧为代表的统治集团颟顸顽固、私心自用，各级官吏贪污成风、钻营奔竞的习性等。凡此种种，实难让中国摆脱第一次鸦片战争以来的危机。而对于日本，人们在表彰明治维新如何成功的同时，是否考虑到这场政治运动的目标之一就是扩充国力、对外杀伐？日本国内的政治、经济与文教变革，与其对外目标之间，不是毫不相干，而是息息相关。更有甚者，为了实现其对外扩张目标，日本政府一面最大限度地压榨本国平民，实现资本原始积累，一面通过文教领域的灌输，让普通国民向政府缴纳"血税"，甘当侵略战争中的炮灰。日俄战争二〇三高地争夺战中命丧黄泉的数万日军，于即将沦为齑粉之际，是否还在挂念着明治天皇的"宏图伟业"？三十多年后一个凛冽的晚上，一群日本青年军官竖起"昭和维新"的旗帜，其"维新"二字，恐怕已与中国"古义"无甚关联，而和日本"今典"一脉相承。[1]就此而言，一面赞誉明治

---

[1]　黄自进：《北一辉的革命情结：在中日两国从事革命的历程》，台北："中研院"近代史研究所2010年版，第224—227页。

维新,一面无视它与日本对外侵略扩张之间不可分割的关系,恐怕很难是一种恰当的思考历史的视角。

如果认识到这一点,那么今天从思想史的角度审视甲午战争以降的历史走向,与其率由旧章,对印在日本纸钞上的福泽谕吉进行各种去历史的解释,将不知何故在今日中国图书市场成为宠儿的内藤湖南视为耆老贤良,不如充分总结、挖掘被日本军国主义政府处死的幸德秋水与尾崎秀实的思想遗产。幸德秋水对日本政经体制与政治氛围的揭示,尾崎秀实对中国社会矛盾的剖析,是值得人们重视的。这不是一种单纯的民族主义诉求,因为幸德秋水与尾崎秀实同样也是日本人;这也不是一种感怀式的"发浅德之幽光",因为二人所凭借的思想资源确实在20世纪的历史进程中产生了极大影响——而是将其作为一种思想资源,助力于我们今日对于东亚历史与现实的理解。

谨以此文纪念甲午战争130周年。

文明的冲突，还是政治的冲突？

——"文明冲突论"的思想史解读

> 美国人萦怀不去的潜在自卑感通常需要用傲慢而尖锐的论断作为心理补偿。出于功利的目的，加之受到浪漫的影响，我们构建起了一种强烈的民族主义，越是人为建构，这种民族主义就越是强烈。
>
> ——海斯：《美国边疆——何为边疆？》（1946年）

> 哲学观点上的不同，会使我们显得是冷酷的、目空一切的、缺少同情心的。所以，当代世界秩序的不稳定性是以其哲学上的对立为核心的。这种哲学上的对立，使得大多数政治辩论的问题大部分都没有切中要害。
>
> ——基辛格：《国内结构和对外政策》（1966年）

在国际政治中，"文明"长期以来是一个备受关注的话题。1993年夏天，亨廷顿在美国《外交》季刊上发表了著名的《文明的冲突》一文，指出苏联解体之后国际政治极有可能呈现以文明为单位的彼此新冲突。[1]几年以后，亨廷顿将此文扩充为一本专著，更为详细地论证了这

---

[1] 这篇文章不久之后就有了中译本。参见亨廷顿著，张林宏译：《文明的冲突》，《国外社会科学》1993年第10期，第18—23页。

一问题,并对美国应如何在这一新的国际格局之下确立政治战略提出了自己的设想。

近三十余年来,亨廷顿所提出的这个问题,引起了世界各国不同学科、不同价值立场、不同身份的学者的热烈讨论。认为其戳穿了美国政界在苏联解体与东欧剧变之后的盲目乐观情绪,道出了后冷战时代国际纷争的本质者有之;认为其继承了西方政治传统,揭示出政治的本质,提出了政治思想当中"普遍性"与"特殊性"的辩证关系者有之;认为其刻意夸大了世界各国之间的纠纷,无视全球化时代世界各地联系越发紧密,"地球村"美梦不久就会实现者有之;认为其继承了美国的霸权主义传统,无视文明之间应该多元并存,互相交流,将一己之愿强加于世人者有之;还有观点认为较之文明之间的冲突,文明内部的冲突反而更甚。而从中国的历史传统出发,也有不少论者认为相比于亨廷顿所秉持的基督教传统,儒家思想强调"和而不同",主张文明之间应互相包容、互相借鉴,因此更有助于实现世界格局的和平发展。总之,一个具有政治分析色彩的学术命题能产生如此深远的影响,无论是否同意其具体结论,已经显现出作为政治学家的亨廷顿对于时势颇为犀利的洞察。

在亨廷顿自己看来:"为什么我的文章在世界上引起了这么大的兴趣并刺激了这么多的讨论,为什么我的著作至今已被翻译成22种不同的文字,并具有相应的影响? 我认为,答案是,人们正在寻求并迫切地需要一个关于世界政治的思维框架。"[1]可见,身为二战后美国著名的政治学家与外交政策智囊,亨廷顿并非在抽象地谈论文明与文明冲突问题,而是在政治的维度上讨论该问题。因此,离开了对于文明与政治关系的思考,离开了对于政治问题的高度关注,离开了对于现代政治所

---

[1] 亨廷顿著,周琪等译:《文明的冲突》,北京:新华出版社2017年版,中文版序言第1—2页。

包含的各种要素的整体把握，离开了对于"普遍"与"特殊"之辨在西方政治传统当中重要性的认识，恐怕很难真正理解他所论述的文明问题。而这一切，值得从思想史的角度展开分析。而通过梳理历史，分析亨廷顿相关言说的渊源与本旨，对于从西方政治思想史的角度理解当代美国内外政策的精神根源，进而思考当前国际局势的深层次特征，也许不无助益。

一、敌与我：文明的视角还是政治的视角

在谈论文明问题时，亨廷顿毫无温情脉脉、文质彬彬之态。在《文明的冲突》一书的开篇，他援引小说《死亡环礁湖》里的对话："如果没有真正的敌人，也就没有真正的朋友。除非我们憎恨非我族类，我们便不可能爱我族类。"亨廷顿引申此意，指出："政治家和学者们不能忽视蕴含在这些古老真理中的不幸的真理。对于那些正在寻求认同和重新创造种族性的人们来说，敌人是必不可少的，而潜在的最危险的敌人会出现在世界各主要文明之间的断层线上。"[1]亨廷顿担心，冷战之后的美国，面对新的国际形势，将分不清敌我，不知用怎样的尺度来衡量自己的战略利益。基于对国际形势的观察与研判，他断定："在冷战后的世界中，人民之间最重要的区别不是意识形态的、政治的或经济的，而是文化的区别。"在这个时代，人们习惯于"用祖先、宗教、语言、历史、价值观、习俗和体制来界定自己"。因此，"全球政治是文明的政治。文明的冲突取代了超级大国的竞争"。[2]在这个意义上，将文明纳入分析框架，能够为后冷战时代的美国国家利益确立一个比较可靠的衡量标准。

---

[1]　亨廷顿著，周琪等译：《文明的冲突》，第4页。
[2]　亨廷顿著，周琪等译：《文明的冲突》，第6、7页。

亨廷顿的这番话，不禁让人想起施米特的著名论断，即政治的本质就是区分敌我。一个政治体拥有完整主权的重要体现之一就是它能够自主地进行敌我判断。如果国家陷入日常的行政事务与经济活动中不能自拔，忽视了对于敌我问题的敏感度，那么就是政治的缺失。[1]因此，亨廷顿在这本讨论文明的著作里，一开始就将敌我问题揭示出来，可见他充分意识到了文明问题中的更深层次的要素是政治问题。而撇开政治谈文明，往往是比较幼稚，甚至轻浮的做法。

也正是因为这样，在亨廷顿看来，分析文明兴衰，离不开对于政治，以及政治的核心要素——权力的探讨：

> 文化在世界上的分布反映了权力的分布。贸易可能会也可能不会跟着国旗走，但文化几乎总是追随着权力。历史上，一个文明权力的扩张通常总是同时伴随着其文化的繁荣，而且这一文明几乎总是运用它的这种权力向其他社会推行其价值观、实践和体制。一个普世文明需要普世的权力。[2]

可见，亨廷顿对于文明兴衰的梳理，并不着眼于不同文明之间的日常交流，而是直接从文明背后的政治力量之消长入手。在他看来："不同文明国家和集团之间的冲突的根源在很大程度上是那些总是产生集团之间冲突的东西：对人民、领土、财富、资源和相对权力的控制，也就是相对于另一个集团对自己所能做的而言，将自己的价值、文化和体制强加于另一个集团的能力。"[3]而西方文明之所以在近代

---

[1] 施米特著，刘宗坤等译：《政治的概念（增订本）》，上海：上海人民出版社2018年版，第32—36页。

[2] 亨廷顿著，周琪等译：《文明的冲突》，第90页。

[3] 亨廷顿著，周琪等译：《文明的冲突》，第137页。

以来具有优势，是由于它操控了国际金融系统、主宰着资本市场、在制造业领域处于支配地位、有着明显的军事与科技实力、具有意识形态话语权（"道义领导作用"）。[1]就此而言，与其说是西方文明本身因如何优越而让人歆羡，不如说是由于政治、经济与军事实力，西方文明能够处于优越的地位。在这个意义上，他之所以会在以美国为代表的西方资本主义力量看上去独霸全球之时著书立说，大显"忧患意识"，说到底也是对后冷战时代非西方国家随着经济增长而带来的综合国力提升深感焦虑，担心这些国家将不再听命于由美国主导的政治与经济秩序。正是由于在现实政治博弈中出现了有可能与美国匹敌的非西方国家，亨廷顿才会将这种现状上升至文明的高度来进行分析。因此，如果仅从文化比较或者文明互鉴的角度去谈所谓中西文明之优劣，进而与亨廷顿进行理论对话，将很难抓住他此论的基本前提与内在逻辑。

　　亨廷顿用这样的方式来理解文明问题，其实符合西方历史进程当中关于文明问题的主流认知。关于欧洲文明内部特征的形成，麦金德认为："正是在外来野蛮人的压力下，欧洲才实现它的文明。因此，我请求你们暂时地把欧洲和欧洲的历史看作隶属于亚洲和亚洲的历史，因为在非常真实的意义上说，欧洲文明是反对亚洲人入侵的长期斗争的成果。"[2]在这里，他把亚洲描绘成一个时刻威胁文明的欧洲的"外来野蛮人"，为了凝聚欧洲内部的共识，必须时刻警惕这个"外来野蛮人"。正如萨义德所分析的，在西方历史上，从古希腊时代开始，西方学者就不断从西方内部所谓"我们"的角度出发去描绘东方，将其叙述为一个野蛮的、异样的、停滞的、落后的、令人恐惧又令人蔑视的存在，借此凸显西方自身的优越性，以及为了维持这种优越性而不断抗击、侵略、征

---

[1]　亨廷顿著，周琪等译：《文明的冲突》，第77—78页。
[2]　麦金德著，林尔蔚、陈江译：《历史的地理枢纽》，北京：商务印书馆2016年版，第52页。

服东方的必要性。[1]这是理解西方历史进程当中关于"文明"问题思考的不容忽视的维度。

在西方思想史上,"文明"具有多重含义,既指某种社会状态、宗教形式,也包括对某种政治与社会组织的描述,还体现着对某种社会发展阶段的总体概述。在德语语境里,"文明"与"文化"之间更是有着颇为复杂的关系。[2]具体到盎格鲁-撒克逊的思想脉络里,亚当·弗格森在著名的《论文明社会史》一书里基于对当时英国资本主义发展的认识,强调文明象征着以商业活动为主的经济生产方式,以及为商业活动提供保障的政治制度、法律制度与财产制度、因频繁的商业活动而形成的伦理道德。[3]与之相似,约翰·密尔认为文明象征着商业与农业活动的蓬勃发展,人与人之间具有极强的联合与协作能力,以及为保障经济私有制而形成的政治制度。[4]与之相对的,就是被视为停滞的、落后的、迷信的、不能建立复杂政治与经济制度的"野蛮"社会。从"野蛮"到"文明",是处在一条线性的历史进化论序列里的。"文明"的内涵除了社会风俗,还包括了法律、科学、艺术等。而启蒙运动的主旨之一,就是要让"文明"秩序进一步普及,以此来消灭"野蛮",这也彰显出"进步"的必然性。

与此相关,"文明"的概念在近代早期的西方历史当中,并不只是简单作为一个描述某种社会状态与社会阶段的名词,而是时常被用作

---

[1]　萨义德著,王宇根译:《东方学》,北京:生活·读书·新知三联书店2007年版,第38—149页。

[2]　鲍登著,杜富祥等译:《文明的帝国:帝国观念的演化》,北京:社会科学文献出版社2020年版,第30—48页。按:本文对于"文明"概念的梳理,主要是想凸显亨廷顿观点的思想史背景与源流,而非对"文明"概念的流变进行全面的、事无巨细的考订。

[3]　亚当·弗格森著,康子兴译:《论文明社会史》,北京:商务印书馆2021年版,第77—107页。

[4]　约翰·密尔著,胡勇译:《文明——时代的征兆》,载《密尔论民主与社会主义》,长春:吉林出版集团2008年版,第52—57页。

较为明确的界定敌与我、占有与被占有关系的政治术语。伴随着西班牙、葡萄牙等国家进行海外殖民扩张活动，宗教势力与政治势力结合，以是否属于"基督教文明"为标准来划分世界，凡是不信仰基督教的地方，多被视为半开化或野蛮之地，应由基督徒进行占有与殖民。[1]在著名的《大地的法》一书里，施米特指出了这样进行划分的政治意图：凡是被划分为非基督教的地区，"这里不存在战争的法律限制，所行的只有弱肉强食的丛林法则"。[2]在这些地区，作为海外扩张主力的基督徒们享有充分的"自由"。[3]可见，在这样的话语下，那些非基督教地区在政治上是属于"非文明"的，他们生活的地方可以被视作"无主地"——因为那里的人不懂合理开发利用土地、不知私有财产观念、缺乏成熟的政治组织（当然，这些事项的具体标准都是由西方人定的）。因此规范欧洲国家之间行为的法律在那里不起作用，为了传播基督教的义务，为了建立一种高级文明的秩序，象征着"文明"的基督徒可以对那些地方任意展开殖民活动。[4]

在近代早期，与对外扩张相伴而行的，是欧洲国家内部之间的持续不断的战争。为了在欧洲国家内部创建某种约束战争行为的规则，在17世纪异常激烈的欧洲30年战争之后，欧洲各国签订《威斯特伐利亚条约》，国际法开始在国与国关系上发生效力。按照此条约，国际法只在基督教国家之间通用，其背后的逻辑就是只有基督教国家才是"文明国家"，非基督教国家则不能享此待遇。国际法秩序内部的形式平等，前提是用"文明"与"野蛮"对世界政治版图进行重新划分，并将此作为建立支配与被支配关系的理由。因此，国际法

---

[1] 唐晓峰：《地理大发现、文明论、国家疆域》，载刘禾主编：《世界秩序与文明等级：全球史研究的新路径》，北京：生活·读书·新知三联书店2016年版，第25页。

[2] 施米特著，刘毅等译：《大地的法》，上海：上海人民出版社2017年版，第64页。

[3] 施米特著，刘毅等译：《大地的法》，第64页。

[4] 沃格林著，霍伟岸译：《政治观念史稿·宗教与现代性的兴起（修订版）》，上海：华东师范大学出版社2019年版，第148页。

及其背后的文明观就成为近代西方国家进行殖民扩张的重要意识形态支撑。那些非西方、非基督教国家想要成为国际法大家庭的一分子，就必须接受"文明国家"的"指导"与"教化"，然后通过自身的改变来获取"文明国家"的承认。在这个意义上，有论者甚至认为从历史角度来看，"文明的冲突"就产生于国际法背后的"文野之别"："所谓'文明的冲突'及其产生的后果并不会出现在平等主权国家之间，而是出现在欧洲主权国家和非主权或准主权的美洲印第安人以及世界上其他世居民族之间。一旦殖民世界被认为缺乏文明，也会被认为缺乏主权。国际法将承担'一项伟大的救赎任务，即把边缘化带入主权范围内、教化不文明地区并发展必要的司法手段及机构'，这几乎是无法回避的。"[1]

及至19世纪，随着资本主义的发展，西方国家为了拥有固定的生产原料获取地与本国商品倾销地，开始进一步展开全球范围内的殖民扩张活动。先是完成了工业革命的英帝国在19世纪中期以前一枝独秀，将英国本土与殖民地连为一个完整的政治与经济体系，以炮舰开路，以宗主国与殖民地之间的贸易获利，成为名副其实的"海洋帝国"。[2] 在这之后，德国、美国等国家通过工业革命实现了经济快速发展，也加入了争夺殖民地的队伍当中。而从资本主义自身发展的逻辑来看，到了19世纪后期，金融资本开始膨胀，资本输出日渐盛行，西方列强需要拥有能保证本国金融资本进行投资的地区，遂加紧对于非西方国家与地区的控制和瓜分。在这一西方资本主义列强明显处于强势地位的背景下，"文明"成了它们进行全球殖民扩张的绝佳说辞。"在整个19世纪，基督教的与非基督教的民族的区别被世俗化，变成了文明的与不文明的和半文明的民族之间的区别。与这种文明的、半

---

[1] 鲍登著，杜富祥等译：《文明的帝国：帝国观念的演化》，第157页。

[2] 强世功：《文明终结与世界帝国：美国建构的全球法秩序》，香港：香港三联书店2021年版，第79页。

文明的和不文明的民族之间的区别相对应的是19世纪欧洲帝国主义的国际法概念和方法，尤其是保护国与殖民地的构成：对半文明民族，人们使用保护国的形式进行帝国主义统治，而不文明者则被作为殖民地对待。"[1]

"文明"不仅是国际法秩序的重要潜台词，还表现于文学书写、历史研究、新兴社会科学理论之中。即论证非西方国家与地区为什么长期处于"半文明"或"野蛮"的境遇；西方资本主义国家的发展史，就是一部文明不断生成与壮大的历史；想要定义何谓"文明"，离不开将自由贸易、宪政体制等资本主义国家的政治与经济实践作为主要标准；从"人种学"与"博物学"这样的学科来看，为什么非西方地区的民众难以达到文明标准，需要被"文明国家"进行统治与规训。

而从实际的历史进程来看，西方资本主义国家的现代化，离不开对于广大亚非拉地区的殖民与掠夺，以及在资本原始积累过程中对本国无产阶级的剥削。因此，其关于文明与现代的话语虽然自诩为具有普遍性，但在当时真正能享用其果实的却常限于本国内部的中上层人士，以及殖民地与半殖民地的少数亲西方精英。殖民地与半殖民地的大多数民众，则沦为如此这般意识形态说辞背后的牺牲品。正像曾经亲历英国殖民的尼赫鲁所论，殖民地时期印度社会力量强弱对比的正常关系之所以难以自行调整而取得均衡，主要因为所有的力量都集中在一个外国权威（即英国统治者）手中，这个权威将自身建筑在武力之上，并且有意扶助那些好似"冢中枯骨"一般的集团和阶级。这些人在历史上的任务早已完结，如果他们没有得到外国人的庇护，恐怕旦就被新的力量推翻了。但正是由于殖民者的有意扶持，这些人才能长期占据统治地位，妨碍当地的现代化进程。[2]而同样亲身经历了西方列强

---

[1] 施米特著，朱雁冰译：《现代帝国主义的国际法形式》，载《论断与概念》，上海：上海人民出版社2006年版，第163页。

[2] 尼赫鲁著，齐文译：《印度的发现》，北京：世界知识出版社1956年版，第672—673页。

对近代中国的冲击的梁启超,在著名的《灭国新法论》里警示国人:"近二百年来,所谓优胜人种者,其灭国之手段,略见一斑矣。莽莽五洲,被灭之国,大小无虑百数十,大率皆入此彀中,往而不返者也。由是观之,安睹所谓文明者耶? 安睹所谓公法者耶?"[1]

值得注意的是,即便在19世纪至20世纪初西方资本主义国家国力如日中天之际,它们依然没有忘记在其利益有可能受到威胁时,建构出西方文明的敌人。因此彼辈一面运用各种手段在孱弱的中国捞取更大的利益,另一面却十分惊恐中国有朝一日强大起来,将对西方世界造成冲击,担忧会出现所谓的"白人衰退论"。彼时曾经尘嚣之上的"黄祸论"就是典型案例。"黄祸论"主要宣扬一旦中国庞大的人口大规模涌入西方国家,将会"玷污"西方文明的"高贵性",破坏西方人种的"纯洁性",用"野蛮"的习俗来玷污西方世界的"文明"。[2]虽然"黄祸论"的主要目的之一是一批西方政客借此来渲染中国廉价劳动力对本国劳工阶层的威胁,让后者更认同本国政府的对外扩张政策,但这背后却体现出近代西方国家习惯于通过寻找敌人、制造敌人,在类似于零和博弈的政治敌我关系之中确立自身文明的优越性与合法性的思维方式。

当然,真正让西方资本主义国家产生极大恐慌的,当属二战之后社会主义阵营一度蒸蒸日上,第三世界的反帝反殖运动风起云涌。在冷战期间,为了从理论上与宣传上对抗以苏联、中国为代表的社会主义国家,美国政学两界开始将19世纪的文明论改头换面,再次抛出。他们宣称马克思主义、苏联与其他社会主义国家是"邪恶"的,对抗社会主

[1] 梁启超:《灭国新法论》,载吴松等点校:《饮冰室文集点校》第2集,昆明:云南人民出版社2001年版,第727页。

[2] 关于近代西方不同国家内有关"黄祸论"的言说,罗福惠教授曾做了十分详尽的梳理。这对于认识不同类别、不同表现形式的"黄祸论"极有助益。参见罗福惠:《非常的东西文化碰撞:近代中国人对"黄祸论"及人种学的回应》,北京:北京大学出版社2018年版,第1—124页。

义阵营就是保卫西方文明，马克思主义将会威胁到所谓"美国生活方式"。[1]而他们经常提及的西方文明核心特征之一就是资本主义私有制。[2]还是在那一时期，游走于政学之间，以罗斯托为代表的一批美利坚国师策士，则构建了一套美式现代化理论，强调第三世界国家要想实现发展，必须遵循以美国为代表的资本主义国家的路径，成为西方阵营的附庸，依靠美国顾问的指导来进行本国内部政治与经济领域的改造，清除与现代化不相符的"痼疾"，实现国家发展。[3]这一论述逻辑，表面上是以经济学理论为支撑，实际上却是19世纪"文明等级论"的翻版，即将后者所蕴含的文明国家对非文明国家的教化，变成了现代化国家对欠发达国家的指导。名词虽然变了，但其中的支配与被支配关系却基本未变。

通过以上简单的历史梳理，可以比较清晰地看到，亨廷顿在《文明的冲突》中的论述逻辑，虽然有其独特的时代关怀，但基本并未自外于西方政治传统，即将政治问题视为文明问题的核心内容，文明冲突背后是政治冲突。而要想形成良好的政治视野，则离不开在不同的时势下进行新的敌我划分，从而确立政治活动的坐标。这是理解亨廷顿相关主张的重要思想史背景。也正是因为这样，亨廷顿在书中对东亚复兴、伊斯兰国家复兴的担忧，与其说是基于这些文明有可能对西方文明进行冲击，不如说是难以判断在复杂的全球地缘政治环境下，这些地区能否成为由美国主导的后冷战秩序里"安分守己"的成员。因此，仅从全球文明交流史的角度强调不同文明之间长期有着商品贸易、人员往来、学说互动等，其实并不能真正回应文明冲突论。因为亨廷顿对文明的

---

[1]　胡欣：《美国帝国思想的对外政策含义》，南京：江苏人民出版社2017年版，第351—358页。

[2]　这一点在哈耶克的著作里表现得尤为明显。参见哈耶克著，杨玉生等译：《自由宪章》，北京：中国社会科学出版社1999年版，第27—43页。

[3]　雷迅马著，牛可译：《作为意识形态的现代化：社会科学与美国对第三世界政策》，北京：中央编译出版社2003年版，第97—100页。

认知,归根结底是建立在对现实国际政治关系的把握之上。

二、文明:普遍的还是特殊的

在《文明的冲突》里,亨廷顿认为:"在正在显现的世界中,属于不同文明的国家和集团之间的关系不仅不会是紧密的,反而常常会是对抗性的。"[1]他用颇显悲观的语调提醒世人:"不同文明集团之间的关系几乎从来就不是紧密的,它们通常是冷淡的并且常常是充满敌意的。不同文明国家之间从历史上继承的联系,例如冷战时期的军事联盟,可能减弱或消失。"一言以蔽之,文明之间的"信任和友谊将是罕见的"。[2]

要想理解亨廷顿为什么强调文明之间的冲突宛如人类的宿命一样不可避免,同样必须回到历史流变之中,注意到近代以来西方资本主义国家对于自身文明普遍性的反复宣扬及其政治意涵。普遍性与特殊性问题既是西方政治哲学里经常探讨,也是不同历史时期的政权论述自身的统治合法性与政治活动正当性时经常涉及的话题。而在西方近代的历史进程当中,随着资本主义国家综合国力的提升,随着资产阶级成为各国的政治与经济的主导阶级,那些本来旨在彰显其阶级利益与国家利益的意识形态话语,被打造成具有普遍性外观的思想与学说。尤其是它与诞生于启蒙运动时期的进步主义思潮相结合,使这些意识形态话语不但有空间意义上的普遍性,还有历史时间轴线上的正义性,它既塑造了历史的起源,又规定了历史的目标。换言之,政治的"正义性"源于文明的"普遍性"。如此一来,西方资本主义国家就可以时常打着为"全人类"、为"普世价值"的名号来制定对外政策,将自己的利

---

[1]　亨廷顿著,周琪等译:《文明的冲突》,第203页。
[2]　亨廷顿著,周琪等译:《文明的冲突》,第232、233页。

益等同于全人类的利益。从19世纪英帝国的全球扩张，到后冷战时代美国频繁在世界各地用兵，都能比较明显地看到这一思想印记。这正如施米特揭示的："当一个国家以人类的名义与其政治敌人作战时，这并不是一场为人类而战的战争，而是一场某个具体国家试图篡取这个普世概念以反对其军事对手的战争。"[1] 亨廷顿自己也承认："西方赢得世界不是通过其思想、价值观或宗教的优越（其他文明中几乎没有多少人皈依它们），而是通过它运用有组织的暴力方面的优势。"[2]

就美国而言，由于其不断宣称自己是受到宗教启示的"山巅之国"，象征着人类的光明理想，因此它有极强的冲动去将自己的理念与价值观传播到世界其他地区，并在世界各地推行自己的政治制度。[3]不过从事实层面来看，这种传播很多时候并非温情脉脉的文化交流，而是与美国的军事扩张行动密不可分。换言之，美国版本的所谓普世价值离不开美军的坚船利炮来保驾护航。比如从19世纪初到20世纪初，美国在美洲实行门罗主义，借助自己军事上的绝对优势，一方面确保美洲大陆不受欧洲列强干涉，另一方面确保美国对该地区有绝对的控制权。他国没有权力干预、影响美国的外交决策，美国却可利用门罗主义的原则来干涉美洲国家的内政。

在冷战时期，不少美国战略家都建议美国政府需强调以美国为代表的西方文明及其生活方式的普遍性与优越性，以此抵御社会主义阵营的影响。比如乔治·凯南1946年在著名的"长电报"里就说："我们必须为其他国家描绘和展现出一幅我们所希望看到的、比过去更加积极和更具建设性的世界图景。"[4] 一年以后，在著名的《苏联行为的根

[1]　施米特著，刘宗坤等译：《政治的概念（增订本）》，第68页。

[2]　亨廷顿著，周琪等译：《文明的冲突》，第39页。

[3]　卡根著，袁育胜等译：《危险的国家：美国从起源到20世纪初的世界地位》，北京：社会科学文献出版社2016年版，第8—13页。

[4]　乔治·凯南著，张小明译：《美国驻苏大使代办（凯南）致国务卿》，载张小明：《乔治·凯南遏制思想研究》，北京：世界知识出版社2021年版，第288页。

源》一文里,凯南再次强调,要想战胜以苏联为代表的社会主义阵营,美国应当时刻注意"美国可以在多大程度上给世界各国人民留下这样的印象:它知道自己的目标是什么,它能够成功地解决国内生活中的问题,并且可以承担起一个世界大国的责任。它具有在当下主要意识形态潮流中坚持自己信念的精神活力"。[1]罗斯托则声称,美国政学两界要确立这样一种信念:"美国精神即在于坚信道德和成功总是联系在一起的,而且这种联系是全人类的典范和指导。"而"为了在可以预见的未来捍卫国家利益,美国不仅不能放弃而且事实上必须依靠它过去的那种对民主信念的世界责任感"。[2]基于对自身政治与经济组织形态优越性的判断,冷战时期美国利用军事、货币、区域组织等要素,构建了一个"自由主义利维坦",担负起所谓自由世界领导者的重任,试图用美式自由主义秩序的普遍性,来对抗国际共产主义运动的普遍性。[3]与之相应,美国国内大企业也借着美国广泛向第三世界施行"对外援助"的机会,去当地投资建厂,赚取利润,并利用这种"援助"背后的支配与被支配关系压制当地本土企业的发展。而美国政府也毫不忌讳地声称,自己在"对外援助"的同时,还要为本国企业进入当地创造有利条件,使当地的经济结构与法律体系变得更有利于美国投资者。[4]

---

[1] 乔治·凯南著,张小明译:《苏联行为的根源》,载张小明:《乔治·凯南遏制思想研究》,第303页。按:凯南之所以希望美国制定有效的战略来遏制苏联,源于他极端反感苏联的社会主义实践,以至于他认为如果苏联的军事实力有赶超美国之势,那么用核武器来毁灭苏联也是可以的,不必因此而有什么道德上的愧疚。与之相关,他颇为欣赏萨拉查这样的右翼独裁者,认为在他身上体现了"开明专制"的好处。关于这些,参见佩里·安德森著,李岩译:《美国外交政策及其智囊》,北京:金城出版社2017年版,第29、33页。

[2] 罗斯托著,北京编译社译:《美国在世界舞台上:近期历史试论》,北京:商务印书馆1964年版,第597、603页。

[3] 伊肯伯里著,赵明昊译:《自由主义利维坦:美利坚世界秩序的起源、危机和转型》,上海:上海人民出版社2013年版,第141—184页。

[4] 马格多夫著,伍仞译:《帝国主义时代——美国对外政策的经济学》,北京:商务印书馆1975年版,第121—183页。

而如此这般，还能有效地转移国内阶级矛盾，使美国的"新帝国主义"事业得到更多平民阶层的认同，让美国的资本主义秩序越来越稳固。[1]不仅在国内，在国际上，"美国将自己视为自由（主要是自由市场）和私有财产权的首要守卫者。美国为世界各国需要保护的有产者阶级或政治/军事精英提供经济和军事保护。作为回报，这些有产者阶级和精英支持他们所在的国家奉行亲美政策"。[2]

如果说冷战时期美国政学两界关于西方文明优越性的言论是为了对抗社会主义阵营，那么随着苏联解体与东欧剧变，美国国内不少人士遂认为此乃以美国为代表的西方文明的里程碑式胜利，体现出西方文明确实具有普遍性的意义。1990年，美国总统老布什在国会联席会议上强调要建立所谓"世界新秩序"，即让世界上不同国家共同致力于实现人类的普遍理想，包括和平、安全、自由、法治等。[3]但正如相关研究所指出的，这一"世界新秩序"，究其实，"由于美国强调只有自身具有领导世界的资格，而且为了推行新秩序，必须扫除阻碍民主制度的各种障碍，这实际上是要求世界各国承认美国的全球领导地位，并且将清除异己作为冷战战果的重要内容。在实际政策操纵中，这意味着霸权主义、干涉主义和强权政治。表面上看'世界新秩序'为多元化世界勾勒了和谐共处的蓝图，实质上只有那些奉行美国制度、服从美国领导的国家，才有资格成为新秩序中的合法成员。这种世界秩序，虽然缺少'帝国'的正统模式，但它蕴含的等级制度和意识形态标准，抵触多极化格局下国际社会的多元共存，要求一切均统一于美国的地权之下"。[4]对于美国这一国家战略最有代表性的政治哲学诠释，莫过于亨廷顿的学

[1]　保罗·巴兰著，蔡中兴等译：《增长的政治经济学》，北京：商务印书馆2014年版，第212—216页。

[2]　大卫·哈维著，初立忠、沈晓雷译：《新帝国主义》，北京：社会科学文献出版社2009年版，第44页。

[3]　罗凤礼：《布什"世界新秩序"的历史剖析》，《世界历史》1994年第5期。

[4]　胡欣：《美国帝国思想的对外政策含义》，第429页。

生福山的"历史终结论"。福山乐观地宣称，在社会主义遭遇危机的情形下，未来已经没有任何其他的道路能与美国的政治经济体制相竞争了，人类历史发展也就没有其他的可能性存在，美国主导的全球秩序将会无远弗届，国际政治的常态就是科耶夫所说的"普遍同质国家"。未来的人们要想实现自己的人生价值，只能投身于全球自由市场笼罩下的商业与法律活动之中。[1]福山的"历史终结论"就是一套关于西方文明普遍性的政治叙事。在此情形下，美国时常打着维护全球正义的旗号在世界各地进行军事活动。按照这样的逻辑，甚至美国对别国的干涉也不再被视为国与国之间的冲突，而是变成了由美国主导的世界秩序的内部事务，是带有维持治安性质的警察活动。[2]相似地，也有论者指出，在当代，美国实际上主导着一种具有全球广度、基于等级制的国际关系。美国是里头的"主导国"，在世界各地，皆有其"附属国"。在这一等级制里，作为"主导国"的美国建立秩序、制定规则，确保各个"附属国"的政治安全，以此换取其服从。在利益分配上，美国会照顾各个"附属国"的需求，使后者相信在这样的主从关系里，自己能够获得符合预期的收益。当然，作为"主导国"，美国更有权力与能力去规训"附属国"，必要的时候对违反规则的"附属国"进行不同形式的干预。重要的是，如此这般，美国自身当然是好处多多。它不但"从按照有利于本国的方式塑造带有偏向性政治秩序的能力中获益"，而且"国际层面财产权的界定与实施都是不平衡的，通常偏向有利于美国经济利益的方向"。[3]

因此，亨廷顿之所以担忧文明的冲突，就是从思考国际秩序的角

---

[1] 福山著，陈高华译：《历史的终结与最后的人》，桂林：广西师范大学出版社2014年版，第213—221页。

[2] 哈特、奈格里著，杨建国等译：《帝国——全球化的政治秩序》，南京：江苏人民出版社2003年版，第190页。

[3] 莱克著，高婉妮译：《国际关系中的等级制》，上海：上海人民出版社2021年版，第97页。

度出发，重新审视西方文明的普遍性能否成立。在他看来，文明是一个民族全面的生活方式，其中包括价值观、世界观、社会准则、政治体制、语言文字等内容，是不同人群用来树立自我认同的最为核心的要素。[1]而在人类历史上出现过的文明当中，西方文明体现出强烈的将自身视为普世文明的冲动。亨廷顿说：

> 普世文明的概念是西方文明的独特产物。19世纪，"白人的责任"的思想有助于为西方扩大对非西方社会的政治经济统治作辩护。20世纪末，普世文明的概念有助于为西方对其他社会的文化统治和那些社会模仿西方的实践和体制的需要作辩护。普世主义是西方对付非西方社会的意识形态。[2]

正如前文提到的那样，冷战结束之后，美国政学两界一度相信由美国主导的政治秩序与文明秩序将会普及全球，一种以西方文明为核心内容的普世文明将会出现。世界其他国家和地区在融入由美国主导的全球秩序过程中，必然会不断吸收西方文明的内容，比如经济私有制、自由市场、美式宪政体制，甚至包括基督教。经济全球化带来的将是西方文明的普遍化。而所谓的地方性文明，则如福山所设想的那样，"民族群体可以保留各自的语言和身份感，但这种身份感主要表现在文化领域而不是政治领域"。说得更直白一点，它们"只限于私人生活领域"。[3]

相比于那些美国的乐观主义者，亨廷顿冷静地指出，这种西方文明实现其普遍性的场景未必会出现。首先，就西方文明本身而言，它的核心内容并非在世界各地拥有大量簇拥的流行音乐、流行电影与

---

[1]　亨廷顿著，周琪等译：《文明的冲突》，第24—25页。
[2]　亨廷顿著，周琪等译：《文明的冲突》，第58页。
[3]　福山著，陈高华译：《历史的终结与最后的人》，第281页。

美式快餐,而是与基督教传统一脉相承的政治与经济体制。一种文明要想实现普遍性的效果,这一核心内容必须能够广泛地被接受、被实践。但现实却是,西方文明的核心内容很难被非西方国家与地区完全接受与复制,因为那些国家和地区的文明也有各自不可被替代的核心内容。就此而言,西方文明虽然有强烈的实现普遍性的冲动,但其核心内容却是特殊性的。"西方文明的价值不在于它是普遍的,而在于它是独特的。"[1]也正是因为有其特殊性存在,西方文明才能彰显其优越性。而当代美国政治的核心议题,应该是思考如何保护这种"特殊性"。

其次,东欧剧变之后,不少人认为随着全球化的展开,世界各国联系会越来越紧密,加之美国成为后冷战时代世界秩序的主导者,包括英语在内的英美文化将会成为世界各国民众日常生活中不可或缺的组成部分,如此一来,文明之间的隔阂与差异将会被祛除,一个整体的世界文明将会慢慢出现。亨廷顿却认为,从表面上看,全球化确实是一个趋势,在世界各地也确实能见到外观上高度相似的大众文化符号。但越是这样,各国民众越需要树立新的标识来显现自我认同,开始愈发重视自己的传统。换言之,全球化、现代化带来的并非文明的趋同,而是人们开始重新追问我是谁、我从哪里来、我的基本特征是什么。文明成为区分我者与他者的最主要因素。就此而言,表面上看是美国赢得了冷战,社会主义运动在世界范围内陷入低潮,但很多人其实忽视了一点,就是社会主义与资本主义虽然在发展道路上截然不同,但都属于现代性的组成部分,二者之间其实有很多共享的名词与概念,因而是可以互相对话与交流的。可从20世纪90年代以来,全球地缘政治格局发生了不少新变化,人们突然间无法再用社会主义与资本主义来区分彼此,于是就将各不相同的、有着悠久历史的文明作为

---

[1]   亨廷顿著,周琪等译:《文明的冲突》,第368页。

身份标识与彼此界限。也正是因为各国民众不断地从传统文明之中寻找自我认同，实现西方文明普遍性的愿景将越来越渺茫。这也是各种新的政治冲突出现的根源之一。[1]

最后，亨廷顿回溯世界近代史，强调如果一个国家为了实现现代化，或者为了地缘政治的考虑抛弃自己的传统文明，那么随着时间推移，将会变成"无所适从的国家"——既不被周边其他国家真正接受，又因贸然抛弃自己的传统而造成本国内部的文化与社会撕裂。亨廷顿以土耳其为例，认为在凯末尔时代土耳其以西方资本主义国家为样板来改造本国文化，试图祛除长期存在的穆斯林传统，以此与现代西方文明接轨。但随着苏联的解体，西方阵营用土耳其来牵制苏联的意图已不复存在，北约其他信奉基督教的成员国便开始强调土耳其的非西方性，而土耳其国内关于恢复本国传统的呼声也越来越高。虽然土耳其政治精英还抱有与西方国家同一阵营的念想，但这样的关系已经越来越难以延续下去。通过土耳其的例子，亨廷顿揭示相比于短时期内的政治与经济政策，传统文明对于一个国家的巨大影响是不容忽视的。反过来说，即便是非西方国家政治精英想让本国融入西方文明，从结果来看也很难奏效。[2]

因此，只有理解了亨廷顿借由回顾历史与剖析现实，对西方文明是否能够实现真正的普遍性持较为悲观态度，才会理解他为何花了大量篇幅来假设未来的世界将会发生不同文明之间的冲突。面对世界其他国家和地区文明大有复兴之势，亨廷顿认为，对于美国而言，比较现实的应对方案是加强西方国家之间的团结与协作，保持西方国家在技术与军事力量上相比于其他文明的优势，并争取让拉丁美洲与日本成为西方国家的同路人。更为重要的是，对西方国家而言，要"认识到西

[1] 亨廷顿著，周琪等译：《文明的冲突》，第147—148页、第154页。
[2] 亨廷顿著，周琪等译：《文明的冲突》，第156—163页。

方对其他文明事务的干预,可能是造成多文明世界中的不稳定和潜在全球冲突的唯一最危险的因素"。[1]换言之,他劝告西方国家政治家要暂时放弃追求西方文明普遍性的冲动,承认西方文明只是世界各种文明中的一种。当然,这并不意味着亨廷顿同时承认文明之间应多元并存与彼此平等。在他眼里,西方文明之所以有独特性,是因为它有优越性。而这种"优越性"则离不开一种带有普遍性的政治支配手段来维系。换言之,带有普遍性的政治、军事与经济优势是维持西方文明独特性的前提。就此而言,其他文明之所以被重视,不是因为它们值得被欣赏,而是由于它们是西方文明的挑战者或威胁者。之所以会有文明的冲突,说到底就是因为非西方文明在后冷战世界里极不安分。所谓"建立在多文明基础上的国际秩序是防止世界大战的最可靠保障",[2]本质上就是设想以美国为代表的西方文明通过保持军事实力与制定正确战略,让非西方文明知难而退,不去威胁其霸主地位,这样世界也就"和平"了。在这一点上,如果说19世纪以降西方文明自我宣称的普遍性是建立在对非西方文明的"他者化"(包括污名化)之上的,那么亨廷顿此处的逻辑,其实和前者并无根本上的不同。

三、内战:从文明冲突到文化多元主义

理解亨廷顿相关主张的另一个重要维度,是当代美国政治文化史的变迁。在出版于冷战结束之后不久的《大棋局》一书里,布热津斯基虽然颇为傲慢地认为:"在今后一段时间里,或者说在一代人以上的时间内,不可能有任何单个国家向美国的世界首要大国地位提出挑战。"[3]

---

[1] 亨廷顿著,周琪等译:《文明的冲突》,第369页。

[2] 亨廷顿著,周琪等译:《文明的冲突》,第381页。

[3] 布热津斯基著,中国国际问题研究所译:《大棋局:美国的首要地位及其地缘战略》,上海:上海人民出版社2015年版,第159页。

但是，他却担心美国内部出现导致美国国力下降的因素，这就是美国的文化品质问题。他强调："美国文化上的变化也可能与其在国外持续行使真正的帝国性力量不相协调。这种力量的运作要求有强烈的意识形态动因、理念上的承诺和爱国主义的满足。然而，这个国家的主导文化已经变得日益定位在大众娱乐上，极大地受控于个人享乐和逃避社会责任的主题。日积月累的结果是，美国更难为长期保持有时代价很高的海外领导地位而激发必要的政治共识。"[1] 与之相似，在《文明的冲突》一书里，颇具忧患意识的亨廷顿向西方国家政治人物这样喊话："西方文明与其他文明的不同之处，不在于发展方式的不同，而在于它的价值观和体制的独特性。"因此，在后冷战时代其他文明大有崛起之势的背景下，"西方领导人的主要责任，不是试图按照西方的形象重塑其他文明，这是西方正在衰弱的力量所不能及的，而是保存、维护和复兴西方文明独一无二的特性。由于美国是最强大的西方国家，这个责任就不可推卸地主要落在了美利坚合众国的肩上"。[2] 在他看来，应对即将到来的文明冲突，制定正确的对外战略固然重要，但更关键的是西方国家内部要实现政治、经济与文化整合，重新激活西方文明自身的生命力。这体现出作为"现实主义的保守主义者"，亨廷顿既坚守西方文明，特别是新教主义的基本价值，又能较为冷静地审视美国所面临的政治与文化挑战。[3]

也正因为这样，在《文明的冲突》一书里，亨廷顿敏锐地察觉到以美国为代表的西方文明正遭遇颇为严峻的内部危机，即文化多元主义对西方文明核心价值的冲击，而这一文化现象很可能酝酿成新的政治危机。他说：

---

[1]　布热津斯基著，中国国际问题研究所译：《大棋局：美国的首要地位及其地缘战略》，第172页。

[2]　亨廷顿著，周琪等译：《文明的冲突》，第368页。

[3]　欧树军：《亨廷顿：一个现实主义的保守主义者》，《文化纵横》2019年第3期。

在历史上，美国的民族认同在文化上是由西方文明的遗产所界定的，在政治上则是由美国信条的原则所界定的……20世纪末，美国认同的这两个组成部分受到了为数不多但极有影响的知识分子和国际法专家集中而持久的攻击。他们以多元文化主义的名义攻击美国对西方文明的认同，否认存在着一个共同的美国文化，提倡种族的、民族的和亚民族的文化认同和分类……正如我们已经看到的，另一些国家的领导人有时企图摒弃本国的文化遗产，使自己国家的认同从一种文明转向另一种文明。然而迄今为止，他们非但没有成功，反而使自己的国家成为精神分裂的无所适从的国家。美国的多元文化主义者同样拒绝接受本国的文化遗产。然而，他们并非要美国认同另一种文明，而是要建立一个拥有众多文明的国家，即一个不属于任何文明的、缺少一个文化核心的国家。历史表明，如此构成的国家不可能作为一个具有内聚力的社会而长期存在。一个多文明的美国将不再是美利坚合众国，而是联合国……摒弃美国信条和西方文明，就意味着我们所认识的美利坚合众国的终结。实际上这也意味着西方文明的终结……多元文化主义者与西方文明和美国信条维护者之间的冲突，用詹姆斯·库尔思的话来说，是西方文明美国部分之中的"一场真正的冲突"。美国人无法回避这样的问题：我们是西方人，还是其他什么人？美国和西方的未来取决于美国人再次确认他们对西方文明的责任。[1]

亨廷顿指陈的这一现象，在布鲁姆的《美国精神的封闭》一书里有更为具体的描述。布鲁姆强调，自从20世纪70年代文化多元主义在美国大学内兴盛起来开始，高等教育领域就流行用一种道德相对主义或价值相对主义的立场去授课，让学生觉得许多被奉为人文经典的著作

---

[1]　亨廷顿著，周琪等译：《文明的冲突》，第360—362页。

都是带有特定价值偏见的文本，需要从多元主义的立场予以解构。大学生不再对经典的神圣性产生认同，不再顺着经典所启示的路径去思考深刻的政治问题，而是一面主张以自我为中心去衡量一切，一面将本来属于政治领域的问题变为经济问题或文化问题。布鲁姆警告人们，在这样的教育风气下，"祖国、宗教、家庭、文明的观念，处于茫茫宇宙和个人之间、为人提供在整体中的位置感的一切情感因素和历史因素，都被理性化了，从而也失去了强制力。人们不觉得美国是一项共同的事业，它只是个框架，里边的人民全是孑然一身的个体。如果说存在着一项事业的话，那就是让那些据说处境不利的人也过上舒心的生活"。[1]在这个意义上，文化多元主义的兴起，堪称一场不断损耗、侵蚀美国核心价值观的文化内战。

　　之所以会这样，和二战之后美国文化左派的兴起对美国传统政治文化的冲击极有关系。第二次世界大战结束之后，美国进入一个经济高速发展的繁荣时期，人均收入有明显的提高，中产阶级的体量不断增大，新的科学技术不断被应用到资本主义生产之中，制造出许多精美的消费品，一个喧嚣而热闹的消费时代由此降临。表面上看起来，美国社会显得繁荣而富足。但与此同时，美国的文化领域却变得越来越保守与僵化，科技发达带来了人的信仰与认同层面的严重危机，不少青年人感到异化与孤独，道德虚无化的思想开始在社会上蔓延。在政治、经济、军事等领域，资本主义垄断集团和金融寡头运用新技术来控制美国社会的能力越来越强；作为极具实力的"军事–工业综合体"的美国在世界范围内不断干涉他国内政，不惜运用武装颠覆的手段对付不合自己心意的政权，最终却在越南战争中深陷泥沼；美国国内愈发突出的种族矛盾也让美国极力标榜的政治理念黯然失色；资本主义经济一片大好的表象下，仍有大量民众处于贫穷无告的境遇，分配不

---

[1]　布鲁姆著，战旭英译：《美国精神的封闭》，南京：译林出版社2011年版，第40—41页。

公、贫富悬殊的现象仍普遍存在。

在此背景下,以大学生和青年知识分子为主要参与者的文化左派运动开始在美国社会出现。他们抨击教育领域的僵化、不平等与其他制度性弊病;批判美国种族主义歧视,支持黑人解放运动;抗议美国在世界各地,特别是在越南的军事行动,同情第三世界国家的革命运动;揭示在资本主义意识形态的规训之下,尽管大多数美国人仅满足于物质生活上的享受,但在精神与道德层面却极为空虚。他们先是集会游行,发表宣言,然后罢课上街,组织抗议示威,最终越来越激烈化,或是走向缺乏组织的暴力行动,或是用怪诞的行为来表达自己的愤怒。虽其情可悯,其志可哀,但如此这般,却使他们越来越难以获得美国一般劳工大众的支持。

从思想史的角度分析,美国文化左派的重要理论来源之一是二战后的法兰克福学派。后者的一个基本理论预设就是认为资本主义发展到了新的阶段,作为之前主要革命动力的工人阶级被以不同的方式整合进现今的资本主义体制当中,成为这一体制的受益群体。加之苏联社会主义建设中的各种弊端不断暴露并被越来越广泛地报道,因此,批判者们唯一能坚守的就是保持自身理论的批判性,他们的着力点也就从传统马克思主义的政治经济学分析转变为对文化问题与哲学问题的高度关注,体现出极强的知识分子色彩。[1]就此而言,文化左派思潮本身就带有明显的政治属性。它认为要想继续推进革命,需将批判重心从政治经济学转移至文化、身份、族群、性别,在文化领域打开批判西方资本主义体制的缺口。对此,约瑟夫·迪昂在《为什么美国人恨政治》一书里分析文化左派时指出:"新左派始终主要是一场中产阶级运动,甚至是中产阶级上层的激进主义运动。它在工人阶级中的根基并

---

[1]　张一兵主编:《当代国外马克思主义哲学思潮:西方马克思主义的科学主义思潮、法兰克福学派和英国"文化左派"》,南京:江苏人民出版社2012年版,第291—292页。

不稳固，甚至并不存在。即便在它最民主的时刻，即《休伦港宣言》发表时，新左派也显示出对其他美国人的某种蔑视。"因此，"年轻左派分子把工人阶级一笔勾销的同时，工人阶级也把年轻左派分子一笔勾销了。警察和建筑工人觉得他们完全有理由挥舞拳头和警棍教训这些纨绔子弟。20世纪60年代末理查德·尼克松和乔治·华莱士所代表的政治右派，则很高兴把工人阶级从马尔库塞的垃圾堆里捡回来，收获他们的选票"。[1] 大多出身于中上层家庭的文化左派簇拥在大学里大搞文化批判，引起了不少对美国主流价值观依旧十分信服的民众的强烈不满，这让新保守主义获得更多人的支持。迪昂认为："新左派点燃大学，让新保守主义觉得是可忍孰不可忍。尽管很多新保守主义者不信任新阶级的成员，他们却深深地信任培育这些新阶级的大学。很多新保守主义者是穷人家的儿女，发现在学院里有他们晋升的机会。对于新保守主义者来说，大学远不止一个获得身份和权力的路径。他本身就是良好社会的规范。大学既是富于权威的地方，也是自由统治着的地方。对于很多新保守主义者来说，把占据学校行政楼的新左派和当代烧书的小纳粹画等号，没有什么不合适的。"[2] 与之相似，施莱辛格也认为，文化左派兴起后，传统的左翼与右翼出现了颠倒之像。即过去强调普遍性与理想主义的左翼越来越立足于比较小圈子化的种族、身份、性别，反而让过去强调民族利益的右翼看上去在代表多数人。如此一来，左翼的力量被削弱了，它的观点只能在特定圈子里受到认同。[3]

因此，这些人除了抨击前文提及的美国社会诸痹症，还强调在文化领域要进行一番大批判，因为这大概也是他们唯一能够真正涉足并有

---

[1]　约瑟夫·迪昂著，赵晓力等译：《为什么美国人恨政治》，上海：上海人民出版社2020年版，第44页。
[2]　约瑟夫·迪昂著，赵晓力等译：《为什么美国人恨政治》，第62页。
[3]　施莱辛格著，王聪悦译：《美国的分裂：对多元文化社会的思考》，上海：上海译文出版社2022年版，第121—123页。

一定发言权的领域。随着美国社会代际隔阂越来越大、以电视为代表的大众媒体的兴起、资本主义意识形态话语与美国的基督教伦理难以让年轻一代信服等原因,文化左派的参与者们开始提倡文化上的"解放",召唤真正的"人道",把文化领域里大搞"革命"视为批判资本主义的重要组成部分,希望通过这样的批判来唤醒更多潜在的革命同路人。而其主要的批判方式,则是将传统马克思主义政治经济学的阶级分析,转变为从文化、身份、性别等领域对社会与国家进行解构,宣称要凸显被主流文化"压抑"的"多元声音",要重视少数特殊群体的文化表达权利,要抛弃各种论证政治与文明合法性的"宏大叙事"。

在亨廷顿看来,这无疑是将文明冲突从文明与文明之间转移到了西方文明内部。2004年,他出版了《谁是美国人?》一书。他认为美国国内政治文化当中以所谓"盎格鲁—新教"文化为核心特征的"美国特性"在文化多元主义的冲击之下显得越来越脆弱。在他看来,"国内特性"并非仅是文化层面的符号或象征,而是与美国内外政策的制定息息相关。"国家利益来自国民特性,要知道我们的利益是什么,就得首先知道我们是什么人。""对外政策上的争论,其根源就在于我们在国内是什么人这一方面有争论。"[1]当然,亨廷顿在定义"美国特性"之时,一方面无视在白人殖民者到来之前,北美大地上已有印第安土著居民长期生活在此的事实,也无视所谓"盎格鲁—新教"文化在北美大地上实践的历史,包括了白人精英奴隶主长期奴役、压榨奴隶进行超强度劳作的历史,因此其定义显得尤为自负与傲慢;但另一方面,大概也正是由于有这样的自负与傲慢,亨廷顿认为美国基于其"美国特性"而生的所谓"道德主义",在复杂的世界政治现实当中,反而很难真正有机会传播开来。因此,"美国特性"很大程度上只属于白人精英阶层。在

---

[1]　亨廷顿著,程克雄译:《谁是美国人?——美国国民特性面临的挑战》,北京:新华出版社2010年版,第8、9页。

这个意义上，亨廷顿认为"美国特性"所面临的挑战，其实与他对于文明冲突的思考极为相似，只是后者是从外部威胁到以美国为代表的西方文明，前者属于美国内部出现的文化内战。

在20世纪70年代撰写《美国政治》一书时，面对彼时美国大学里风起云涌的政治抗议活动，亨廷顿并没有像一些保守派人士那样对之口诛笔伐，认为此乃共产主义国家的"阴谋"，而是巧妙地将20世纪60年代后期出现的学生运动纳入美国立国精神内部的张力之中，认为在那些追求进步与解放的大学生身上，恰恰体现了美国立国精神当中基于强烈的道德热情而对于激进民主的向往，是美国立国精神里的批判潜质对美国现实政治中的"建制思维"的监督与修正。如此一来，那些秉持文化左派观念的大学生，非但没有自外于美国政治传统，反而是在提升美国政治的活力。[1]如此这般的诠释，与其说显现出亨廷顿敏锐的政治思维能力，不如说他那时对美国的政治状况与国家地位仍然抱有比较强的信心。

而到了撰写《谁是美国人？》的时候，亨廷顿显然已经没有往日的自信了。他除了担忧不断涌入美国的非"盎格鲁—新教"群体的移民会不停地稀释所谓"美国特性"，更担忧美国国内的政治精英因为秉持文化多元主义的缘故，而成为美国政治传统的背叛者或颠覆者。其具体表现为：

> 解构主义者鼓吹提高各种亚民族的种族群体和文化群体的地位和影响。他们鼓励移民保持其原出生地的文化，给他们提供一些法定的特权（在美国出生的美国人却享受不到的特权），把美国化的主张谴责为"非美"思想。他们力促改写历史教学大纲和

---

[1]　亨廷顿著，先萌奇、景伟明译：《美国政治：激荡于理想与现实之间》，北京：新华出版社2017年版。

教科书,把宪法上的单数美国人民改为美国"各族人民"。他们要求往美国历史补充各亚民族群体的历史,或以后者取代前者。他们贬低英语在美国生活中的中心地位,鼓吹双语教育和语言多样化……他们提出多文化主义理论,用以为他们的行动找依据,还鼓吹美国压倒一切的价值观应是多样性,而不是统一一致。凡此种种加在一起,其效果就是要使300余年逐渐建立起来的美国特性解构,让亚民族特性代之而起。[1]

这些主张乍看上去俨然带有极强的为弱势群体代言与反对精英宰制社会的特征,但亨廷顿却一针见血地指出,秉持这些主张的人,多为"美国学术界、媒体界、商界及专业界精英中一些很有分量的人士与政界人士",而"这一解构主义同盟并不包括多数美国人"。[2]之所以会这样,是因为在经济全球化的背景下,不少精英群体已不再依靠本国来实现事业成功,而是与跨国资本和跨国机构打成一片,坐着飞机往返于世界各地,出入于各种精英阶层汇聚的场合,形成一个"全球特权等级"。他们是"超国家主义者,不需要对国家有什么忠诚,认为国界是碍事的障碍"。[3]本国民众在他们眼里变得越来越不重要,与他们越来越没有关系。他们之所以强调文化多元主义,主要是可以凭此与大多数对本国文化仍有强烈认同感的民众区隔开来,凸显其高度精英化的"世界公民"的新身份。在亨廷顿笔下,这些人俨然是文明内部的背叛者。作为亨廷顿的学生,福山在出版于2018年的《身份政治》一书里对这个群体则有更为犀利的剖析:

> 对某些进步主义者而言,身份政治成了严肃思考的廉价替代

---

[1] 亨廷顿著,程克雄译:《谁是美国人?——美国国民特性面临的挑战》,第106页。
[2] 亨廷顿著,程克雄译:《谁是美国人?——美国国民特性面临的挑战》,第106页。
[3] 亨廷顿著,程克雄译:《谁是美国人?——美国国民特性面临的挑战》,第196页。

物，让他们不用再去考虑如何扭转这三十年里多数自由民主国家的社会经济更趋不平等的趋势。在精英圈子里争论文化议题，比争取资金、说服立法者放下疑虑改变政策容易得多。最打眼的身份政治发生在20世纪80年代以来的大学校园里。大学课程可以通过在阅读书目中增加女性和少数族裔作者，改起来相对容易；而改变问题群体的收入或社会状况则要难得多。近年来作为身份权利诉求焦点的多个选民群体，如硅谷女高管、有抱负的好莱坞女演员和女制片人，高居收入分布的顶端。帮她们实现更大的平等是好事，但是丝毫不能消除那1％和余下的99％之间的醒目差距。[1]

人们可以说亨廷顿对美国特性的强调体现的是他作为传统白人精英阶层的傲慢，这完全没有问题。但是，借着亨廷顿与福山对美国秉持文化多元主义的精英阶层的剖析，我们似乎可以看到一些在当代许多国家里普遍存在的特征。亨廷顿根据对美国内部文化政治状况的分析，指陈了一个未来文明冲突的新现象，就是不同文明之间固然还会有各种纷争存在，但文明内部的自我解构与自我背叛在很长一段时间里可能会成为常态，这样的自我解构与自我背叛带有极强的政治属性，是当代政治斗争中不容回避的问题。而实践这些主张的群体往往并不附属于某一特定的文明，而是在近30年来的历史变迁中，随着全球资本流动越来越频繁、跨国资本的力量不断冲破国家边界背景下出现的无国籍精英。凡此种种，是思考未来国际政治局势之时不容忽视的重要课题。在这个意义上，文明的冲突也好，文化多元主义的内战也罢，如果脱离了政治经济学的研究方法，忽视了美国自身社会结构中的经济与社会问题，那么就很容易将社会经济问题扭曲成文化或文明问题，将阶级矛

---

[1]　福山著，刘芳译：《身份政治：对尊严与认同的渴求》，北京：中译出版社2021年版，第114页。

盾扭曲成文明冲突。[1]

在这个意义上，重新回看理查德·罗蒂的观点，即力图挖掘美国社会里本土的"改良左派"传统——由人民管理国家政权、减少阶级压迫、重视社会公平、从分配的角度思考经济问题等，就颇有意义了。[2]因为这至少体现了对真实存在的、关乎大多数普通人生存的问题的切实关心。而罗蒂对文化左派兴盛原因的剖析，也足以为亨廷顿晚年的忧虑做一注脚：

> 我们这类人（按：指的是该书前面提到的"世界范围内受过教育、生活舒适的专业人员"）的任务是，确保核心党做出的决策得以顺利高效地执行，这样才能使我们这个阶级富有和幸福。这完全符合国际超级富人阶层的利益。因为在每个民族-国家，他们都需要一些人充当政治阶级。为了平息无产者的不满，超级富人阶层佯称国家政治总有一天会有所改观。既然经济决策是他们的特权，他们就鼓励左右两翼的政客专门解决文化问题。其目的是把无产者的注意力转移到别处——使底层那75%的美国人和底层那95%的世界人口纠缠于种族和宗教冲突中，使他们为性道德而争论不休。如果媒体制造出来的伪事件，包括偶尔爆发的短期血腥战争，能够使无产者忘记自己的绝望，超级富人阶层就没有什么后顾之忧了。[3]

你说这是文化或文明问题，还是阶级问题？环球同此凉热。以研究民

---

[1]　关于最近40余年来美国阶级结构的变化、阶级固化现象越来越普遍、贫富差距越来越大等问题的分析，参见怀松、佩卢奇、赖特等著，张海东等译：《新阶级社会：美国梦的终结？》，北京：社会科学文献出版社2019年版，第20—41页。

[2]　理查德·罗蒂著，黄宗英译：《筑就我们的国家：20世纪美国左派思想》，北京：生活·读书·新知三联书店2014年版，第1—53页。

[3]　理查德·罗蒂著，黄宗英译：《筑就我们的国家：20世纪美国左派思想》，第64—65页。

主政治为业的普沃斯基认为，当代的民主正遭遇严峻的危机。因为"这场危机不仅是政治的危机；它深深地扎根于经济与社会之中"。[1]

四、结语

　　亨廷顿在冷战结束后提出文明冲突论，实际上是在对美国的内外政治环境进行新的评估。但要想全面把握其论述，则需将其观点置于西方近代政治思想史的流变之中进行审视。他在思考文明问题时，不忘以敌我关系区分西方文明与非西方文明，这与作为近代西方殖民扩张的意识形态话语的文明论一脉相承。而他之所以感受到文明之间有冲突的危险，本质上是对西方文明是否具有普遍性表示怀疑。他认为西方文明既是特殊的，又是优越的，要想维持其地位，就必须保证有一个符合美国国家利益的外部环境。而所谓"美国国家利益"，除了地缘政治与军事等显而易见的因素，还包括了美国对全世界进行资本输出，利用相关国际金融机构来影响、控制全世界许多国家与地区的经济发展模式，实现美国自身经济利益的最大化。而面对美国社会声势越来越大的文化多元主义思潮，他更是担忧长此以往，西方文明内部将会出现自我否定之风，最终导致美国国家特性日渐衰弱。在他看来，未来除了不同文明之间依然会有冲突，西方文明内部因文化多元主义而生的文化内战更是需要注意的严峻的政治问题。

　　亨廷顿纵论世界各种文明，认为儒家文明之所以值得注意，不是因为他在乎不同文明之间的交流，而是因为蒸蒸日上的中国是美国在处理对外关系时必须直面的现实。他很直白地说："如果中国的经济继续发展，这可能是21世纪初美国政策制定者面临的唯一最严峻的安全问题。"中国的崛起"迫使美国接受它在历史上曾经试图防止的事情：

---

[1]　普沃斯基著，周建勇译：《民主的危机》，上海：上海人民出版社2022年版，第176页。

世界上的一个关键地区由另一个大国所主宰"。[1]这其中的敌我思维
是不言而喻的。因此,在讨论亨廷顿对文明问题的思考之时,不禁让人
想起中国传统思想当中对于"文明"的定义。《周易》贲卦云:"文明以
止,人文也。"王弼在《周易注》里对这段话的解读是"止物不以威武,
而以文明,人之文也"。[2]朱熹在《周易本义》里则解释为"止,谓各得
其分"。[3]二者合而观之,显示出在中国古代先贤眼中,"文明"象征着
一种不以兵戈为手段,让万物各得其所的理想状态。以此为标准来看
亨廷顿对于文明冲突的论述,特别是他时刻不忘区分敌我、时刻不忘如
何让以美国为代表的西方文明在政治与经济领域保持优越性,其所谓
"文明",很可能恰恰是比较不文明的。而亨廷顿的这些思考也绝非只
是他个人的看法,实则是西方近现代史上关于扩张、征服、殖民、制衡的
政治实践及其背后意识形态的延续。这也需从历史的角度来分析其观
点,方能更全面把握其旨趣的原因所在。当然,作为一名颇有洞见的政
治学家,亨廷顿对晚近西方世界"文化内战"的描述值得人们的重视。
总之,他的文明论述堪称一面镜子,既能使人看清许多需要直面的历史
与现实问题,特别是美国这个国家的政治传统,又能不断地审视自己:
中华文明之所以有魅力,难道仅是因为有可能成为前者的2.0版吗?

---

[1]　亨廷顿著,周琪等译:《文明的冲突》,第264、270页。
[2]　王弼:《周易注》,北京:中华书局2011年版,第121页。
[3]　朱熹:《周易本义》,北京:中华书局2009年版,第104页。

"新史学"与"旧世界"

  史学往往与世变相伴而行。一位成熟的历史学家,不会忽视周遭局势的变动,不会对自己所生活的时代无动于衷,不会将一头扎进故纸堆里寻章摘句、大搞烦琐考据视为治史的唯一要义。时代的变动往往能激发他们从新的角度去思考历史问题,他们的思考也总能以各种各样的形式和家国兴衰、生民休戚、世运良莠联系起来。

  在中国近代史上影响极大的梁启超就是一位对时代变局十分敏感的人物。张荫麟说:"任公于学,所造最深者唯史。"其史论"置之世界史著作之林,以质而不以量言,若吉朋,麦可莱,格林,威尔斯辈,皆瞠乎后矣"。[1]周予同梳理晚清以降的史学流变,亦言梁启超"在现代史学史上确已有其不可磨灭的功绩"。[2]正如他们所论,梁启超意识到在中国传统学术里史学占有十分重要的位置,历代史籍既是人们效法先贤之前言往行立身处世的主要凭借,又是人们思考政治与社会问题的重要参考。此外,随着戊戌变法失败后流亡日本,梁启超广泛阅览经由日本学者译介的近代西方社会科学论著,对近代以来的政治、经济与社会变动有了更为完整的认识,他希望借鉴近代西方史学理论来改造中国

---

[1] 张荫麟:《跋〈梁任公别录〉》,载张云台编:《张荫麟文集》,北京:教育科学出版社1993年版,第557—558页。

[2] 周予同:《五十年来中国之新史学》,载邓秉元编:《中国经学史论著选编》,上海:复旦大学出版社2015年版,第362页。

传统史学，创造能在近代民族国家林立之世里为中国救亡图存事业添砖加瓦的"新史学"。用他自己的话说，"今日所需之史，则'国民资治通鉴'或'人类资治通鉴'而已"。[1]从现代中国历史学科的发展史来看，梁氏导夫先路之功不可磨灭，他的《新史学》也受到当代史学理论与史学史研究者的高度重视。而他在相关史学论著里反复提到的政治概念，也成为近代中国政治变革与文化变革的重要内容，并在很大程度上塑造了近代中国学术话语体系的基本面貌。[2]

但正像人类史学史上任何时期的史学范式都深受当时的政治与社会思潮影响那样，梁启超的"新史学"，虽然对比于中国传统史学，确有"新"之处，但其实也与他所了解的19世纪以降的政治思潮有着千丝万缕联系。后者的具体形态与现实所指，影响着梁启超对于历史学与历史大势的理解。梁启超身处清末救亡图存呼声高涨、世界范围内帝国主义扩张越发凶猛之际，自然难以冷静从容地辨别其中良莠，而是常将流行之物径直奉为药石之言。就此而言，站在今天的角度，以后见之明看梁氏的史学实践，就会发现其中不无值得商榷与反思之处。而只有充分反思一百多年前的"新史学"，辨析其语义、梳理其渊源、明晰其所指，才能在新的形势下构建出符合人类共同追求之价值的新"新史学"。

---

[1]　梁启超：《中国历史研究法》，上海：上海古籍出版社1998年版，第3页。

[2]　王汎森：《晚清的政治概念与"新史学"》，载《中国近代思想与学术的系谱》，台北：联经出版事业公司2003年版，第195—220页。此外，最近二十年，学界对于梁启超"新史学"及其实践也有不少的研究。但多聚焦于史学理论与史学史领域，即彰显梁启超的思考对于中国现代史学的意义，尤其是将《新史学》不断赋予经典化的意义。与此同时，也有一些研究揭示了梁启超"新史学"思想与明治时代日本学术界之间的紧密关联，从文化交流史的角度探讨梁启超相关思考形成的过程。这些研究是很有意义的。不过，对于今天而言，继续将《新史学》经典化其实已经意义不大，而除了从文化交流史的角度分析梁启超的思想，更需将其置于19世纪以降世界范围内普遍出现的政治与学术思潮中去考察。此外，还需将他对于历史学的思考，置于清末的政治氛围中去理解。这样或许能更为清楚地看出梁启超思想的底色、贡献与限度。

一、"新史学"的基本内容

梁启超的《新史学》发表于1902年。此前一年，他发表了《中国史叙论》，对中国史的范围、中国史与周边史及世界史的关系、中国历史上的人种问题、中国历史上的纪年问题与时代划分问题展开讨论，从中可以很明显看到近代民族主义思潮以及与近代殖民主义意识形态关系颇为紧密的人种学与地理学对他的影响。而在《新史学》中，他一方面延续并深化了对这些问题的探讨，一方面较为全面地阐述了他对于当时中国所急需的历史学新范式的认识。

在《新史学》中，梁启超批评中国传统史学知有朝廷而不知有国家、知有个人而不知有群体、知有陈迹而不知有今务、知有事实而不知有理想、能铺叙而不能别裁、能因袭而不能创作。梁氏指出，有此六弊，中国传统史学既在学理与知识层面疏漏甚多，又难以承担在世变之下培养国民国家意识与政治能力之责，因此辄需先破后立、改弦易辙。

纵观19世纪世界史，随着因法国大革命的涟漪效应而出现的传统王朝体系的瓦解，民族主义风行一时。它既是列强借以对内集权、对外扩张的政治意识形态，又是新兴民族国家构建政治认同、鼓舞民气、增强国力、抵御外侮的思想利器。而在19世纪初，圣西门就观察到："从这个时期起，实业界发生的作用是无法估计的。它囊括了一切，它掌握了一切。""政府成了实业界的纳贡者，政府完全从属于实业界。"[1]诚如其言，对于因资本主义发展而登上历史舞台的欧洲各国资产阶级而言，民族主义大概是最能有助于确立自己与国家的关系、彰显自己在政治与商业活动中的重要性、将自己的政治与经济利益上升为国家层面的

---

[1]　圣西门著，董果良等译：《论实业体系　实业家问答》，北京：商务印书馆2022年版，第359页。

政策主张的学说。[1]在这个意义上,民族国家固然需要动员本国民众
时常为国家做贡献,甚至付出牺牲,但新兴的政治与经济主导阶级同样
也离不开民族国家。彼此之间一荣俱荣,一辱俱辱。也正因为这样,欧
洲各国的不少重视资产阶级政治地位与经济作用的知识阶层,都积极
参与构建本国的民族主义论述。[2]饱含经世之志的马克斯·韦伯就强
调:"民族国家绝非只是单纯的'上层建筑',绝非只是经济统治阶级的
组织,相反,民族国家立足于根深蒂固的心理基础,这种心理基础存在
于最广大的国民中,包括经济上受压迫的阶层。只不过,在通常情况下
这种政治本能仍沉淀在大众的深层意识里。但正因为如此,经济政治
领导阶层的特殊职能恰恰就是要成为民族政治意识的担纲者,事实上
这是这些阶层存在的唯一政治理由。"而所谓"政治成熟",指的就是
经济政治领导阶层"能够把握本民族长远的经济政治'权力'利益,而
且有能力在任何情况下把这一利益置于任何其他考虑之上"。[3]

　　基于对时代氛围与中外政治态势的高度敏感,梁启超也说:"民族
主义者,世界最光明正大公平之主义也。不使他族侵我之自由,我亦
毋侵他族之自由。其在于本国也,人之独立;其在于世界也,国之独
立。使能率由此主义,各明其界限以及于未来永劫,岂非天地间一大快
事!"[4]而"史学者,学问之最博大而最切要者也,国民之明镜也,爱国心
之源泉也。今日欧洲民族主义所以发达,列国所以日进文明,史学之功
居其半焉"。因此,"今日欲提倡民族主义,使我四万万同胞强立于此
优胜劣败之世界乎,则本国史学一科,实为无老无幼、无男无女、无智无

[1]　布林顿著,王德昭译:《西方近代思想史》,上海:华东师范大学出版社2005年版,
　　　第186页。
[2]　霍布斯鲍姆著,李金梅译:《民族与民族主义》,上海:上海人民出版社2006年版。
[3]　马克斯·韦伯:《就职演说:民族国家与经济政策》,载甘阳选编,甘阳、李强等译:
　　　《民族国家与经济政策(修订译本)》,北京:生活·读书·新知三联书店2018年版,
　　　第108、109页。
[4]　梁启超:《国家思想变迁异同论》,载吴松等点校:《饮冰室文集点校》第2集,第767页。

愚、无贤无不肖所皆当从事，视之如渴饮饥食，一刻不容缓者也"。他甚至声称："史界革命不起，则吾国遂不可救。"[1]基于此，梁启超着重阐释新史学中合群保国、激扬民气、传导现代国家意识、洞察世界大势之意。而从世界近代史学发展史来看，梁启超的这番论述，与当时世界大多数国家的民族主义史学研究范式若合符契。[2]就此而言，梁启超对时代氛围的把握是颇为准确的。

梁启超指出："历史者，叙述人群进化之现象，而求得其公理公例者也。"[3]所谓"公例"，如解释为归纳总结复杂历史现象，进而形成一种哲学层面的历史观的话，那么中国传统学术里也有丰富的内容。无论是春秋公羊学的通三统、张三世（梁氏自己早年就受此影响），还是先秦法家强调的"上古竞于道德，中世逐于智谋，当今争于气力"，甚至孟子主张的"五百年必有王者兴"，包括南宋朱熹与陈亮对于三代以下是否有圣人的辩论，其实都涉及这一层面的思考。但梁启超此处所讲的"公例"，实为肇始于启蒙运动，在19世纪被不断改造与宣传，复由明治时代的日本学者译介至东亚的社会进化论。惯于用社会进化论分析政治问题，并对梁启超有不小影响的加藤弘之就说："盖宇宙宛如一大修罗场，万物为各保自己生存，遂自己之长育，常努力于此一大修罗场竞争而相互决一胜败。""凡竞争起，必然优者获先而压倒劣者，以致无不制之者。"[4]作为一种政治意识形态，社会进化论对内强调集聚民力、抒发民气、合群名分，对外则主张优胜劣汰，适者生存，将国与国之间的竞争与对抗视为大势所趋。某一国家若不能秉持此道来自我改变，则难

---

[1] 梁启超：《新史学》，载吴松等点校：《饮冰室文集点校》第3集，昆明：云南教育出版社2001年版，第1628、1631页。
[2] 伊格尔斯、王晴佳著，杨豫译：《全球史学史——从18世纪到当代》，北京：北京大学出版社2011年版，第71—116页。
[3] 梁启超：《新史学》，载吴松等点校：《饮冰室文集点校》第3集，第1633页。
[4] 加藤弘之：《人权新说》，载张允起等编译：《日本明治前期法政史料选编》，北京：清华大学出版社，第362、370页。

逃被历史进程淘汰的命运。一旦如此,其灭亡纯属咎由自取,没什么可惋惜的。而近代史学的任务之一就是通过叙述人类发展的历程,呈现这一历史进化过程的必然性与残酷性,将民族主义下沉至广大国民之中。

对此,梁启超指出:"善为史者,必研究人群进化之现象,而求其公理公例之所在。""历史者,以过去之进化,导未来之进化者也。"史家应"求得前此进化之公理公例,而使后人循其理、率其例以增幸福于无疆也。"[1]通过阅读历史而明晰优胜劣败、适者生存这一"公理公例",颇有助于使国民心生忧患意识,自觉投身于救亡图存运动之中。因此,对中国而言,"新史学"既非着眼于记载前言往行以供统治阶级修身齐家之用,又与传统王朝正统论以及衍生而出的书法、纪年、褒贬之道大相径庭。可以说,正是因为梁启超饱含忧患意识,意识到了中国要想在列强环伺的局面下自立,必须从传统王朝体制转变为近代民族国家,因此才十分积极地介绍"新史学",由此构筑作为近代民族国家的中国的意识形态根基。

在18、19世纪,随着英国等资本主义国家生产力水平的飞速提高,开始进一步将自己的政治与经济力量扩张到全世界,资本主义体制看起来蒸蒸日上,欧洲文明的正面形象被有意识地塑造。而作为对比或参照对象的非西方地区,就呈现出一种更为"低劣"的样貌,西方人斥之为"半文明"人或"野蛮"人,认为后者应该心甘情愿地接受一个高级的文明即欧洲文明的统治。[2]在此背景下,许多滥觞于19世纪的"科学"或"学科",比如人类学、博物学,甚至历史学与政治学,用各种"证据"来"论证"这一点。比如非西方地区的文字如何缺乏逻辑、生活习俗如何"低劣"、政治制度如何"落后"、伦理道德如何"野蛮"、缺

---

[1]   梁启超:《新史学》,载吴松等点校:《饮冰室文集点校》第3集,第1633、1634页。

[2]   马兹利什著,汪晖译:《文明及其内涵》,北京:商务印书馆2017年版,第56页。

乏像基督教那样的宗教信仰等。许多近代西方知识分子都不约而同地参与不断完善这一意识形态工程。在其中,"种族"被视为一个绝佳的证明非西方文明低于西方文明的关键。正如论者所言:

> 他们认为欧洲文明是优越的,有一个不变的实体:种族。因此,文明之门,或者至少是西方模式之门关闭了,紧紧地将野蛮人关在门外。因此,文明与野蛮的二元之分又以一种新的形态保存下来,大多数欧洲人视此为理所应当。现在,若要消除"其他民族"的野蛮性,唯一的途径是以欧洲文明的名义将他们扫到一边,不予理睬,文明可能是欧洲人独占的产业。[1]

政治与经济的"支配—被支配"关系必然会带来思想文化上的单向"输出—接受"关系。这样的意识形态对19世纪以降的东亚攻学精英影响极大。[2]不少人自觉或不自觉地接受了这样的话语,将其内化为自己分析历史与现实问题的重要依据。在《新史学》中,梁启超用专章论述"历史与人种之关系"。他指出:"历史者何?叙人种之发达与其竞争而已。舍人种则无历史。"世界历史很大程度上就是不同种族之间竞争的历史。能够"扩张本种以侵蚀他种",则"骎骎焉垄断世界历史之舞台"。[3]梁启超此论并非在抽象地分析历史上的种族兴亡。在他看来,并不是所有曾在历史上出现的种族都具有世界史意义。能够具有世界史意义的,"吾不得不以让诸白种,不得不以让诸白种中之阿利安种"。[4]他将居于欧亚大陆一隅的欧洲的历史进程视为具有

---

[1] 马兹利什著,汪辉译:《文明及其内涵》,第79页。
[2] 参见铃木胜吾著,王文奇译:《文明与帝国:中国与日本遭遇欧洲国际社会》,北京:世界知识出版社2019年版。
[3] 梁启超:《新史学》,载吴松等点校:《饮冰室文集点校》第3集,第1634页。
[4] 梁启超:《新史学》,载吴松等点校:《饮冰室文集点校》第3集,第1636页。

普遍意义的"世界史"，将当时处于强盛地位的"条顿人"视为"今世史上独一无二之主人翁"。[1] 而在《中国史叙论》里，他更是认为："盖以过去现在之间，能推衍文明之力以左右世界者，实惟泰西民族，而他族莫能与争也。"[2] 在这样的视野里，他既有意或无意地忽视中华文明与伊斯兰文明在人类历史进程中的广泛影响力，也主动放弃了去剖析近代欧洲民族国家殖民过程中所表现出来的亘古少见的血腥与残暴。显然，这个观点绝非梁启超深入研究欧洲历史与世界历史之后得出的结论，而是深受以日本为中介的19世纪西方政治意识形态之影响。

但无论如何，中国近代思想史的一个持续性主题就是在近代变局下探索如何"开眼看世界"，怎样才能更为准确地把握时代大势。在发表《新史学》的前两年间，梁启超在《灭国新法论》《国家思想变迁异同论》《论民族竞争之大势》等论著中提醒国人注意近代列强通过金融、贷款、教育、修筑铁路、派遣顾问等方式入侵他国，让人们意识到中国正处于十分险恶的国际环境之中。而在与《新史学》撰于同一时间的《新民说》当中，梁启超鼓励国人培养起独立自主的人格，在此基础上积极参与政治活动，强调建立在独立思考之上的政治自觉实为国家富强之根基。[3] 而他在《新史学》中所倡导的内容，对于介绍近代西方史学思潮、引导人们反思中国传统史学的短板、思考史学与现代国民意识之间的关系，其实也有着十分重要的贡献，属于梁启超在清末启蒙事业的重要组成部分。流风所及，不仅与梁启超立场相似的士人在撰写历史论著时深受其影响，就连后来与梁启超势同水火的清末革

[1]　梁启超：《新史学》，载吴松等点校：《饮冰室文集点校》第3集，第1639页。
[2]　梁启超：《中国史叙论》，载吴松等点校：《饮冰室文集点校》第3集，第1620页。
[3]　在19世纪西方的民族主义话语里，强调个人权利与保卫国家利益并不矛盾。正如著名的民族主义研究者凯杜里所论，彼时民族主义的逻辑是，"人的目的是自由，自由是自我实现，自我实现是完全融于普遍的意识。因此，国家并非为了保卫他们自身特殊利益走到一起的个人集合体；国家高于和先于个人。只有当他和国家成为一体时，个人才能实现他的自由"。参见凯杜里著，张明明译：《民族主义》，北京：中央编译出版社2002年版，第30—31页。

命党人也大量借用梁启超所宣扬的理念来撰写历史。甚至在清政府创办的京师大学堂的各种史学讲义里,也能或显或隐地看到梁氏"新史学"的影子。[1]

二、"新史学"实践再商榷

由于梁启超很早就在新式报刊上撰文立说,加之他的文风饱含激情、生动流畅,因此传播极为广泛。比如他所倡导的、属于"新史学"实践重要组成部分的"亡国史"写作,在近代中国就有着持续的影响。这一历史著作题材唤起人们思考为什么近代列强如此热衷于殖民扩张,为什么腐朽的政治制度不足以挽救国家危亡,以及那些与中国命运相似的国家的惨痛历史对中国而言有着怎样的警示与教训。近代许多政学名人都曾回忆自己青年时代阅读梁启超所创办的《清议报》与《新民丛报》的经历,将此视为个人政治启蒙的重要时刻。不过也正因为如此,梁启超为了在报刊上更好地宣扬他的观点,经常故作夸张之语。这些言论一旦流传开来,往往易成为人们认识中国历史与现实的某种"偏见"。

《新史学》里就有这样的例子。在反思中国传统史学时,梁启超说:"吾党常言,二十四史非史也,二十四姓之家谱而已。其言似稍过当,然按之作史者之精神,其实际固不诬也。吾国史家以为,天下者君主一人之天下,故其为史也,不过叙某朝以何而得之,以何而治之,以何而失之而已,舍此则非所闻也。"[2]梁氏之意,大概是想借此强调史书应为全体国民而作,以此培养国家意识与国民思想,但"二十四史非史也,二十四姓之家谱而已"一经传播,影响甚广,伴随着近代中国反传

---

[1]　刘开军编校:《京师大学堂历史讲义合刊》,上海:上海古籍出版社2018年版。

[2]　梁启超:《新史学》,载吴松等点校:《饮冰室文集点校》第3集,第1629页。

统之风日炽,成为不少人看待中国传统史学的基本立场。流风所及,历代正史在近代史学研究中的地位不断受到冲击,趋新之士多以获取他人难以寻觅的新史料为尚,反而忽视熟读历代正史,明晰古今治乱因革。

从知识准确性角度来讲,"二十四史"里记载的帝王世系远不止"二十四姓",比如被视为"前四史"之一的《三国志》就记载了魏、蜀、吴三个政权的世系。但更为关键之处在于,中国历代史籍以政治兴亡为主要记载对象,那是因为对于古代社会而言,政权之良莠影响着亿兆民众的生活,因此有必要在史书中反复告诫统治阶级何为良政,何为劣政。此外,历代正史中的"志",颇为详细地记载了某一时期的学术流变、制度沿革、经济变迁,此乃认识历史的重要组成部分。而按照儒家"化民成俗"的理想,不少史籍(尤其是地方志)也并未忽视对地方社会状况的记载。也正因为如此,对治史之道钻研甚深的章学诚极为重视方志编撰的体例与主旨。最后,从司马迁到钱大昕,关于如何比勘史事、去伪存真、不诬古人、不谄今人、不作媚时之语,也有着颇为丰富的讨论。这些讨论至少比梁启超的老师康有为炮制"孔子改制"与"刘歆编伪经",更强调历史事实的重要性与神圣性。所以,章太炎晚年讲学时多次批评梁启超的"家谱说",强调应重视研读历代正史,掌握其中记载的制度变迁、疆域沿革、治乱缘由,此为读史治史之关键。

与此相关,在那一时期,梁启超不但认为中国传统史学弊病甚多,而且中国历代史籍中记载的不少史事也不堪闻问。基于对近代西方政治学的简单理解,梁启超认为中国古代政治史就是一部专制政治不断进化的历史。时代越往后,政治越黑暗,制度越糟糕。换言之,中国专制政治不断"进化",在梁启超笔下,似乎成为中国历史演进中一种难以避免的"宿命"。此外,基于对近代西方民族国家形态的粗浅认知,梁启超认为分裂之世可促使文明蓬勃发展,统一之局反生闭塞孤陋之象,因此他认为中国历史长期停滞(这一点也是受近代西方历史哲

学影响）的原因之一就是中国自秦汉以来就有了统一的国家形态。而
他之所以持此看法，主要是因为当时深受经由日本学者译介的孟德斯
鸠—黑格尔式的"中国停滞论"影响。[1] 从后见之明来看，梁启超的这
一观点有助于让人们意识到推翻帝制的必要性，但似乎不易从中国历
史的脉络出发，深入剖析中国传统政治制度与政治实践的特点与弊病，
尤其是皇权与绅权之间的合作、依存与对抗，官僚体系与士大夫清议之
间的错综关系，中国历代官制演进的基本规律，中国传统政治制度与小
农经济之间的联系等重要内容。[2]

　　与之相似，在与《新史学》发表于同一时期的《中国史叙论》中，梁
启超声称：

> 吾人所最惭愧者，莫如我国无国名之一事。寻常通称，或曰
> 诸夏，或曰汉人，或曰唐人，皆朝名也。外人所称，或曰震旦，或曰
> 支那，皆非我所自命之名也。以夏汉唐等名吾史，则戾尊重国民之
> 宗旨。以震旦、支那等名吾史，则失名从主人之公理。曰中国，曰
> 中华，又未免自尊自大，贻讥旁观。[3]

在这里，梁启超大概是将近代欧洲民族国家的形态视为人类历史的唯
一标准，遂认为与之相比，中国是一个"无国名"之国。这背后显现的
是在他当时的历史视野里，由于中国的历史进程与近代欧洲民族国家
发展史不一样，所以就不具有历史的正当性。以他对中国古代典籍的

---

[1]　关于黑格尔式的中国观对近代日本的影响，参见子安宣邦：《黑格尔"东洋"概念的
　　紧箍咒》，载赵京华编译：《东亚论——日本现代思想批判》，长春：吉林人民出版社
　　2004年版，第24—41页。

[2]　或许正因为如此，梁启超先是极力批判中国古代君主制度，可不久之后又开始宣扬
　　"开明专制"。二者结论虽然相反，但其实都未能深入中国传统政治的基本形态，揭
　　示其中难以克服的矛盾与症结。在这一点上，章太炎对相关问题的分析也许就比
　　他深刻得多。

[3]　梁启超：《中国史叙论》，载吴松等点校：《饮冰室文集点校》第3集，第1621页。

熟悉,大概不会不知道"中国"一词在《诗经》《尚书》等典籍里时常出现,两汉以降,历代王朝也常以"中国"自称。因此,他声称中国是一个"无国名"之国,并认为"中国""中华"之称乃"自尊自大"的表现,说到底很可能是因为他觉得中国的历史进程与中国传统文化在今世并不具有什么正面意义,"新史学"的旨趣不仅在于替代传统史学,更包含了以近代欧洲民族国家为模板来为中国进行一番意识形态大换血,因为前者是人类政治发展的表率。而只要对中国历史与西方近代史,尤其是西方近代殖民史稍有了解,就不难看出梁启超如此这般的认识有多么偏颇,它使人们不易理解中国古代民族关系的特征与儒家思想当中重文化、轻种族的"夷夏之辨"。[1]或许是意识到了这一点,后来在与革命党的论战中,梁启超就强调:"中国自数千年来有此国家,中国之国家自数千年来有此政府之一机关。无论运用此机关之人若何更迭,无论其机关之或良或不良,而机关则终古不灭也。"[2]

关于"正统"问题的讨论也是一样。梁启超说:"中国史家之谬,未有过于言正统者。"之所以如此,"一言蔽之曰:自为奴隶根性所束缚,而复以煽后人之奴隶根性而已"。进一步而言,梁启超认为古代正统论彰显的是"以为帝王者圣神"。要想以一种恰当的立场来讨论正统,应意识到"统也者,在国非在君也,在众人非在一人也。舍国而求诸君,舍众人而求诸一人,必无统之可言,更无正之可言"。[3]从批判古代皇权的角度来看,梁启超的这些观点确有不可磨灭之价值。但关键在于,历代儒生之所以重视辨析正统,除了意在彰显本朝的政治合法性,更与他们重视王霸之辨、重视历史进程中的道义性、批判不合理的政治局面息息相关。正统论借助评价历史上诸多王朝之作为,批判

---

[1]　关于对梁启超这些认识的剖析,参见黄兴涛:《重塑中华:近代中国"中华民族"观念研究》,北京:北京师范大学出版社2017年版,第9—49页。

[2]　梁启超:《杂答某报》,载吴松等点校《饮冰室文集点校》第3集,第1484—1485页。

[3]　梁启超:《新史学》,载吴松等点校《饮冰室文集点校》第3集,第1639、1641、1643页。

那些为了一己之私利而好尚权谋、罔顾道德、聚敛无度、滥用民力的政权，强调王朝的正统性应建立在遵循儒家政治伦理的基础上。它表面上是在讨论历史问题，实际上却是历代儒生对当下状况所进行的政治评议。这些言论虽然未必与现代意义上的大众民主理论契合，但至少显现了中国传统思想中重视政权的道义性、不一味对历史上的"霸道"歌功颂德的特点。[1]完全无视这些要素，其实是不妥帖的。

更有甚者，梁启超或许是对晚清中国落后挨打的局面感到异常失望，遂认为"以今日论之，中国与欧洲之文明，相去不啻霄壤"。[2]"以过去现在之间，能推衍文明之力以左右世界者，实惟泰西民族，而他族莫能与争也。"[3]他一面强调历史研究中要注意"人种"问题，一面声称纵观人类历史，"五色人相比较，白人最优，以白人相比较，条顿人最优；以条顿人相比较，盎格鲁撒逊人最优，此非吾趋势利之言也"。盎格鲁撒逊人"能以区区北极三孤岛，而孳殖其种于北亚美利加、澳大利亚两大陆。扬其国旗于日所出入处，巩其权力于五洲四海冲要咽喉之地，而天下莫之能敌也。盎格鲁撒逊人所以定霸于19世纪，非天幸也，其民族之优胜使然也"。[4]他似乎未料及，这样的历史观其实深受19世纪维多利亚时代的英国刻意构建、广为宣传的政治意识形态影响。彼时英国盛行盎格鲁-撒克逊种族具有"特殊天分"的理论。其要义在于将生物学领域的进化论照搬至政治与经济领域，暗示英国人比其他民族的人更适合在世界上生存壮大。他们不断称赞英帝国有着广袤的统治区域，并在物质与科学领域不断进步，深信此乃彰显盎格鲁-撒克逊种族举世无双之明证。而为了在国民教育中凸显这一点，英国的统治阶级与

[1]　饶宗颐：《中国史学上之正统论》，北京：中华书局2015年版，第83—84页。
[2]　梁启超：《论中国与欧洲国体异同》，载吴松等点校：《饮冰室合集点校》第2集，第769页。
[3]　梁启超：《中国史叙论》，载吴松等点校：《饮冰室文集点校》第3集，第1620页。
[4]　梁启超：《新民说》，台北：文景书局2011年版，第11、14页。

意识形态家们充分利用各种意识形态机器,在文学、教育、媒体等领域广泛宣传所谓"盎格鲁-撒克逊人格",声称这一人格的特征由爱国主义、强健身体、自制力、无私、勇敢等品质构成。一时间,英国中产阶级多认为他们及其子弟天生就是世界的统治者,担负着让"落后民族"臻于"文明"的重任。像迪斯雷利这样的政治家,一面强调控制殖民地对英帝国的重要性,一面通过相关法案,一定程度上保护了工人的利益,赋予工会合法地位,保护工人罢工权,让工人阶级成为支持英国君主制的重要力量。[1]因此,在英国社会结构里实际上处于被剥削地位的工人阶级,也被英国的统治阶级描绘成"对于属于一个伟大的国家而感到自豪"。他们似乎忘记了自己正受到本国统治阶级的剥削,却由衷希望英国继续维持其伟大的地位。[2]恩格斯晚年就观察到:"这里(英国)没有工人政党,只有保守派和自由主义激进派,工人十分安然地分享英国在世界市场上的垄断权和英国的殖民地垄断权。"[3]丘吉尔也说,在19世纪末20世纪初,"(英国)国内公众普遍抱着支持帝国主义政策的坚决态度,他们为世界地图上用猩红色标出的大英帝国领土而感到自豪,并对皇家海军控制世界七大海洋的能力确信无疑"。[4]与梁启超活跃于同一时期,并于19世纪末在英国生活过的日本社会主义者片山潜同样一针见血地指出:"当时的英国政界在世界上是有势力的,而且,英国的社会也正是资本主义全盛时期,劳动问题和社会问题都不是很突出,大体上说仅止于社会改良的程度,社会上弥漫着资本主义社会能永久持续下去的信念。"受其影响,"伦敦的工人及一般老百姓在国内时,就像猫一

---

[1] 韦雷克著,万吉庆、徐衍译:《保守主义思想家:从亚当斯到丘吉尔》,南昌:江西人民出版社2023年版,第46—50页。

[2] 劳伦斯·詹姆斯著,张子悦等译:《大英帝国的崛起与衰落》,北京:中国友谊出版公司2018年版,第210、218—219页。

[3] 恩格斯:《致卡尔·考茨基》,载《马克思恩格斯选集》第4卷,北京:人民出版社2012年版,第548页。

[4] 丘吉尔著,薛力敏、林林译:《英语民族史》卷四"民主共和国",北京:中共中央党校出版社2022年版,第275页。

样柔顺,服从阶级制度,很温和也很有礼貌。但是,当他们一朝到了国外,无不变得粗暴凶狠。他们仗着国威撒野欺人,这也是英国的工人阶级依旧摆脱不了帝国主义恶习的一个原因。他们自认为正沐浴着帝国主义的恩泽"。[1]而这些现象,似乎并未被梁启超所熟知。

三、"新史学"与近代政治的关系

梁启超自称戊戌变法失败后赴日本,阅读了大量日本学者译介的近代社会科学论著,使自己的知识视野为之一新。他在报刊上撰文时,也时常援引日本学者的观点,有时甚至将后者的论著改头换面,变成自己文章中的内容。据邬国义教授考证,梁启超在撰写《新史学》时大量参考了浮田和民的《史学原论》与《西洋上古史》,一些关键论点也源自浮田氏二书之中。[2]可以说,浮田和民的著作是梁启超构筑其"新史学"思想的重要基石。也正因为如此,一些饱学之士视梁启超为文章家,而非学问家。章太炎甚至明言:"梁之学术,率由剽窃。"[3]并强调治学应"研精覃思,钩发沉伏,字字征实,不蹈空言,语语心得,不因成说,斯乃形名相称"。[4]

梁启超如此这般撰文立说,在清末其实并非个案。为了幺较为迅速地向国人传播新知,不少旅居日本的中国知识分子都习惯于将彼邦论著改写介绍至国内。加之当时并无著作权的观念,不少人也未曾想过将报刊文字视为藏诸名山之作,从引进新知、广开民智的角度而言,

---

[1] 片山潜著,郭勇译:《片山潜自传:一个践行者的足迹》,上海:上海人民出版社2022年版,第187页。

[2] 邬国义:《梁启超史学思想新探——代序言》,载邬国义编校:《史学通论四种》,上海:华东师范大学出版社2007年版,第7—22页。

[3] 章太炎:《与陈柱》,载马勇编:《章太炎书信集》,石家庄:河北人民出版社2003年版,第578页。

[4] 章太炎:《再与人论国学书》,载《章太炎全集》第8册,上海:上海人民出版社2018年版,第372页。

在当时的历史背景下,此举自有其历史的合理性,没必要过度以今律古。但问题在于,梁启超援引的日本学者观点,多属近代日本国家主义,甚至军国主义思潮的一部分,而梁氏对此却罕有反思与批评。

就拿浮田和民来说。他除了是一名史学研究者,更是一名政论家。他认为,研究历史应聚焦国家的重要作用:"要之,人类必有社会始为人世,离社会则不得为人。社会者,组织整顿为国家也。不发生主权,非完全社会也,不极力保证权利,则不能授人民巩固之权利。故人有社会,始得为人,在国家始得为完人。社会因国家,始达其目的;人为国家生发,始成人之品格,达人之目的。国家者,社会之社会也,社会组织之进化完备者也,人间社会之最高者也。虽今后社会难臆断其进化,终难脱国家之范围,纵世界归一,后日万一有之,然仅为世界一国家,不失国家之特质。"[1]而面对现实当中的国与国关系,浮田和民相信帝国主义式的扩张为一国之内民众力量膨胀的自然结果,也是当时的大势所趋,难以避免。只有增强国力,与其他国家展开竞争,才能保证本国的生存。他运用"文明等级论",声称"文明国"征服"半开化"或"野蛮"地区、吞并不能独立自主的国家,非但无须遭受道德谴责,反而是促进该地提升文明水准的"善行"。此外,浮田颇为认同社会进化论,主张国家应致力于生存竞争,击败潜在的竞争对象,此乃符合伦理道德之举。[2]在外交政策上,浮田和民主张应"扶植朝鲜""保全中国",确保日本在东亚地区的领导地位。究其实,所谓"扶植朝鲜",就是逐渐控制朝鲜;所谓"保全中国",就是不许别的国家分割日本在华利益,使中国逐步成为日本的势力范围。[3]而近代日本的军国主义之所以能

---

[1]　浮田和民著,侯世绾译:《新史学》,载邬国义编校:《史学通论四种》,第136页。

[2]　浮田和民著,出洋学生编辑所编:《帝国主义》,上海:商务印书馆1902年版,第15—16页。

[3]　井上清著,宿久高等译:《日本帝国主义的形成》,北京:人民出版社1984年版,第141—146页。郑匡民:《梁启超启蒙思想的东学背景》,第242—252页。

俘获不少日本国民的心,与浮田和民这样的意识形态家为之极力鼓吹大有关系。[1]

梁启超在当时认为为了抵御帝国主义国家侵略,要建设一个强有力的民族国家。欲达此目标,需通过制定教育宗旨,造就具有国家认同的国民。据郑匡民教授考证,此论显然受到浮田和民的影响。[2]也正因为如此,梁启超认为"新史学"的主旨之一就是通过写历史来宣扬近代民族主义,培养国人的爱国保种之念。在这个意义上,"新史学"属于帝国主义尘嚣之上的背景下中国国民教育政策的重要组成部分。

从救亡图存的角度来看,梁启超的这些思考确有历史意义。虽然浮田和民,以及另一位影响梁氏至深的学者德富苏峰,都属于近代日本的国家主义者,并以各种形式为日本对外扩张作辩护,但他们的论著至少促使梁启超更为深入地探寻世界大势,特别是帝国主义国家的侵略手段与意识形态说辞。只有对此知之甚详,方能意识到中国所面临的严峻考验,使中国民众心生旨在抵御外侮、建设现代国家的爱国主义。

但是,也正因为深受浮田和民等人的影响,梁启超认为:"近世列强之政策,由世界主义而变为民族主义,由民族主义而变为民族帝国主义,皆迫于事理之不得不然,非一二人之力所能为,亦非一二人之力所能抗者也。"在此情形下,"今日欲救中国,无他术焉,亦先建设一民族主义之国家而已"。[3]换言之,中国要么效法那些已经成为列强的国家之所为,变成一方霸主,要么难逃亡国灭种之险,舍此别无他法。在他的视野里,比较欠缺对19世纪以降的帝国主义体系的反思,更难以设想一条突破帝国主义体系,建立国与国之间更为平等的国际关系的道

[1]　据石川祯浩教授考证,梁启超关于人种的认知很大程度上也源自浮田和民。参见石川祯浩著,袁广泉译:《近代东亚"文明圈"的成立及其共同语言——以梁启超的"人种"为中心》,载《中国近代历史的表与里》,第123—124页。

[2]　郑匡民:《梁启超启蒙思想的东学背景》,成都:四川人民出版社2020年版,第256页。

[3]　梁启超:《论民族竞争之大势》,载吴松等点校:《饮冰室合集点校》第2集,第789、802页。

路。因此,他主张厉行"开明专制"、宣传国家主义,并把成功实现整军经武的德国与日本视为榜样。而在历史研究中,梁启超撰写《管子传》《王荆公传》,常用近代国家主义的观点和立场来描绘、诠释中国古代政治家管仲与王安石的生平事业。[1]

就此而言,梁启超虽然充分运用他所接受的域外新说对国人进行启蒙工作,并产生极大的影响,但是他大概怎么也没料到20世纪历史进程的主流并非民族帝国主义国家之间为瓜分全世界而进行的"大国对抗",而是轰轰烈烈的殖民地与半殖民地的民族解放运动,以及社会主义运动在世界范围内产生巨大影响。五四新文化运动期间,和梁启超关系紧密的张东荪,观察到人类未来的发展趋势很可能是形成以"社会主义与世界主义"为主,彰显"劳动阶级"主体意识的"第三种文明"。[2]与之相关,真正让中国摆脱近代以来困境的,既非梁启超所设想的"开明专制"与国家主义,也非后来南京国民政府奉行的积极融入由欧美列强主导的世界体系之中,而是中国共产党领导的对内反封建、对外反帝国主义的新民主主义革命。中国问题的解决离不开对于世界体系的重新探索以及对中国内部政治与社会结构的重构。中国革命的意义也绝非仅让中国走出危局,而是一场具有全球影响的政治变革,是20世纪重塑世界体系的重要环节。这些内容,其实已经超越了梁启超在清末倡导的"新史学"所包含的政治意识。

再回到史学领域。中国的新民主主义革命促生了中国马克思主义史学。它不再把沾染极强殖民主义与帝国主义色彩的人种学作为分析历史的主要单位,也不再"反历史"地把某一抽象的"国民精神"视为历史发展的动力,用此抽象的概念来掩盖历史与现实中各种真实的

---

[1] 王锐:《论近代中国的两种法家诠释路径及其旨趣》,《历史教学问题》2023年第4期。
[2] 张东荪:《第三种文明》,载玉河编:《中国近代思想家文库·张东荪卷》,北京:中国人民大学出版社2015年版,第127页。当然,张东荪后来的观点也发生了变化,此是后话。

社会矛盾,而是运用政治经济学的研究方法,探讨一定历史时期的生产力与生产关系,强调历史研究的重要任务是要揭示历史进程中的各种支配与被支配、剥削与被剥削关系。通过剖析历史,思考如何能让广大的工人与农民获得名副其实的政治与经济权利。相比于此,梁启超的"新史学",以及其背后的意识形态话语,其实比较受到那个奉行社会达尔文主义与殖民扩张活动的"旧世界"——19世纪以降的世界体系的影响。这个旧世界里的列强对内施行资本主义,将资产阶级与政治权贵的利益用法权的形式固定下来,同时想方设法遏制风起云涌的社会主义运动。对外则力求拥有更多的殖民地或势力范围,相互之间为此尔虞我诈、频起争端,并在意识形态宣传上热衷鼓吹国家主义与种族主义,用不断宣扬外部冲突即将到来的话术来掩盖内部的经济与社会矛盾,并视非西方国家为"半文明"或"野蛮"之地。其最终结果,就是导致了数百万生灵涂炭、欧洲大陆满目疮痍的第一次世界大战。就此而言,在今天重新审视梁启超的"新史学"及其实践,主要目的其实不是以后见之明对前贤说三道四,而是以此为契机,全面剖析"新史学"所折射出来的19世纪世界体系的面貌,并更为深入地思考中国与世界未来发展的道路。[1]

---

[1]　本文主要分析梁启超在清末的"新史学"论说。其实梁氏晚年的相关思考也有了一些变化。目睹一战后的欧洲满目萧条,梁启超开始反思19世纪的国家主义思潮的弊病,认为中国传统的天下观有助于医治肇始于民族主义的民族帝国主义所带来的不良后果。他在《先秦政治思想史》里表彰先秦诸子的政治思想,虽然意在借儒家学说来对抗当时在中国越来越有影响力的马克思列宁主义,但他对于儒家的诠释,很大程度上也吸收了不少社会主义元素,只是认为沾染了儒家色彩的"社会主义"比源于欧洲的社会主义更好而已。与之相似,他不再像清末那样常从一种"文明等级论"的角度来看待中国古代的道德学说,而是认为后者对于个人修身与维系团体有着不可磨灭的价值。再具体到史学思想,他认为人类历史演进过程很难用自然科学来解释,而是要重视人类的"心能",主张"历史为人类自由意志的创造品",这其实包含了突破披着科学外衣,强调体现了"客观性"的"文明等级论"的契机。此外,他认为研究中国历史,应"说明中国民族在人类全体上之位置及其特性,与其将来对于人类所应负之责任"。参见梁启超:《中国历史研究法》,第139、6页。这与他在欧战后主张的中国传统思想会对人类有着重要贡献的思路基本一致。

"灭国新法"与近代中国知识分子
对世界形势的思考

  近代中国遭遇亘古未见之变局。在此背景下,为了思考振衰起微之道,中国知识分子不断尝试运用各种新学说与新概念来重新思考中国的历史与现实、更为全面地认识中国所面临的外部环境,尤其是近代以来的世界政治、经济、外交与军事状况。近代各种新知在中国的传播,很大程度上都与如此这般的时代氛围息息相关。如果将启蒙视为一种不断汲取新知,不断思考人的主体意识与现代的国家形态,探索理想世界秩序的持续过程,那么在近代中国,这样的启蒙恰恰离不开时人强烈的救亡图存意识。[1]

  辛亥革命前十年间的思想变迁就颇为典型地体现出这一特征。戊戌变法失败后,越来越多的中国士人与留学生东渡日本,或是从事政治活动,或是进入各类学校。在那里,他们广泛地阅览经由明治时代日本学者译介的近代西方社会科学与历史学论著,对19世纪以来资本主义国家的政治、经济、外交、军事,以及启蒙运动以降的不同种类政治学说

---

[1] 今天一些论者经常强调近代中国有"救亡压倒启蒙"之倾向。但在李泽厚先生的那篇著名文章里,他一开头恰恰谈的是"启蒙与救亡的相互促进"。即"启蒙的目标,文化的改造,传统的扬弃,仍是为了国家、民族,仍是为了改变中国的政局与社会的面貌。它仍然没有脱离中国士大夫'以天下为己任'的固有传统,也没有脱离中国近代反抗外侮、追求富强的救亡主线"。参见李泽厚:《启蒙与救亡的双重变奏》,载《中国现代思想史论》,台北:三民书局1996年版,第7页。离开这样的历史逻辑,很可能难以重建历史演进的整体样貌。

有了相较洋务运动时期追求新学之士更为完整且深入的了解。这在他们对晚近世界形势的介绍与分析上体现得尤为明显。所谓"世界形势",在晚清的语境里,主要指的自然是列强对中国的侵略与瓜分活动的动因与方式,因为这跟中国的前途和命运息息相关。正是在不断剖析中国所面临的十分险峻的外部环境过程中,时人开始反思中国传统政治与社会制度的各种弊病,并向国人介绍近代政治思想,尤其是近代民族主义、民主主义、社会主义(包括无政府主义)与国民思想,希望用这些思想来变革中国的政治、经济与社会。

　　既然彼时中国知识分子是在审视中国所面临的外部环境之基础上来思考中国内部变革之道,那么要想更为全面地理解辛亥革命前十年间的思想氛围与总体趋势,包括其影响,就需要详细考察那一时期中国知识分子经常用来分析世界形势的学说与概念。其中,由梁启超阐述并传播的"灭国新法"成为晚清知识分子剖析世界形势时常用的概念。而这一概念本身,以及它所描述的内容、总结的要点,在辛亥革命之后的中国舆论场中依然时常出现。可以说,用"灭国新法"来分析世界形势贯穿着20世纪上半叶的中国历史进程。就此而言,理解"灭国新法"的本旨与传播,对于理解近代中国知识分子如何"开眼看世界"极有裨益。[1]

一、梁启超阐述"灭国新法"

　　在发表于1901年12月的《清议报》祝词里,梁启超说他之所以

---

[1]　笔者曾从近代中国帝国主义理论流变史的角度,分析"灭国新法"如何促使帝国主义问题在近代中国的传播。此外,笔者也曾详细分析梁启超对于"灭国新法"的阐述。参见王锐:《"帝国主义"问题与20世纪中国革命的世界视野》,《社会科学》2022年第7期。王锐:《"灭国新法":清末梁启超对世界大势的剖析》,《人文杂志》2023年第1期。

要创办这份报纸，目的之一就是"厉国耻"，即"务使吾国民知我国在世界上之位置，知东西列强待我国之政策。鉴观既往，熟察现在，以图将来。内其国而外诸邦，一以天演学物竞天择、优胜劣败之公例，疾呼而棒喝之，以冀同胞之一悟"。[1]所谓"内其国而外诸邦"，就是向中国人介绍近代民族国家之特征，让国人意识到近代列强皆为国力强盛的民族国家。在此情形下，中国要想救亡图存，必须培养起近代国民意识，集全体国民之力来建设强大的民族国家。[2]因此，梁启超自言他撰写相关文章，"述近世政学大原，养吾人国家思想"。[3]而在"陈宇内之大势，唤东方之顽梦"方面，他以《灭国新法论》为代表。[4]

关于近代列强的"灭国"之法，在梁启超之前已有人讨论过。钟天纬指出："西洋之蚕食人国也，不为争城争地之谋，但为得寸进寸之计。其始以通商为饵，似无占据土地之心；其继以拓埠为名，渐露垄断利权之计。迫彼之贸易日盛，即我之生计日穷；彼之国势日强，即我之人心日馁。卒之民穷财尽，欲拒无可战之兵，欲和无可赔之饷，非割地请成，即委国以去。彼固兵不血刃，不费一钱，唾手而坐收数千里之版宇也……可见通商者，即灭国之见端，竭我之财，即以制我之命，而国亦随之。"[5]不过，"灭国新法"一词实为梁启超所创。在撰写《灭国新法论》等以分析世界形势为主题的文章之时，梁启超

[1]　梁启超《〈清议报〉一百册祝辞并论报馆之责任及本馆之经历》，载吴松等点校：《饮冰室文集点校》第2集，昆明：云南教育出版社2001年版，第755页。

[2]　张灏著，崔志海、葛夫平译：《梁启超与中国思想的过渡（1890—1907）》，北京：新星出版社2006年版，第105—114页。

[3]　梁启超《〈清议报〉一百册祝辞并论报馆之责任及本馆之经历》，载吴松等点校：《饮冰室文集点校》第2集，第755页。

[4]　梁启超《〈清议报〉一百册祝辞并论报馆之责任及本馆之经历》，载吴松等点校：《饮冰室文集点校》第2集，第755页。

[5]　钟天纬：《挽回中国工商生计利权论（二）》，载薛毓良、刘晖桢编校：《钟天纬集》，上海：上海交通大学出版社2018年版，第89页。

已经阅读了不少世界近代史方面的著作,[1]以及近代日本国家主义者——如浮田和民、加藤弘之等人的论著。这些论著虽然鼓吹日本应效法欧美列强,集聚国力进行殖民扩张,并声称此举符合社会达尔文主义,但在强调这些政治主张时,往往伴随着对于19世纪以降世界形势的分析。在他们笔下,19世纪是民族主义变为"民族帝国主义"的时代,欧美列强的对外侵略扩张活动往往得到本国绝大多数民众的支持,其外交政策也绝非仅为扩充地盘,而是有着输出商品与资本、占据原料获取地等"经济理由"。而这些行为更非仅为一二统治者的野心所致,它体现着优胜劣汰、适者生存的社会达尔文主义之铁律。

正是基于对浮田和民等人论著的熟悉,梁启超开始更为全面地分析晚近世界形势。[2]1901年7月至8月,他在《清议报》上发表《灭国新法论》。在文章开头,梁启超根据社会达尔文主义,指出:"灭国者,天演之公例也。凡人之在世间,必争自存,争自存则有优劣,有优劣则有胜败。劣而败者,其权利必为优而胜者所吞并,是即灭国之理也。"随着社会的进化,"灭国之有新法也,亦由进化之公例使然也"。[3]这些观点,既是梁启超本人当时分析政治问题时的哲学基础,又是在晚清思想界普遍流行的思想主张。而梁启超的这篇文章之所以能在晚清民国引起广泛影响,也离不开社会达尔文主义,以及根据此逻辑而呈现出的国际政治图景在近代中国的传播。

早在1896年,梁启超就曾谈及灭国问题。不过那时他却认为:"西

---

[1]　在发表于1902年的《东籍月旦》里,梁启超就说:"著最近世史者,往往专叙其民族竞争变迁,政策之烦扰错杂。"同时列举了多种日本学者翻译或编撰的世界近代史著作。参见梁启超:《东籍月旦》,载吴松等点校:《饮冰室文集点校》第3集,第1381—1382页。

[2]　郑匡民:《梁启超启蒙思想的东学背景》,成都:四川人民出版社2020年版,第234—259页。

[3]　梁启超:《灭国新法论》,载吴松等点校:《饮冰室文集点校》第2集,第723页。

人之始来也，非必欲得地也，灭国也，通商而已。"[1] 而随着他深入观察晚近世界大势以及对近代政治学有了更为全面的认识，梁启超逐渐发现灭国问题并非那么简单："昔之灭国者如虎狼，今之灭国者如狐狸：或以通商灭之，或以放债灭之，或以代练兵灭之，或以设顾问灭之，或以通道路灭之，或以煽党争灭之，或以平内乱灭之，或以助革命灭之。"[2] 换言之，所谓灭国之"新法"，即指不再单纯通过争城掠地、大肆杀戮的方式来灭掉一个国家，而是充分运用各种手段，尤其是在资本主义生产方式与生产关系日渐普及全球的背景下出现的新手段来消灭或支配一个国家。

值得注意的是，梁启超并未仅从抽象的层面谈论这一话题，他以那些与第一次鸦片战争以来的中国命运相似的国家和地区——埃及、波兰、印度、布尔、菲律宾为例，分析后者如何遭受西方列强蚕食与吞并。关于埃及，梁启超强调彼处统治者醉心于向西方列强借外债，却忽视了后者通过借债与派遣经济顾问的方式来控制埃及财政、金融与关税机构的企图，导致埃及的经济主权日渐丧失，最终让西方国家在埃及拥有广泛的治外法权，各国领事馆成为埃及各地的"太上政府"。关于波兰，梁启超认为其国内政治高度分裂，于是沙皇俄国利用这一局面，煽动波兰的政争。随后，沙皇俄国让自己庇护的政治派别不得不应允一系列损害波兰主权的事项，同时镇压波兰民众抵御外侮的活动；最终导致由沙皇俄国主导，普鲁士与奥地利等国参与其中的瓜分波兰事件。关于印度，梁启超叙述英国依靠东印度公司开辟殖民地，掌控印度各邦，随后利用印度各邦之间的矛盾，分而治之，使其彼此仇恨、自相残杀，英国人坐收渔翁之利。梁氏感慨面对英国的殖民企图，印度统治阶级非但不思团结，反而互相争斗。关于布尔，梁启超着重分析英国殖民

---

[1]　梁启超：《〈适可斋记言记行〉序》，载吴松等点校：《饮冰室文集点校》第1集，第130页。

[2]　梁启超：《灭国新法论》，载吴松等点校：《饮冰室文集点校》第2集，第723页。

者觊觎当地丰富的矿产资源,借修筑铁路与开采矿藏来逐渐蚕食其领地,进而提出分享参政权的要求。布尔虽与中国远隔万里,但梁启超仍颇为沉痛地指出:"世有以授开矿权、铁路权及租界自治权于外国人为无伤大体者乎?吾愿与之一读波亚(按,即布尔)之战史也。"最后,关于菲律宾,梁启超指出其为了抵抗西班牙殖民者,轻信美国人的说辞,天真地认为美国是"文明侠义"之国,为了帮助菲律宾独立而来到东亚,于是引虎拒狼,让菲律宾沦为美国殖民地。梁启超意在借此强调,美国的外交政策与欧洲列强在本质上无甚区别,其门罗主义话语早已被殖民扩张企图替代。菲律宾试图借外力来实现政治独立,实为自毁长城之举。[1]

梁启超用简明扼要的方式,让中国人的世界视野不再局限于欧美日等国力强盛之邦,也关注到那些与此刻的中国面临相似危局的国家与地区,使国人通过了解后者的灭国史,对近代西方列强的殖民扩张手段——通过金融、教育、派遣顾问等非武力方式来控制、支配非西方国家——有更为全面的认识。后来各种以"亡国史"为主题的论著在清末颇为流行,极有可能就是受到梁启超这篇文章的影响。[2]而对于身处内地、见闻有限的人士来说,看到这些残酷而冷峻的晚近世界历史,无疑具有深刻的政治启蒙意义。

此外,梁启超在描述列强之"灭国新法"时,已经触及19世纪下半叶对国际政治影响深远的帝国主义问题。在与《灭国新法论》发表于同一时期的《论民族竞争之大势》等文章里,梁启超借用浮田和民等人的观点,认为当时世界政治的趋势是由民族主义的流行变为民族帝国主义的兴起。民族帝国主义的特征,一是强调通过宣传与教育手段动员各国民众主动支持所在国的对外扩张活动,使帝国主义成一项"全

---

[1]　梁启超:《灭国新法论》,载吴松等点校:《饮冰室文集点校》第2集,第723—727页。
[2]　俞旦初:《中国近代爱国主义的"亡国史鉴"初考》,《世界历史》1984年第1期。

民事业"；二是凸显国与国之间的竞争和吞并不仅要在军事上决出胜负，而且会将战火延伸至经济、贸易与金融领域，"经济理由"成为帝国主义活动的重要动力。[1]而在政治与经济形态上，则表现为国家主义替代民主政治，垄断资本力量越来越强，并开始主导所在国的内外政策。更为重要的是，在列强不断积聚内部力量来进行殖民扩张、武力杀伐、经济侵略，将世界其余地区划入自己势力范围之际，中国要么先努力建设成具有现代特征的民族国家，再效法列强之所为；要么难逃亡国灭种之命运，舍此别无他途。总之，通过梁启超的阐述，"灭国新法"很大程度上成为帝国主义活动的代名词。人们谈论到帝国主义问题时，很容易想起梁启超所描述的列强之"灭国新法"。

　　启蒙运动以来，"文明等级论"成为西方国家（包括明治维新之后的日本）用来彰显自己进步与强大，论证自己政治活动正当性的意识形态说辞。它声称"文明国家"理应成为那些"半文明"或"野蛮"国家和地区的效仿对象。而梁启超则通过介绍印度、波兰、布尔等国家和地区遭受殖民与侵略的过程，揭示被近代文明论话语所遮蔽的真实政治逻辑：

　　　　以上所列，略举数国，数之不遍，语之不详。虽然，近二百年来，所谓优胜人种者，其灭国之手段，略见一斑矣。莽莽五洲，被灭之国，大小无虑百数十，大率皆入此彀中，往而不返者也。由是观之，安睹所谓文明者耶？安睹所谓公法者耶？安睹所谓爱人如己、视敌如友者耶？西哲有言："两平等者相遇，无所谓权力，道理即权力也；两不平等者相遇，无所谓道理，权力即道理也。"彼欧洲诸国与欧洲诸国相遇也，恒以道理为权力；其与欧洲以外诸国相遇也，

---

[1]　梁启超：《论民族竞争之大势》，载吴松等点校：《饮冰室文集点校》第2集，第787—802页。

恒以权力为道理。此乃天演所必至，物竞所固然，夫何怪焉！夫何
怼焉！[1]

毋庸多言，近代国际法秩序建立在文明论话语之上。[2]其实在梁启超
之前，已有不少有过洋务经历的士人对西方列强所宣扬的公法、文明
等说辞深表质疑，指出列强在对待中国之时，很少按照这些说辞来行
事，而是以实力为依托。而梁启超在这里所指出的欧洲诸国与欧洲
诸国相遇则讲"道理"，和中国相遇则不顾"道理"，实则洞察到了像
国际法之类的"道理"的本质，即它在当时只适用于符合"文明标准"
的基督教国家。那些不信教的国家和地区，在国际法的视域里多被
视为"半文明"或"野蛮"，西方列强有充足的理由对这些地区进行殖
民活动。进一步而言，这些地区要想获得国际法的承认，只能按照西
方列强所设定的标准来自我改变。但关键在于，游戏规则的制定者
往往也是游戏的参与者，这就让像中国那样的"半文明"国家，长期
处于仿佛有机会成为"文明"国家一员，却又总是离"文明标准"还
差一步的境遇。[3]

　　梁启超分析"灭国新法"，最终落脚点还是放在审视中国所面临的
险峻环境。甲午战争失败后，清廷为了支付巨额赔款，向列强大举借
债。与此同时，为了进一步控制中国利源与财源，后者纷纷觊觎中国的
财政主权与铁路修筑权，希图借由铺设铁路来巩固自己的势力范围。
而在庚子事变后，列强的这些举措变本加厉，中国有遭受瓜分之险。[4]

---

[1]　梁启超：《灭国新法论》，载吴松等点校：《饮冰室文集点校》第2集，第727页。
[2]　鲍登著，杜富祥等译：《文明的帝国：帝国观念的演化》，北京：社会科学文献出版
　　社2020年版，第127—158页。赖骏楠：《国际法与晚清中国：文本、事件和政治》，
　　上海：上海人民出版社2015年版，第27—42页。
[3]　关于这一点，参见王锐：《近代西方"文明等级论"的基本特征与话语实践——兼论
　　其对于中国的影响》，《政治学研究》2021年第5期。
[4]　相关史事，参见丁明楠等著：《帝国主义侵华史》第2卷，北京：人民出版社1986年
　　版，第3—153页。

或许是有感于此，梁启超在《灭国新法论》中指出："中央政府之有外债，是举中央财权以赠他人也；各省团体之有外债，是并举地方财权以赠他人也。吾诚不忍见我京师之户部、内务府，及各省之布政使司、善后局，其大臣长官之位，皆虚左以待碧眼虬髯辈也。"此外，"夫铁路之地，中国之地也，借洋债以作铁路，非以铁路作抵不可"。最终，"凡借款所办之路，其路必至展转归外人之手而后已。路归外人，而路所经地及其附近处，岂复中国所能有耶？"[1]他特别强调，之所以在文中叙述埃及亡国史，就是想让中国士人引为鉴戒，不要使中国重蹈覆辙。[2]

此外，梁启超在文中提醒国人，当时尘嚣之上的瓜分中国之论固然可恶，但那种看似对中国友善的"保全中国"之论同样包藏祸心。梁氏指出，"保全中国"论表面上主张维护中国的主权，防止中国被列强瓜分，但实际上，让中国徒具表面文章式的主权，更方便列强在中国进行政治与经济侵略。因为这可以降低其统治成本，让其无须亲自下场，大费周章，只需通过操控中国各级政府与大小官吏，便可实现自己的意图。此即"使用本国政府之力，间接而治我民"。其结果，"政府者，外国之奴隶，而人民之主人也。主人既见奴于人，而主人之奴，更何有焉？"[3]更有甚者，梁启超认为，与"保全中国"相关的是"门户开放"政策。其本质在于"吾中国无治外法权，凡西人商力所及之地，即为其国力所及之地"。长此以往，"举全国而为通商口岸，即举国而为殖民地"。[4]如此一来，虽然中国拥有形式上的主权，但交通、警务、财政都逐渐落入外人之手，致使"吾民之欲谋衣食者，愈不得不仰鼻息于彼族"。[5]甚至教育也会被外人控制，彼辈通过掌握教育领域的话语权，

[1]　梁启超：《灭国新法论》，载吴松等点校：《饮冰室文集点校》第2集，第728、729页。
[2]　梁启超：《灭国新法论》，载吴松等点校：《饮冰室文集点校》第2集，第728、729页。
[3]　梁启超：《灭国新法论》，载吴松等点校：《饮冰室文集点校》第2集，第731页。
[4]　梁启超：《灭国新法论》，载吴松等点校：《饮冰室文集点校》第2集，第731页。
[5]　梁启超：《灭国新法论》，载吴松等点校：《饮冰室文集点校》第2集，第732页。

让中国人形成以受到外人宠幸为荣的心态。梁启超将此称为"奴隶之奴隶教育"。总之,在梁氏看来,所谓"保全中国"之论,"实乃使其鱼烂而自亡"。[1]

《灭国新法论》除了发表在《清议报》上,还有其他的传播途径。1902年,梁启超将发表于《清议报》的《论民族竞争之大势》更名为《现今世界大势论》,交由康梁一派经营的广智书局出版。[2]梁启超将全文分成几个小节,分别加上"英国之帝国主义""德国之帝国主义""俄国之帝国主义""美国之帝国主义""殖民政略""铁路政略""传教政略""工商政略"这些标题,让帝国主义问题变得更为醒目。[3]此外,梁启超将《灭国新法论》作为附录收入书中。这进一步表明,在他看来,"灭国新法"与帝国主义问题紧密相连。而随着这本书的流传,"灭国新法"这一概念自然也会受到越来越多的人注意。在1904年发表于《新民丛报》上的《朝鲜亡国史略》里,梁启超再次提及《灭国新法论》:

> 吾于三年前曾著《灭国新法论》一篇,于近百年来已墟之社,凭吊陈迹,而追想其驯致之由,未尝不汗浃背而涕交颐也。今朝鲜又弱一个矣。[4]

可见,梁启超是把"灭国新法"视为一个具有广泛解释力的概念,即可以用来审视与剖析那些非西方国家和地区如何遭受东西列强的蚕食、支配与侵略。

[1]　梁启超:《灭国新法论》,载吴松等点校:《饮冰室文集点校》第2集,第732页。
[2]　在这一年,广智书局出版了数种以"大势论"为主题的著作,比如地六三郎著、赵必振译的《东亚将来大势论》,林繁著、汪国屏译的《扬子江流域现势论》等。参见吴宇浩:《广智书局研究》,复旦大学历史系2011年博士论文,第53—54页。
[3]　梁启超:《现今世界大势论》,上海:广智书局1902年版。
[4]　梁启超:《朝鲜亡国史略》,载吴松等点校:《饮冰室文集点校》第3集,第1738页。

1911年，为了对抗清政府的"铁路干线国有"政策，四川爆发保路运动。梁启超旋即撰写《为川汉铁路事敬告全蜀父老》。他开篇就提及"灭国新法"：

> 呜呼！今者列强之灭国新法，实行于中国各省，而骎骎遂及我蜀，我父老其知之否耶？何谓灭国新法？昔之灭人国者，墟其社焉，潴其宫焉，废置其君相焉，系累其子弟焉。今也不然，握其政府财政之权，夺其人民生计之路，剥肤吸血使之奄奄以尽，而国非其国矣。英之灭印度也，仅以区区十二一万金之公司，取全印置诸商团政治之下者数十年，然后举名实以入于英政府，此稍诵历史者所能知也。德人之经营小亚细亚及南美洲也，皆握其铁路权、矿权而制之死命也。美人之县夏威夷也，以糖业也。英人之囊杜兰斯哇也，以钻石矿及金矿也。美人之制巴拿马也，以运河也。英人之轭埃及也，先以外交敏捷之手段，仅一夕话，乃举其王室所有之苏彝士河股份而攫收之，而埃及遂永沉九渊而不能自拔也。日人之并朝鲜也，先与俄罗斯战于樽俎间取京釜铁路权而扼之，夫乃有今日也。由此观之，百年以来，亡国之迹，历历可数，何一非先由生计界、实业界得寸进尺，然后以政治权随其后者乎？呜呼！我父老十年以来，列强所以处分中国之政策，惟兹一事而已！惟兹一事而已！[1]

在这篇针对时事而发声的文章里，梁启超一开始便用列强在世界各地使用"灭国新法"的先例来导出四川铁路问题的严峻性与急迫性。也许在他看来，"灭国新法"所揭示的列强"握其政府财政之权，夺其人民

---

[1] 梁启超：《为川汉铁路事敬告全蜀父老》，载汤志钧、汤仁泽编：《梁启超全集》第8集，北京：中国人民大学出版社2018年版，第288页。

生计之路",是极易引发当时大多数关心中国前途与命运的人共鸣的事情,它有着很强的宣传效应。

二、晚清知识分子对"灭国新法"的借鉴与运用

戊戌变法后,一批东渡日本的中国士人受到明治时代日本文化的影响,开始效仿彼邦人士创办各类报刊,通过报刊这种新式传媒向国人鼓吹政见、介绍新知。1900年以后,国内也出现了大量报刊,将那些由留日人士撰写与译介的新名词、新观点、新事物用更为接地气的方式在当地进行更为广泛的传播。新式报刊纷纷涌现,极大改变了中国读书人的阅读习惯、思考习惯与写作习惯,使思想的产生与传播有了新的特点,特别是形成了在传统社会里难以比拟的思想动员形式。史家吕思勉在20世纪20年代曾说:"三十年来动撼社会之力,必推杂志为巨。凡风气将转迻时,必有一两种杂志为之唱率;而是时变动之方向,即惟此一二种杂志之马首是瞻。"[1]而梁启超在清末撰写的报刊文章更具有极为深远的影响力。黄遵宪曾对梁启超说后者的论著"惊心动魄,一字千金,人人笔下所无,却为人人意中所有。虽铁石人亦应感动。从古至今文字之力之大,无过于此者也"。[2]胡适更是认为:"二十多年来的读书人差不多没有不受他(梁启超)的文章的影响。"[3]具体到《灭国新法论》,任鸿隽就回忆,他青年时在重庆府中学堂读书,"有人翻印梁任公之《灭国新法论》,读之尤令吾感动"。[4]

---

[1] 吕思勉:《三十年来之出版界》,载《吕思勉全集》第11册,上海:上海古籍出版社2015年版,第335页。

[2] 丁文江、赵丰田:《梁启超年谱长编》,上海:上海人民出版社1983年版,第274页。

[3] 胡适:《五十年来中国之文学》,载欧阳哲生编:《胡适文集》第3册,北京:北京大学出版社1998年版,第217页。

[4] 任鸿隽:《五十自述》,载樊洪业等选编:《科学救国之梦——任鸿隽文存》,上海:上海科学教育出版社2002年版,第678页。

在这样的历史背景下，梁启超阐述的"灭国新法"同样被不少努力探索救亡图存之道的中国知识分子关注并借鉴，成为他们论述自己政治主张，特别是分析世界形势时的重要组成部分。[1] 在创刊于1903年、政治立场偏向革命的《湖北学生界》里，就有作者运用"灭国新法"的概念来论述中国面临的危局。[2] 李书城在刊登于该刊的《学生之竞争》一文里说：

> 不见夫各国工艺竞争之点集于中国乎？机器制造吾且弗论，而开矿山、筑铁路实为**灭国之新法**。矿权、路权所及之处，即其国权所及之处。盖彼有如织如林之工学生，而我独无也。则不得谓亡国者非学生也。不见夫各国商务竞争之点集于中国乎？以大资本家亡人之国者，英之东印度公司其前鉴矣。今自帝国主义之跃出，商战之烈，远倍于弹烟炮雨。[3]

在这里，李书城将"灭国新法"与帝国主义并列，用"灭国新法"描述列强通过开矿山、筑铁路来控制一个国家经济命脉的现象。而这些活动属于帝国主义时代列强全球扩张的组成部分。作者强调，这一新的争逐过程，将以越发激烈的"商战"为主要表现形式。可以说，李书城对梁启超相关观点的把握是比较准确的，尤其是凸显了"灭国新法"之"新"。

---

[1] 关于晚清知识界这样氛围的特征及其原因，参见陶绪：《晚清民族主义思潮》，北京：人民出版社1995年版，第185—194页。

[2] 《湖北学生界》在清末影响极大。"这个刊物除在武昌、上海和日本横滨分别设立国内外总发行所外，还在湖北、上海、北京、天津、湖南、浙江、江西、四川、江苏、广东、山西和直隶等地设立了三十多个代派处，销路很广，曾经再版发行。"参见陈大可：《湖北学生界（附汉声、旧学）》，载丁守和主编：《辛亥革命时期期刊介绍》第1集，北京：人民出版社1982年版，第240页。

[3] 李书城：《学生之竞争》，载张枬、王忍之编：《辛亥革命前十年间时论选集》第1卷上册，北京：生活·读书·新知三联书店1960年版，第455页。

　　梁启超晚年认为自己是"思想家之陈涉"。[1]如若不论其中的自谦之意,他撰于1900至1903年的不少抨击时局与介绍新知文章确实具有极强的冲击力与破坏力。虽然他自己1903年以后几乎不再炎革命,转而认为"开明专制"才是救中国的良方,但之前的文章已经形成广泛影响,致使后来不少革命党人虽与梁氏在政治立场截然相反,却依然运用由后者创造或阐述的新概念与新学说来作为自己立论的根据。1903年杨毓麟在日本出版《新湖南》,主张"欲新中国,必新湖南"。[2]即湖南先从清廷统治中独立,然后以此为基地来改造中国。[3]之所以有此想法,是因为在他看来,列强侵略中国的手段越来越狡诈且多样,而清廷却乏抵御之术。因此,不能指望后者能让中国摆脱一系列内外危机。在《新湖南》的前半部分,杨毓麟用不少篇幅来描述当时的世界形势。他认为晚近的世界大势是列强由民族主义国家变为帝国主义国家,汲汲于对外进行侵略扩张。具体言之:

　　　　若夫列强所以施行此帝国主义之方针,则以殖民政略为主脑,而以租界政略、铁道政略、矿产政略、传教政略、工商政略为眉目,用以组织此殖民政略,使达于周密完全之地。[4]

很明显,他在此处列举的几种"政略",与前文谈到的梁启超《现今世界大势论》里每一节的标题极为相似。加上《新湖南》里同样大

---

[1]　梁启超:《清代学术概论》,载朱维铮校注:《梁启超论清学史二种》,上海:复旦大学出版社1985年版,第73页。

[2]　湖南之湖南人(杨毓麟):《新湖南》,载张枏、王忍之编:《辛亥革命前十年间时论选集》第1卷下册,第643页。

[3]　关于《新湖南》在当时的影响,参见严昌洪、何广:《导言》,载严昌洪、何广编:《中国近代思想家文库·杨毓麟陈天华邹容卷》,北京:中国人民大学出版社2014年版,第4—6页。

[4]　湖南之湖南人(杨毓麟):《新湖南》,载张枏、王忍之编:《辛亥革命前十年间时论选集》第1卷下册,第624页。

谈"俄国之帝国主义""英国之帝国主义""德国之帝国主义""美国之帝国主义",可证明杨毓麟撰写这本小册子时,参考、挪用了梁启超作为单行本来出版的《现今世界大势论》。值得注意的是,杨毓麟撰写《新湖南》时很可能也参考了作为附录收在《现今世界大势论》里的《灭国新法论》。他重点讨论了列强"手段愈高,方法愈巧"的殖民方略,即"扶持满洲政府""开放中国门户",达到"利用我土地以为其外府"与"利用满政府以为守藏之胥"的效果。[1]这与梁启超在《灭国新法论》里对列强的"保全中国"论的批判如出一辙。只是在杨毓麟这里,抨击清政府卖国的意思更加强烈。由此可见,"灭国新法"不仅批判东西列强意图侵略中国,而且能通过揭示"保全中国"论的危害来揭露清政府甘当帮凶、为虎作伥,进而凸显反清革命的正当性。

清末革命党人常称自己为"中等社会"之成员。他们认为相比由各级官吏组成的"上等社会",自己并无后者身上体现出来的昏聩与腐化,而相比主要由农民、工人、会党、兵士构成的"下等社会",自己则具备了后者所难以掌握的文化知识,尤其是近代新知。因此,"中等社会"的历史使命之一便是"提挈下等社会",向"下等社会"灌输新知,使之具有近代政治意识,成为革命的重要力量。[2]基于此,晚清革命党人频繁运用白话文体撰写通俗论著,向他们眼中的"下等社会"说法。其中,陈天华的《警世钟》与《猛回头》堪称典型。而在《猛回头》里,陈天华便借鉴《灭国新法论》的内容来描述中国面临的险峻形势:

> 列位,你道于今灭国,仍是从前一样吗? 从前灭国,不过是把

---

[1]　湖南之湖南人(杨毓麟):《新湖南》,载张枬、王忍之编:《辛亥革命前十年间时论选集》第1卷下册,第626页。

[2]　陈旭麓:《近代中国社会的新陈代谢》,上海:上海人民出版社1992年版,第257—276页。

那国的帝王换了坐位,于民间仍是无损。于今就大大的不相同了,灭国的名词叫做民族帝国主义。这民族帝国怎么讲的?因其国的人数太多,本地不能安插,撞着某国的人民本领抵挡他不住的,他就乘势占了。久而久之,必将其人灭尽,他方可全得一块地方。并非归服于他,就可无事的,这一国人种不灭,他们总不放手。那灭种的法子,也是不一:或先假通商,把其国的财源一手揽住,这国的人渐渐穷了,不能娶妻生子,其种自然是要灭的;或先将利债借与那国,子息积多,其国永远不能完清,拱手归他们的掌握;或修铁路于其国中,全国死命皆制在他手里;或将其国的矿产尽行霸占,本国的人倒没有份。[1]

不难看到,陈天华用十分通俗的方式,将梁启超关于"灭国新法"的观点——诸如控制他国财政、获取筑路权等——进行了新的表述,并且将其与民族帝国主义问题结合,描绘了一幅中国身处危局之中的图景。当然,与梁启超的论述略有不同的是,陈天华不但谈"灭国",而且谈"灭种",凸显列强侵略对于中国人自身的危害。而在《猛回头》的开篇,陈天华专门用一节来谈论"人种述略",不但强调"白色种最强",致使其余人种"都为白色种所压制",并且声称"满洲是通古斯种",体现了作为革命党人的他深受流行的反清论述之影响。[2]而这一点,恰恰是当时主张"大民族主义"的梁启超所极力反对的。[3]

　　1907年初,应清廷之托,日本政府要求孙中山离境。但为了不和后者断绝关系,日本政坛元老伊藤博文委托黑龙会头目内田良平赠予

---

[1]　陈天华:《猛回头》,载严昌洪、何广编:《中国近代思想家文库·杨毓麟陈天华邹容卷》,北京:中国人民大学出版社2014年版,第166页。

[2]　陈天华:《猛回头》,载严昌洪、何广编:《中国近代思想家文库·杨毓麟陈天华邹容卷》,第158页。

[3]　梁启超:《政治学大家伯伦知理之学说》,载吴松等点校:《饮冰室文集点校》第1集,第454页。

孙中山一笔资金以示慰问。孙中山接纳这笔资金后，未与同志商议如何使用，仅将少部分留给已经面临严重资金困难的革命党机关报《民报》，这让身为《民报》主编的章太炎极为不满，革命党内部出现严重裂痕。而随着孙中山将活动重心放在南洋，他让更听命于自己的汪精卫、胡汉民等人在新加坡创办《中兴日报》，将其作为新的舆论阵地，大有取《民报》而代之之势。或许是为了建立起影响力，进而更好地宣传革命思想，《中兴日报》从1908年初起，主动发起与当地偏立宪派立场的刊物的论战。[1]

虽然《中兴日报》希望借助论战的形式来传播革命思想，但他们在陈述自己主张之时，依然借用了被自己视为论敌的立宪派人物介绍或阐释过的不少学说或概念，这其中就包括了"灭国新法"。1908年3月，该报刊登了一篇名为《革命论》的来稿，作者认为：

> 盖今日列强之**灭国新法**与畴昔殊，将欲夺其权利、踞其土地、奴隶牛马其人民，而虑其民之反抗也，于是借名保护，姑留其君主与其官吏为己作伥，其国之君主、官吏亦乐得借强国之大力压制其人民，而揭竿起事、鼎革易姓之患永绝焉。其国虽亡，其君主、官吏无恙也。所难堪者，其人民作两层之奴隶，加数倍之血税，永坠九幽地狱，无复重见天日耳。不观之埃及、印度、安南、缅甸诸国乎，诸国亡矣，而诸国之君主、官吏无恙也。前车之覆，后车之鉴，他日中国即亡，满酋之尊严、满奴之威福无恙也。[2]

前文谈到，在《灭国新法论》里，梁启超用了不少篇幅批判列强的"保

---

[1]　彭剑：《清季宪政大辩论——〈中兴日报〉与〈南洋总汇新报〉论战研究》，武汉：华中师范大学出版社2011年版，第17—24页。

[2]　兴黄来稿：《革命论》，载章开沅、罗福惠、严昌洪主编：《辛亥革命史资料新编》第5卷，武汉：湖北人民出版社2006年版，第315页。

全中国"论,并顺带指出如若后者这一企图得以实现,清廷各级官吏将成为列强实际控制中国的工具。这样的话语结构,其实也颇为严厉地批判了清廷。因此,撰写《革命论》的作者就抓住这一点来做进一步的引申,认为虽然列强的"灭国新法"让中国遭受危机,但清廷统治集团并未受损,反而能继续保持其禄位。作者或许是想以此来证明清廷统治集团早已同国家与国民的利益背道而驰,理应被推翻。就比而言,"灭国新法"不但能让人们意识到列强殖民扩张的手段之多样与狡黠,还能提醒人们注意本国内部不合理的政治状况与政治结构,使人们意识到抵御外侮与内部变革需并行。

　　与之相似,当时在檀香山办报宣传革命的革命党人卢信,[1]在《革命真理》这本小册子里同样借助分析"灭国新法"来凸显推翻清政府的必要性:

> 近来灭国之新法愈出而愈巧妙,往时用自国兵力以达其侵略之目的,今则假敌人之兵以杀敌人,固不肯轻杀自国人之生命者。印度、安南、高丽之事,固彰彰可考。就中国言,外人之侵略土地者,孰非满政府为之鹰犬乎? 英之占九龙也,土人赤手空拳,奋起而与英兵抗,土人死者枕藉于道,而英兵死者不过数人耳……英政府必不欲多伤英兵一人,故使清政府代为平乱,而屠杀之余,抚循自易。[2]

在作者的描述里,清政府不但在日常统治中偏袒外人,维护列强在华的特权,甚至还运用暴力机器来镇压中国人对列强侵略的反抗。这种

---

[1]　关于卢信清末在海外宣传革命的梗概,参见黄光甫:《辛亥前后檀香山的几家宣传革命的报纸》,载《孙中山与辛亥革命史料专辑》,广州:广东人民出版社1981年版,第91—96页。

[2]　卢信:《革命真理——敬告中国人》,载章开沅、罗福惠、严昌洪主编:《辛亥革命史资料新编》第1卷,第19—20页。

"假敌人之兵以杀敌人"的行为,固然可见列强殖民手段之狠毒,但更彰显清政府早已不存保民卫国之念,理应被推翻。

清末革命党主要的论战对象自然是立宪派。但不可否认,大多数立宪派人士同样对中国所面临的内外危机忧心忡忡。尤其是清廷下诏宣布预备立宪后,不少立宪派人士之所以屡次发起请愿运动,很大程度上是因为他们相信只有迅速施行立宪,才能集大多数国民之力来抵御列强的侵略活动。[1]在南洋由立宪派控制、与革命党进行论战的《南洋总汇新报》就刊载了不少分析列强对华侵略企图与实践的文章。在刊登于1910年的一篇文章里,作者指出:

> 而今列强殆不忍见自国国民流血之惨,故以平和之手段瓜分人国之领土,今日曰门户开放、机会均等,明日曰商业经营、共通利益,此等平和之手段即为**新发明之共谋以灭人国之方法**,如近年日英同盟、日俄协约、日法协约即此例也。此等以条约灭人国之手段皆出于平和,而不出于激烈,出于阴鸷,而不出于暴施,盖欲使受者不觉,不起急遽之反抗。[2]

在这里,作者将东西列强通过门户开放政策来支配一个国家的方式称为"新发明之共谋以灭人国之方法",强调此手段看似平和,实则危害甚深。其虽未直接用"灭国新法"四字,但描述的现象与表达的意思却同"灭国新法"若合符契,特别是"新发明之共谋以灭人国之方法",基本就是在用更为通俗的表述方式来指称"灭国新法"。

值得注意的是,在梁启超那里,"灭国新法"突出的是"新"字。只

---

[1]　相关史事,参见张朋园:《立宪派与辛亥革命》,上海:上海三联书店2013年版,第52—83页。

[2]　《论世界和平之险象——中国前途其为砧肉乎?》,载章开沅、罗福惠、严昌洪主编:《辛亥革命史资料新编》第5卷,第158页。

是在《灭国新法论》里,他主要侧重与经济和财政领域相关的"新法",
其他属于近代殖民史进程中被运用的方法,比如在文教领域对被殖民
国家施加影响,他虽然也讲到了一些,但基本是点到为止。不过随着这
一概念的广泛传播,人们不再完全遵循《灭国新法论》本身的文本结构
与论述重点,而是以"新"为立足点,描述、总结那些在今日颇为常见,
但在历史上却并不多见的殖民扩张手段。在清末预备立宪时期江苏
省士绅写给江苏巡抚的一封公开信里,作者认为在推广新式教育的过
程中,不应忽视"国粹",尤其是本国文字。为了强调这一点,作者特别
指出:

> 夫各国教育无不以本国文字为主位,固不第日本为然。文字
> 者,一切道德政治精神之所寄也。近今**灭国新法**,尤务使其势力范
> 围所及,悉用己国之语言文字,而不容奴隶于我者有南冠故国之
> 思。故或谓文字亦足以灭人国,此国粹之说所由来也。[1]

在作者看来,晚近列强的"灭国新法"之"新"主要表现在不允许被其
殖民或支配的国家使用自己的语言文字,通过禁绝其语言文字,进而使
其"道德政治精神"黯而不彰。征诸近代殖民史,这样的举措的确存
在。但更为常见的,是殖民者有意培养一批忠于自己的本地精英,让他
们同时兼具本土特性与西方文化外观,使其既能与殖民者顺畅交流,又
能在本国民众面前彰显自己的精英身份,辅佐殖民者进行统治。在殖
民者的文化面前,当地文化自然是颇为低劣的。但这并不妨碍前者利
用它作为规训与管理当地民众的工具,把因落后而甘于被殖民美化为
"继承传统美德",将当地有识之士追求进步与解放诋毁为"破不传统

---

[1]　《再上苏抚陈书》,载《江苏教育总会文牍纪事表》第3编,上海:中国图书公司1908
年版,第148页。

美德"。较之简单粗暴地消灭当地语言文字,如此这般的手段不但更能让本地精英趋之若鹜,还能节约统治成本,更能让殖民者博得"尊重当地传统"的美名。从后见之明来看,如果非要揭示文教领域的"灭国新法",或许这才是重点所在。

三、辛亥革命后"灭国新法"的持续影响及其变种

虽然辛亥革命推翻了帝制,建立了共和,但是中国所面临的内外危机却并未解除。1912年1月,孙中山发表《对外宣言书》,其中提到:"凡革命以前所有满政府与各国缔结之条约,民国均认为有效。""革命以前,满政府所借之外债及所承认之赔款,民国亦承认偿还之责,不变更其条件。"[1]这种妥协的态度不但使革命党长期宣传的三民主义中的民族主义大打折扣,而且让新政权刚建立就面临遭受列强操控的危险。因为签订贷款、索取赔款、利用不平等条约,正是列强控制清政府的常用手段。不久之后,袁世凯出任大总统。面对日趋枯竭的财政状况,为了巩固统治,袁世凯计划向列强大举借款。而后者之所以愿意向新政权借款,除了为获取高额利润,主要还是想借此来进一步控制中国的财政与金融。因此,对于以何种条件向中国借款、应由哪些国家参与其中,列强之间也矛盾重重、明争暗斗。[2]但无论怎样,从晚清的历史经验来看,向列强借款无疑会对中国的政治与经济主权造成极大损害。这是经历了晚清民族主义思潮洗礼的不少政学精英所深感焦虑的。

在此背景下,"灭国新法"再次成为时人表达政见的重要佐助。吉林都督陈昭常在一次公开演说中就说:

---

[1] 孙中山:《对外宣言书》,载《孙中山全集》第2卷,北京:中华书局2011年版,第10页。

[2] 李新、李宗一主编:《中华民国史》第二卷上,北京:中华书局2011年版,第215—234页。

盖吾国今日之趋势,种种事业非竭力办去不足图存。而吾国今日之情状,种种事业非另筹巨款,竟无一可办。故大借外债已迫我以再无商量之余地。第借款之险,几同孤注一掷。东西各国亡国惨祸相随属者岂特埃及,盖近世纪来,**灭国新法**皆依此为原则矣。[1]

从他一面以埃及因大举借债而遭受列强支配为例,一面直言列强向他国放债为"灭国新法"来看,陈昭常极有可能读过梁启超的《灭国新法论》。而由此更可证明,梁启超用"灭国新法"来描述晚近列强的殖民扩张手段,已经颇为深刻地影响到不少中国人对世界形势的认识与理解。

只要近代以来中国面临的内外危局依然存在,那些解剖此局面的学说与概念就会一直受人关注,延续其宣传与动员效用。1919年4月,中国在巴黎和会上遭受极不公正的待遇,列强将先前德国在中国山东的特权转让给日本。在梁启超与林长民等人的推动下,这一消息不久就传至国内,让国人感到极为愤怒,多地爆发一系列示威游行活动。[2]这些抗议之声与前些年兴起的新思潮紧密结合,促生了新的政治力量登上历史舞台。当年11月,在以梁启超为代表的研究系控制的《晨报》上刊登了一篇名为《灭国术新纪元》的文章。作者认为新成立不久的国际联盟表面上主张承认成员国现有之疆界与行政上的独立,但实际上,国联中的一些大国却通过与弱国签订密约来干预后者的内政,特别是支配其财政与军事。如此一来,虽然表面上弱国疆界并未遭到侵略,但其主权已落入列强手中。作者借此强调,所谓不变更疆界与保持行政独立,并不能保障弱国不被强国支配,反而在此幌子下,强国的殖民

---

[1] 《陈都督演说词》,载《农垦协会报告》第1期,出版地不详,1913年版,第29页。

[2] 叶景莘:《巴黎和会期间我国拒签和约运动的见闻》,载全国政协文史资料委员会编:《从辛亥革命到北伐战争》,合肥:安徽人民出版社2000年版,第421—422页。

扩张手段会变得更让人难以察觉。在作者看来,此举"实开一灭国术新纪元,波斯不幸先当其冲,继波斯者,实惟中国"。[1]这里所说的"灭国术新纪元",很明显是对梁启超的"灭国新法"的借用与改造。不过字词上的变动并不影响内容上的相似性。所谓"灭国术新纪元",同样是要突出列强殖民扩张手段之"新",通过揭示这些新手段来警醒国人。

1919年,美国哲学家杜威来华讲学兼旅行。在此期间,他写了不少关于中国政治、经济与文化的评论。其中一些评论文章或被直接翻译成中文,或通过摘编概述的形式,在中文报刊上刊载。1921年,杜威在美国的《新共和》杂志上发表《中国是一个国家吗?》。在文中,杜威认为古代入侵与现代入侵在特征上有根本差异:

> 现代入侵以开发先前未得到利用的经济资源为核心。一个拥有中国的港口、铁路、矿藏与通讯的国家会控制中国。入侵国越聪明,它所担的超过必要治安维持的国民官吏负担就越少。它会像长期压榨的资本家那样,利用这个国家的自然资源与不熟练的劳动力来为自己的目的服务。此外,毫无疑问,它会试图招募当地的人力来充实军队。一般来说,当地人会像苦力那样生活,而外国人则像上层人物那样生活。[2]

杜威此论无疑道出了近代列强常用的殖民策略,即尽可能地节约统治成本,通过控制殖民地经济命脉来维持其统治地位。或许是意识到了这一点,杜威这番话不久就被译成中文,在一份属于在华基督教系统的刊物《兴华》上发表。而在发表这些内容时,编者所取的题目就叫《灭

---

[1] 《灭国术新纪元》,《晨报》1919年11月12日,第3面。

[2] 杜威:《中国是一个国家吗?》,载顾洪亮编:《中国心灵的转化——杜威论中国》,上海:华东师范大学出版社2017年版,第197—198页。

国新法》。[1]可见,在编者看来,杜威的这番话与梁启超阐述的"灭国新法"异曲同工。

从20世纪20年代起,随着中国共产党广泛宣传列宁的帝国主义论,以及改组后的国民党将反对帝国主义作为三民主义中民族主义的重要内容,加上五卅运动掀起的全国范围内的反帝风潮,人们对帝国主义问题有了较之晚清知识分子更为深刻与直观的认识,市面上出现了许多谈论帝国主义问题的著作。在这些著作里,漆树芬撰于20世纪20年代的《经济侵略下之中国》内容尤为翔实。当时已经声名远扬的郭沫若为此书作序,进一步扩大了其影响力。[2]漆著先解释何谓资本主义、何谓帝国主义,然后通过各种数据资料,分析帝国主义势力如何逐步控制中国的商埠、交通、铁路、贸易、投资,并通过治外法权、设立租界、控制关税等手段维持在中国的经济统治。在分析列强通过向弱国放债来收取数额极高的利息时,漆树芬指出这类行为就是一种"灭国新法":

　　此种经济行为,实从社会晦其形,而世人仅见出资者与使用者间债权授受之行为耳。是这样看来,利息之产生,全由一种商人

[1]《杂评·灭国新法》,《兴华》1921年第7册,第28页。该刊是这样摘编的:"日本大隈伯曾言,中国昔日之能长保其独立者,为彼未有铁路之故。此言骤闻之,颇类儿童所说人因有针,故能保其生命,因他人不敢吞噬之也。然由此语,可见古代与近世之侵略性质,乃大不相同。近世之侵略,以开发未经用过之经济力源为主,若有一国能据中国之口岸铁路矿产及交通者,即能制服中国。除必要之警务以外,决不再担负其民事行政,以自取其累。侵略之国,只须以资本家自居,利用中国人士,以开其富源,借以自利,此外或再强迫中国人为之当兵,如是即足制中国之死命。总之,即使中国人为苦力,外国人则居于上级社会是矣。"

[2] 漆树芬是日本著名社会主义者河上肇的弟子,20世纪20年代,郭沫若曾和他频繁讨论中国的政治问题。据郭沫若回忆,漆著出版后"曾轰动一时,销路十分畅达"。参见郭沫若:《学生时代》,北京:人民文学出版社1979年版,第220页。另外,这本书出版后不久,就引起了中国共产党人的注意。萧楚女专门为该书撰写评论。参见萧楚女:《评〈经济侵略下之中国〉》,载《漆南薰遗著选编》,1987年内部出版,第198—202页。

之行为之关系而成立，而在国际投资间，这利息问题，遂占绝大位置。不单是国际间之投资而已，并至于国际间之交战议和，亦蒙此种之影响，而赔款之付利息，实为现今国际间之一最大特征。在一国之财政上，诚得一种新形式之收入，在现今之**灭国新法**上，实开一新纪元。[1]

与之相似，胡蕴然在出版于1930年的《帝国主义之研究》里，[2]虽未直接使用"灭国新法"，却用"谋人新法"与"谋人灭国之一种巧妙新法"来描述晚近帝国主义的殖民与侵略手段：

> 帝国主义之侵略人国，其心毒，其法妙，依上所述，固可悉其梗概。惟至今日，尚有一种**谋人新法**而为帝国主义者所惯用而不易察知者，即外用和平亲善之名，内含阴险毒狠之计也。此种手段，名曰连环政策，又曰软化政策……苟不加审查，必于不知不觉之间，入彼牢笼之中，俟其软化以后，再行相机而入，借亲善援助之美名，或开办某矿，或建筑某路，或合办某种实业，或要求某种交通（电信电话等），始而双方合办，继而喧宾夺主，及至最后，则不得不全权操之于彼，而失我之主权，夺我之生命矣……此种方案，最为和平，且易行之，又不在乎威迫，亦不显其痕迹，可得于无形之中，攫获莫大之利，故为现代帝国主义**谋人灭国之一种巧妙新法**，而亦吾人不可不特加注意者也。[3]

---

[1]　漆树芬：《经济侵略下之中国》，上海：光华书局1931年版，第363页。

[2]　胡蕴然在国民革命运动时期思想立场比较接近中国共产党，曾参与组织成立"西北革命同志同盟会"。参见李冠洋：《中国国民党山西省党部简述》，载中国人民政治协商会议山西省委员会文史资料研究委员会编：《山西文史资料》第13辑，太原：山西人民出版社1979年版，第167—168页。

[3]　胡蕴然：《帝国主义之研究》，上海：启智书局1930年版，第24—25页。

在作为单行本出版的《现今世界大势论》里，梁启超将《灭国新法论》作为附录收入其中。其意思就是表明，"灭国新法"与帝国主义问题关联紧密。很可能是受此影响，漆树芬与胡蘧然研究帝国主义问题，或是直接使用"灭国新法"，或是使用与"灭国新法"表述极为相似的字词，来描述帝国主义的侵略手段，特别是通过经济与金融来支配、奴役其他国家。而揭示晚近帝国主义扩张的"经济理由"，也恰恰是梁启超清末政论的主要议题之一。由此可见，辛亥革命前十年间与20世纪20年代以后的中国知识分子在思考世界形势时，从关注重点到分析路径，都有着比较明显的连续性。

在近代中国，随着交通日趋便利，越来越多的人有条件出洋游历参观，这使他们能够较为深入地考察世界各国的状况。一些人士常将出洋经历撰写成游记，一面向国人介绍域外景象，一面借此表达自己对世局的看法。而当这些作者在海外遇见与中国处境相似国家的人士，或者踏上被西方列强侵占的土地时，往往会想起中国的命运。此时，"灭国新法"就成为他们表达自己忧患意识的绝佳用词。在出版于1924年的《南洋旅行漫记》中，作者梁绍文记录自己在船上遇见一个50多岁的印度茶房。在与后者略作攀谈之后，作者发表了以下想法：

> 我忽然忆起从前有人说过，英国灭了印度的国家，还想将印度的人种渐渐灭绝，所以印度人娶妻都有个限制——非过了四十岁不能结婚……这就是英国人发明的**灭国新法**。行之于埃及而有效，行之于印度而更收大效。于是日本人亦将他来应用于朝鲜，朝鲜虽然不愿意带这样圈套，然一时已经脱不下来了。[1]

与之相似，陈以一在《墨游漫墨》里记下自己赴夏威夷旅行的感想：

---

[1]　梁绍文：《南洋旅行漫记》，上海：中华书局1924年版，第6页。

> 夏威夷系孤悬于太平洋中央之岛屿，共成大小八岛。夏威夷
> （HAWAI）原其国名，政体君主。西历一七八二年即位之加美哈美
> 哈一世，为著名英主，削平内乱，统一各酋，威镇八岛。历传八代，
> 至一八九三年而革命起，组织临时政府。翌年，夏威夷共和国正式
> 成立。一九〇三年亡于美国，改为夏威夷县。其时距美国传教队
> 至夏威夷仅八十三年耳，**灭国新法**，可畏也已。[1]

陈以一将美国殖民夏威夷的过程称为"灭国新法"，这与梁启超在《灭
国新法论》与《现今世界大势论》里对美国外交政策的分析颇为一致。
而梁绍文将英国在印度施行的带有种族主义色彩的政策也称为"灭国
新法"，则属于对这个概念进行新的阐发，即与前文谈到的一些例子相
似，都在"新"字上做文章，强调列强殖民手段的多样化。

　　在近代中国，要想对某些新学说与新概念进行传播，除了依托新式
媒体，另一重要的渠道就是教科书。1930年，在一本出版于上海的《高
等小学国文新课本》里，编者专门设置了"常识"栏目，介绍一些与当
时中国的政治、经济密切相关的制度与活动，其中包括了"贸易竞争"。
在相应的课文里，编者写道：

> 近世**灭国新法**，有不从战争而收功于市场者，英以一公司而臣
> 属印度是也。今我之市场，洋行亦已林立。是集东西洋数十国之
> 商人，协以谋我也。漏卮之数，岁达数万。循是以往，即不议瓜分，
> 亦尪羸而毙矣。[2]

通过叙述如此这般的"灭国新法"，作者认为要想振兴商业，在国际贸

---

[1]　陈以一：《墨游余墨》，上海：世界书局1927年版，第63—64页。
[2]　上海徐家汇圣教杂志社编：《高等小学国文新课本》，上海徐家汇土山湾印书馆
　　　1931年版，第149页。

易竞争中立于不败之地,需依靠"大资本家"出面维持本国的商业活动。因为"资本愈大,则物价愈廉,所需之劳力愈多,由是全国社会互添活力,而幸福亦愈进"。[1]很明显,这样的立场与同样谈论"灭国新法"的左翼知识分子漆树芬、胡蘧然就很不一样。这也显示出在20世纪20年代以降的中国,不同立场与派别的人虽然对列强的侵略野心同感忧虑,但所秉持的解决之道却颇有差异。

而要说起政治观点上的差异,1927年南京国民政府成立后,为了凸显与中国共产党理论主张的区别,国民党政权开始修改、重释孙中山的三民主义,尤其表现在日益突出民族主义,同时想方设法淡化、稀释民权主义与民生主义。而为了巩固其统治,南京国民政府不断试图在思想文化领域遏制左翼思潮的传播。1936年,由王云五主持的商务印书馆出版沈志坚所编的《中国伟人小史》,这是一本面向儿童的历史通俗读物。该书收录了郭子仪、王安石、岳飞、文天祥、史可法、林则徐、孙中山的小传。从传主名单就能看出,此书主旨意在表彰历史上保家卫国、抵御外敌的代表人物。这也符合九一八事变之后全国范围内越来越强烈的爱国救亡思潮。但问题在于,在此书的岳飞传记里,编者这样运用"灭国新法":

> 金人虽是胡族,很知道现在的**灭国的新法**,利用汉奸,来扰乱中国。除了立刘豫为齐王,更联络江淮一般剧盗如张用、李成、杨么等使宋廷受困。岳飞知道要复国仇,非先平内寇不可,所以他先招降张用,次把李成剿灭,荡平了江西和湖北,来做进窥中原的根据地。[2]

在编者眼里,生活在古代的金人也深谙"灭国的新法"。如果说通过建

---

[1]　上海徐家汇圣教杂志社编:《高等小学国文新课本》,第150页。

[2]　沈志坚编:《中国伟人小史》,上海:商务印书馆1936年版,第18—19页。

立傀儡政权来与南宋朝廷周旋,确属金朝统治者的对宋方略之一,那么把农民起义与金朝统治者建立起联系,恐怕就体现了作者的某种"时代意识"了。更为明显的是,作者说"岳飞知道要复国仇,非先平内寇不可",只要了解当时南京国民政府的内外政策,即知这番话与蒋介石宣扬的"攘外必先安内"很相似。而所谓"荡平了江西和湖北",联系到不久前国民党军队对中央苏区与豫鄂皖苏区的围剿,更不难看出编者如此这般编排、解释史事的"深意"。总之,这段叙述,与其说是要凸显近代的"灭国新法",不如说在暗示古今"剧盗",心同理同,亦即人们如果能认可岳飞的军事行动,也应理解今天统治阶级的军事行动。在这里,虽然可见梁启超言说的持续影响力,但他用来剖析中国内外危机的"灭国新法",却被扭曲成用来指责革命者的说辞。

四、结语

章开沅先生曾说:"帝国主义是中国人民第一个和最凶恶的敌人,中华民族在19世纪受尽了帝国主义的欺凌与损害。先进的中国人在研究20世纪的时代特征时,自然首先要把目光集注于帝国主义。" [1] 为了剖析帝国主义问题,对时代变局极为敏感的梁启超频繁撰文。在《灭国新法论》中,他借由叙述埃及、印度、波兰、布尔、菲律宾等地的亡国史来提醒国人,近代西方列强的殖民扩张早已不再局限于传统的攻城略地、抢占地盘,而是会充分运用财政、金融、教育等手段来控制非西方国家。列强可以允许后者保持表面上的政治独立,甚至可以允许其拥有一套从外观上看起来颇为现代化的政府架构;同时却经常建议该国聘请本国政治顾问来"帮助"其实现政治现代化,让本国大企业在当

---

[1] 章开沅:《时代·祖国·乡里——辛亥革命时期社会思潮试探》,《社会科学战线》1981年第4期。

地投资进而控制该国经济命脉,让本国金融集团向该国发放贷款,并以监督贷款使用为名派遣经济顾问进入该国政府的财经与关税部门,使该国财政受本国遥控,最终使该国逐渐沦为半殖民地或殖民地。

从传播的角度来看,"灭国新法"的打动人心处在于"灭国",因为甲午战争以来,中国有可能因遭瓜分而亡国一直是让关心中国命运的人倍感忧虑之事。此外,"灭国新法"的落脚点在"新"字,即强调要注意到近代列强殖民扩张的新手段与新策略。借着其始创者梁启超在舆论界的巨大影响力,以及它与帝国主义问题的紧密关联,"灭国新法"逐渐成为时人分析世界形势与中国危局时常用的一个概念。人们或是直接使用它,或是将其表述略作变动,用更通俗的形式再次传播,或是将"灭国新法"所强调的内容作为自己的立论基础。对"灭国新法"的借鉴与运用,从晚清持续到20世纪30年代。即便是后来与梁启超在政治立场上高度对立的清末革命党人,也不吝于借助这一概念来表达自己的政治主张。这表明,近代中国人"开眼看世界"有一以贯之的主线,即聚焦于中国面临的十分险峻的外部环境,剖析东西列强如何采取不同手段来侵略、支配中国,将抵御外侮视为近代中国的主要时代任务。换言之,因担心被"灭国",所以人们要不断关注世界形势;因要洞察东西方列强灭人国之手段与方法,所以需考察其"新"在何处。[1]

对于绝大多数中国知识分子而言,怎样实现救亡图存是一个必须直面的时代问题。离开了这一点,将很难全面认识中国近代思想史的主要内容。就此而言,考察近代以来不同派别与立场的人士对"灭国新法"的借鉴与运用,同样可以窥见时人如何理解当时的世界形势,特

---

[1]　本文所提及的人物,除了晚清那些曾引起时人关注的革命党人,大多数人在中国近代史上的知名度其实没那么大。不过也正因为如此,他们更能凸显梁启超论著"下沉"至一般读书人中间的程度,也更能体现他在近代中国持久的影响力。因为不少人借用"灭国新法"一词,并非有意与梁启超对话,而是颇为自然地认为这个概念有助于描述中国所面临的外部压力。若非梁启超的文字深入人心,这样的效果是不易形成的。

别是东西方列强的对外政策与手段。比如有人强调列强在文教领域制定相关政策也是"灭国新法";有人则从列强有意遏制被殖民国家人种繁衍的角度来理解"灭国新法";有人一面宣传"灭国新法",一面替本国大资本正名;更有人把"灭国新法"与20世纪30年代国民党的内外政策联系起来。不同的关注重点,不同的思考路径,背后往往体现着近代中国复杂的政治、经济与社会状况。这也表明,要想全面认识近代中国,外部视角固然不可或缺,但同样需要内部视角,即深入剖析那些在历史进程中真实存在过的现象、矛盾与症结。在这个意义上,将剖析"灭国新法"与展开社会调查相结合,实事求是地认识中国社会的真实面貌与主要问题,或许才是近代中国历史演进过程给予人们的重要启示之一。

附：略论中国传统思想 与20世纪中国革命之关系
——一个回顾性的分析

一、前言

恐怕很少有人会否认，20世纪中国历史的主题之一就是革命。[1] 革命的理论固然来自域外，但进行革命的地方却是在中国。而现代中国则由过去的中国演变而来，它所呈现出的时代特点与症结、中国革命的总体特征与斗争形式，虽然与近代以降的各种内外危机颇有关系，但更与中国传统文化对中国社会的深远影响息息相关。当前的一些学术研究，仅用一种类似于"念经"的方式，执着于马克思本人著作里的具体文字，然后评析中国的革命实践与这些具体文字之间的关系。如若觉得稍有不同，便认为中国的革命"背离"了马克思本人的"本意"，甚至不顾当代中国社会与国际形势的基本现实，主张让中国重新走一遍马克思本人生活的19世纪中叶的欧洲所经历过的资本主义原始积累过程，这恐怕既无助于发展马克思主义的重要命题与方法论，又无助于思考近代以来中国所面临的主要问题。与之看似相反实则在思维方式上很相似的，就是将中国传统思想，甚至是中国传统思想当中的某一学派进行"本质主义"化处理，使之成为超越时间与空间的政治和社会原

---

[1] 本文所指的"中国革命"，主要是中国共产党领导的新民主主义革命。但为了从更长时段的历史视角来考察问题，本文会涉及辛亥革命前后的一些史事，所以就以更具概括性的"中国革命"作为文章标题。

理,以此来评判近代以来中国的历史进程。将这一学说里的一二名词概念作为对中国历史发展全貌的概括,用充满着个人体验的心性修养的修辞来替代对历史复杂性与曲折性展开深入探讨的历史研究。如此这般,恐怕既不能在当代信息多元化、媒介多样化的时代里让中国传统思想被更多的人服膺,又不能脚踏实地、实事求是地分析中国的历史与现实。

历史研究的意义之一就是通过动态地审视历史上的重要问题,分析这些问题的来龙去脉与渊源流变,呈现其中的复杂性,揭示影响历史进程的结构性因素,在掌握大量史实的基础上进行理论层面的总结与思考,最终形成看待历史变迁的整体视角。在今天,思考中国传统与20世纪中国革命之间的关系,窃以为需要从历史的角度进行分析。对此,老一辈党史研究者已经关注到了。20世纪80年代,中西文化比较成为理论界的热门话题,不少学者致力于从文化的角度分析近代以来中国的变革。1985年,胡乔木在谈及党史研究中的理论问题时提到:

> 中国是东方大国,有自己本民族的悠久的文化。要不要把马克思主义中国化,怎样在中国实践马克思主义,发展马克思主义,怎样在发展中把中国的历史文化与马克思主义有机地结合起来,增加新的内容,使之发展,做出贡献,确实是个问题。这就涉及到对中国文化怎样分析。不能把中国传统文化一概说成封建主义的。有些文化是有阶级背景,有些则不受或不直接受阶级利益支配。中国文化在中国革命中发挥了很大作用。中国为什么能接受马克思主义?我们很需要认真研究,答复这个问题。[1]

---

[1] 胡乔木:《党史研究中的两个重要理论问题(修订本)》,载《胡乔木谈中共党史》,北京:人民出版社2015年版,第230—231页。

在这里，胡乔木提到了思考中国传统与 20 世纪中国革命关系的几个要点。首先，要承认"中国是东方大国，有自己本民族的悠久的文化"，这是分析相关史事的一个重要前提，即近代以来的一系列变革，不是在如白纸一般，可由人任意涂画的时空下进行的，而应意识到由于中国是"有自己本民族的悠久的文化"的"东方大国"，所以中国社会有自己的特点，改造中国社会需注意到中国社会的主要矛盾与基本症结。其次，研究这一问题，"就涉及到对中国文化怎样分析"。既然中国有着悠久的历史，中国是一个广土众民的国家，那么中国文化必然也呈现出复杂的面貌，很难用一二名词来简单描述。最后，作为革命的亲历者，他特别说道"中国文化在中国革命中发挥了很大作用"，这一点尤其需要从思想史与文化史的角度展开详细分析，即透过历史的表层，分析一些深层次的、属于民族文化心理结构层面的问题。因为革命的主体是革命者与支持革命的广大群众，他们生长在中国社会，中国文化的不同侧面以不同的形式影响着他们。这种影响即便习焉不察，但很可能长期存在。它既是革命的深层次动力，又塑造着中国革命的基本面貌，还有可能是需要被改造的对象。总之，研究"中国为什么能接受马克思主义"，需要注意到中国传统的巨大影响力。

当然，以上这些问题，仅用一篇文章的篇幅恐怕很难都说清楚。本文仅从几个具体角度入手，通过回顾关于此问题的一些比较有代表性与影响力的观点，探究审视中国传统思想与 20 世纪中国革命的关系时或应注意到的事项。

二、近代变革致使中国传统"博物馆化"了吗？

如果说实现救亡图存是近代以来绝大多数中国知识分子所向往并追求的目标，那么近代中国的救亡图存历程往往呈现如下特征：一方面，受到肇始于儒家忧患意识的"先天下之忧而忧，后天下之乐而乐""天下兴亡,匹夫有责"等观念的影响,面对第一次鸦片战争以来日益险峻的内外形势,中国知识分子开始努力地寻找救亡图存之道,特别是思考侵略中国的西方列强(包括明治维新之后的日本)为何能够国力强盛。越是具有强烈的忧患意识,对中国的命运产生深切的担忧,越是"经过千辛万苦,向西方国家寻找真理",越是相信"要救国,只有维新,要维新,只有学外国"。[1]另一方面,当人们对近代西方国家了解得愈发深入,并且中西之间的差距在晚近历史进程中体现得日益明显时,那些具有强烈忧患意识的知识分子,就开始越来越深入地剖析与批判中国传统,尤其是他们认为的中国传统中制约着让中国实现救亡图存的因素。在这个意义上,近代中国反传统思潮中对中国传统批判最猛烈、态度最坚决的,往往是曾经饱读诗书、熟悉经典的儒生。

这样的现象,在冷战时代的美国海外中国研究中,常被认为是中国传统在近代"博物馆化"的表现。在著名思想史研究者列文森看来,晚清以降,特别是辛亥革命前夕,民族主义日益被中国知识分子接受,而中国传统当中的核心概念却很难在民族主义的框架下被继承。在体用关系上,所谓"中体西用",将原本作为同一价值体系的不同组成部分的"体"与"用",改造为彼此日渐分离的关系。而随着对"用"——西学的不断讲求,作为"体"的中国传统在现实中越来越丧失权威,越来越难以维系其位置,只能逐渐沦于被质疑、被边缘化、最终被迫退场的命运。中国知识分子在情感上或许还对传统有所依恋,但在严峻的现实面前,他们只能选择民族主义及其相关政治学说。换言之,现代中国就是要由"天下"变为民族国家。民族主义以救国为目标,但民族主义同样需要遗弃传统。由于民族主义强调特殊性,以天下观为代表的中国传统的普遍性特征被不断消解。即便是一些提倡中国传统之论,也是在用民族主义的逻辑来改造中国传统,使之降格为民族主义的装饰或符号。当然,

---

[1] 毛泽东:《论人民民主专政》,载《毛泽东选集》第4卷,北京:人民出版社1991年版,第1469、1470页。

此论的关键与其说是分析近代中国民族主义的内涵，不如说是凸显中国的共产主义运动也是在民族主义的延长线上。[1]此论判定中国知识分子之所以接受共产主义，主要原因不在于其与中国传统之间有何关联，而是因为在西方世界，共产主义激烈批判资本主义，这让饱受近代西方资本主义国家侵略之苦的中国知识分子既有一种"心理补偿"感，也不必因为自己反传统而心生困扰，因为资本主义文化与中国传统一样，都是有弊病的。而认同共产主义，则能处在比中国传统与近代资本主义更高的位置。引申而言，作为近代中国民族主义之延长线、认同社会发展阶段论的共产主义学说，与中国传统是难以相容、彼此处于对立或矛盾状态的。在新社会里，孔子可以被重视，但只能被放在博物馆或其他文保单位里被保存起来。[2]而在此之后，用获得"心里补偿"来解释共产主义学说在近代中国为何能流行，也成为中国近现代思想史研究中一种常见的路数。就此而言，列文森的学术影响力不容忽视。

不可否认，这些观点确实揭示了一些在思考传统与现代关系时值得重视的内容。而要想完整把握这一论述，除了学理层面的辨析，以及考虑到作为犹太人、思想极为活跃的列文森因对犹太文明在现代世界之命运的高度关心而生的独特的问题意识，恐怕还需注意到冷战时代的文化政治。今天的冷战史研究已经揭示，与当下海外中国学热衷用各种源于西马或后现代主义的解构论来表达其文化主张与政治诉求不同，彼时美国中国学研究的议题设置，与美国在东亚的战略布局颇有关系。在亚洲基金会等组织看来，资助学者研究中国传统文化，立着重凸

---

[1]　列文森曾说："在马克思主义的时段表中，中国可以不屈从于西方而获得自己的现代世界份额——对于中国这样的大国来说，应该是一个巨大的份额。阶级分析揭示了发展进步的不同阶段，阶级斗争提供了前进的动力：马克思主义，特别是列宁的反帝国主义理论，能够促进中国的民族主义。在这儿，马克思主义与民族热情是互相促进的。"参见列文森著，何吉贤译：《革命与世界主义：中西舞台之间》，《中国现代文学研究丛刊》2020 年第 4 期，第 130 页。

[2]　参见列文森著，季剑青译：《儒教中国及其现代命运》，北京：中华书局 2024 年版，第 100—152、第 169—170、第 451—472 页。

显儒家学说与中国共产主义运动的不兼容。此举乃彼辈所致力的"反共使命"的一部分。一些美国学者直截了当地宣称,与其正面攻击共产主义或大力推广美国的价值观,不如鼓励复兴所谓亚洲的文化价值观,因为包括儒家思想在内的亚洲传统文化与共产主义既不一致也不相容。美国须帮助亚洲民众在中国传统思想的基础上提出符合现代特征的新思想。所谓"新儒家"学说,就是在此背景下被"工具化"而大力提倡的。[1]与之相似,冷战时代美国在对东南亚华侨进行宣传时,也经常强调马克思主义与中国传统文化精神不相容,编撰大量用儒学来对抗共产主义的宣传品,凸显国民党统治下的台湾地区"保留"了纯正的中华文化,声称新中国对旧社会的改造违背了中国传统文化。[2]

当然,作为一种学术观点,仅揭示其形成并流行的历史背景与政治环境,虽然很有必要,但恐怕还是不够的。因为一位优秀的、有原创性的研究者虽然生活于一定的政治与文化氛围里,但他的思考并非全然是这种氛围的直接反应,而是经常有其自己的特色与个性,因此还是需要从学理上来进行探讨。这或许可从两个方面来思考。首先,如何看待中国传统思想?中国传统思想固然有其核心命题与基本价值观,以及与之匹配的表达方式,但是从先秦到清末,中国传统思想一直处在变化的过程之中。且不说战国时期诸子各派的争鸣论辩,秦汉以来,每个时期占主流地位的思想学说也各有其特点,与此同时还有一些暂时处于"潜流

---

[1] 张杨:《冷战与学术:美国的中国学(1949—1972)》,北京:中国社会科学出版社2019年版,第156—171、第109—111页。当然,港台新儒家的兴起,从学术史的角度看,自有其内在脉络,比如重拾宋明理学的资源来反思清代考据学对近代学术的巨大影响,希望从心性之学入手沟通、对话近代西方哲学,从哲学层面检讨五四新文化运动以来的反传统思潮。在今天,确实也需要从学术的角度提炼港台新儒家的思想遗产,并在了解之同情的基础上分析其核心问题意识。同时不容否认,至少在徐复观与唐君毅那里,他们对美国的文化霸权其实是有批评的。但更不能否认的是,港台新儒家的学说曾被美国主导的文化冷战利用,借助大众传播机制,成为一种向东亚儒家文化圈与东南亚华人输出的政治话术。

[2] 翟韬:《文化冷战与认同塑造:美国对东南亚华人华侨宣传研究(1949—1965)》,北京:世界知识出版社2020年版,第188—214页。

地位的思想学说与之并存，并且不同时代的思想学说往往有隔代对话或交锋的一面。因此，在分析与中国传统思想有关的问题时，或许须考虑到中国传统自身的复杂性，避免将中国传统进行某种静态的、单一的、本质主义式的处理。同时，也正由于中国传统自身的复杂，当近代变局来临，人们在思考救亡图存之道时，时常力图从中国传统当中挖掘、阐释有助于实现这一目标的思想学说，并超越了古代的学派之争，对中国传统进行新的整体性理解。[1]即便是对近代域外学说，大多数知识分子也是在深受传统思想熏陶之下来接受与认识的。因此，能够影响近代中国历史进程的域外学说，一定是被中国知识分子从中国自身的立场出发予以重视并重新阐释的，一定是与近代中国所面临的主要时代主题高度契合的。那种与中国历史和现实缺少关联感的域外学说，往往仅能沦为少数人在书斋里的自娱自乐。在这个意义上，"传统文化是历史的重要构成部分，它不是一堆僵死的骸骨，不是前人留给我们的一批颓垣残壁。传统文化作为历史的重要组成部分，它积极参与造就了我们所面对的现实环境、外部世界以及作为主体的我们自身"。[2]

---

[1]　关于这一点，孙诒让在戊戌年间给汪康年的一封信里所言就颇具代表性。孙诒让说："让年廿四，谒南皮师于京邸，同坐有盛誉宋学者，南皮砭之云：'今天下大病在于不学，倘其能学，便是佳士，遑问其为汉、宋乎？'窃服膺斯语，以为通论。今日时局之危，黄种儒教岌乎有不能自保之虑，寰宇通人自言以保种、保教为第一要事。至于学派之小异，持论之偶差，似可勿论。"参见《孙诒让致汪康年（一）》，载上海图书馆编：《汪康年师友书札》第 2 册，上海：上海书店出版社 2017 年版，第 1328 页。与之相似，针对清代学术史上的汉宋之争，晚清国粹派的代表邓实亦言："汉学、宋学，皆有其真。得其真而用之，皆可救今日之中国。夫汉学解释义理，则发明公理，掇拾遗经，则保存国学。公理明则压制之祸免，而民权日伸；国学存则爱国之心有以附属，而神州或可再造。宋学严夷夏、内外之防，则有民族之思想，大死弗复仇之义，则有尚武之风。民族主义立，尚武之风行，则中国或可不亡。虽亡而民心未死，终有复兴之日。是则汉学、宋学之真也。学者苟舍短取长，阙疑信古，则古人之学皆可为用。"参见邓实：《国学今论》，载徐亮工编校：《中国近三百年学术史论》，上海：上海古籍出版社 2006 年版，第 340 页。

[2]　姜义华：《中国传统文化：在批判中继承，在创新中发展》，载《中华文明的经脉》，北京：商务印书馆 2019 年版，第 94 页。

对此,笔者曾在别的文章中提到:

　　诚然,认识到传统在近代思想流变中不容忽视的地位,有助于更为深入地分析近代思想的多重面向。但是在笔者看来,是否可以改变一下思考问题的视角,从传统自身出发,来分析其在近代所形成的各种样态? 特别是不把传统视为一种被动的、包袱式的因素,而通过挖掘其自身内在的思想逻辑与问题意识,使之成为一种具有主动形态的思想、文化、制度资源。由此为出发点,或许可以重新勾勒些许不同于以往的近代思想史图景,思考一些更为深层次的历史问题……就中国历史流变而言,战国时期,诸子蜂起,百家争鸣,各派学说,并行于世,墨子非儒,庄子嘲讽曾、孔,韩非视儒墨为五蠹之一。儒家学说,在当时绝非一枝独秀,而是常受到其他学说的批评,并且诸子各派,像儒、墨、道、法、阴阳等,也皆有一套系统的学说,彼此相互激荡、影响。这些思想,虽然汉代以降,多处于隐而不彰的地位,但其影响力却依然可见。每当政治动荡,社会混乱之时,许多被儒者视为异端的思想便又进入士人视野里,像汉晋之际,先是名法之学兴盛,继之以道家式的清谈,其间还有鲁胜注释《墨辩》,阐扬绝学。唐代虽有官方编订的《五经正义》,但杨倞注《荀子》,杜牧注《孙子》,这些文本对后世影响依然存在。唐末五代,藩镇混战,道家思想又被人们拾起,作为批判君主制度的利器。历代政治改革,如王安石变法与张居正新政,表面上遵循儒家之道,实际上从政策到政风,基本上属于法家思想体系。而墨学看似汉代以后趋于消亡,但其提倡的伦理准则在民间社会依然长存不衰。就算是儒门内部同样也分成不同学派:汉儒明天人,讲致用;魏晋南朝,清谈之余,重视礼法,以义疏之法治经;宋代以降,关闽濂洛之学日渐兴盛,同时复有金华、永嘉经世之学不容小觑。这些学说其实都属于"传统思想",它们在近代的被发现、被诠释，进而成为构建时代思潮的要素，皆应该予以足够的重视，并从中国传统思想内部变迁的角度展开分析。或许可以这样认为，中国传统思想本身乃一多元的形态，且蕴含着丰富的诠释之可能，人们可以根据具体的历史脉络，从中国自身现状出发，对之进行阐释，在不失本相的前提下使之或发扬光大，或推陈出新，体现出另一种富有生机的形态。它们自具生命力，能够成为时人面对世局思考因应之方时的重要参考，而非枯枝败叶、一潭死水。[1]

由此出发，或可更为全面地分析中国传统思想与 20 世纪中国革命之间的关系。这就连带引出第二个问题，即中国的革命者，如何对中国传统思想进行新的阐释，赋予其新的生命力。在全面抗战爆发之初，毛泽东说："今天的中国是历史的中国的一个发展；我们是马克思主义的历史主义者，我们不应当割断历史。从孔夫子到孙中山，我们应当给以总结，承继这一份珍贵的遗产。这对于指导当前的伟大的运动，是有重要的帮助的。" [2]关于继承历史遗产，研究民族文化，毛泽东身体力行。1939 年 12 月，他和陈云等党政军主要负责干部出席中国古代哲学研究会第一次会议。这个研究会的主要学习内容是孔子、庄子、荀子、墨子等人的哲学思想。[3]而据郭化若回忆，全面抗战爆发之初，毛泽东鼓励他系统研究以《孙子兵法》为代表的中国古代兵家思想，并结合春秋时期的社会政治经济情况来分析《孙子兵法》。根据这一指示，郭化若在《八路军军政杂志》上发表了多篇研究中国古代军事思想与战争史的

---

[1]　王锐：《中国近代思想史论述中的"传统"与"西方"——一个回顾性的分析》，《杭州师范大学学报（社会科学版）》2020 年第 1 期。

[2]　毛泽东：《中国共产党在民族战争中的地位》，载《毛泽东选集》第 2 卷，第 534 页。

[3]　中共中央文献研究室编：《陈云年谱（修订本）》上卷，北京：人民出版社 2015 年版，第 271 页。

文章。[1]

　　在理论层面,中国的左翼知识分子也做了不少的工作。这里需要先辨析的,就是五四新文化运动以来马克思主义在中国的传播,固然有接续了晚清以降人们对于探索救亡图存之道的一面。但对当时努力探索救亡图存之路的中国知识分子而言,马克思列宁主义更为重要的意义在于,它向中国知识分子介绍了资本、阶级、帝国主义、无产阶级专政等概念;完整揭示了中国所面临的内外政治经济危机;分析国际上的帝国主义同国内的封建势力与各路军阀如何联手压迫广大的劳动者,并让中国长期处于衰弱之势;探索在这样的政治形势下如何形塑、动员、组织新的政治力量。它使中国知识分子不再将救亡的希望寄托在旧式武人政客身上,也不再将由东西列强所主导的不平等的世界体系视为符合"社会达尔文主义"的势所必至之事,而是探讨如何依靠被动员起来的无产阶级,在形成严格的组织纪律基础上,重新改造社会与国家,使中国摆脱近代以来的衰颓之势,同时让广大的民众获得名副其实的政治参与感。在这个意义上,中国传统,以及由此而生的对家国兴亡与民生疾苦的关心,堪称不少早期马克思主义者接受马克思主义的重要精神源头。此外,正如国际共产主义运动的一般特征那样,中国的共产主义运动也不能完全用民族主义的框架来解释,它与19世纪欧洲的民族主义实践以及20世纪诸如土耳其、印度、韩国的民族国家建设很不一样;而是要注意其强调国际主义,强调改造不合理的国际秩序的一面。[2]这也是中国革命的经验长期对第三世界国家产生深远影响的原因之一。当然,列文森在后来的论著里也注意到了这一点,不过他却用"世界主义"(Cosmopolitanism),而非更具无产阶级革命色彩的"国

---

[1]　郭化若:《郭化若回忆录》,北京:军事科学出版社1995年版,第162—171页。

[2]　在20世纪60年代中苏论战时,人民出版社专门出版了一本《亚洲、非洲、拉丁美洲民族主义者关于民族解放运动的言论》,收录了不少这些国家政治领导人的文章与讲话。从中可见,作为比较典型的民族主义者,他们与中国共产党之间的差别。

际主义"（Internationalism）来表述。这其中的差别，只要熟悉 20 世纪世界政治史，大概是不难体会的。[1]

说清楚了这些，便可具体分析中国左翼知识分子对中国传统思想的新阐释。这里仅举嵇文甫和侯外庐的例子。在抗战时期实践"马克思主义中国化"的文化路线下，嵇文甫开始较为系统地思考如何展开"民族文化的新发扬"。[2]他认为欲收此效，则需一改"只把中国传统文化和埃及、巴比伦等古代文化同样看待，完全当作一种过去的史料"的做法，而应"要主观的能动的选择一番，把精力用到有价值的方面去。我们不能把我们的民族文化和埃及、巴比伦那些早已僵硬了的文化一例看待。我们要在现代的新基础上把我们的民族文化复兴起来"。[3]在此基础上，他着力阐释儒学传统当中蕴含着的"实践性"与"人民性"，同时祛除长期附加在儒学之上的玄虚风气与士绅影响，使这种经过改造之后的新儒学能与马克思主义的基本立场接榫，成为构建中华民族新文化、弘扬民族精神的新资源。他表彰明中叶以后的"左派王学"，从重视实践、重视实事求是的角度阐发宋明理学中的重要命题，皆为其代表性成果。[4]

与之相似，在抗战期间，为了对抗与国民党政权走得比较近的冯友兰、贺麟等人关于中国传统思想的论述，侯外庐撰写了不少研究中国古代思想史的论著。在《中国古代思想学说史》里，他根据自己关于先秦社会形态的研究，详尽分析先秦各派学说。他从诸子各派与先秦时期社会形态，特别是社会变革的关系入手，挖掘前者的思想遗产，特别是

---

[1]　参见列文森著，何吉贤译：《革命与世界主义：中西舞台之间》，《中国现代文学研究丛刊》2020 年第 4 期。

[2]　嵇文甫：《中国民族文化的新发扬》，载《嵇文甫文集》中卷，郑州：河南人民出版社1985 年版，第 70 页。

[3]　嵇文甫：《中国民族文化的新发扬》，载《嵇文甫文集》中卷，第 73、75 页。

[4]　关于嵇文甫相关思考之详情，参见王锐：《马克思主义中国化视域下的儒学重估——以嵇文甫为中心的探讨》，《现代哲学》2021 年第 1 期。

其强烈的批判精神与重视人本身、重视人的社会实践的思想品质。尤其是荀子思想,侯外庐认为此乃"在中国哲学史的第一个发展阶段上(即古典社会时代),占据了最高峰的地位"。[1]在《近代中国思想学说史》中,侯外庐总结归纳了明清之际启蒙思想的特点与意义,阐释顾炎武、王夫之、黄宗羲等人提出的思想命题,揭示这些命题背后体现的新的社会力量登上历史舞台,冲击旧的生产关系的进步意义,使明清之际的思想学说成为构建中国现代哲学的重要组成部分。此外,他还分析了阮元、焦循等清代学者的学术思想,敏锐地发掘他们在考证古代名物制度背后所蕴含的具有近代特征的方法论。这些研究,既承接并发展了由章太炎等人开启的对明清思想学说的新认识,又丰富了中国马克思主义史学,使之更接地气,更能解释中国的历史与文化。[2]总之,中国马克思主义者既借助革命理论来重新审视并激活中国传统的生命力,又重视历史传统的延续性,使革命理论更为中国化、民族化,能够为更多的中国人理解并接受。在这里,中国传统固然不再是唯一的权威,但也绝非可有可无的装饰或文物。

三、传统与革命之间的延续和扬弃关系

在中国历史的演进中,包括儒法学说在内的中国传统,"形成一种以家国为中心的普遍化的伦理共同体,形成家庭、乡邻、社会、国家、天下紧密相连的社会伦理结构,贯穿于这样一种社会伦理结构的,是一种通过修身、齐家、治国、平天下而使个人与家庭、社会、国家、天下彼此相互负责的普遍化的责任伦理"。[3]因此,从深层次看,近代以来国

---

[1] 侯外庐:《中国古代思想学说史》,载张岂之主编:《侯外庐著作与思想研究》第8卷,长春:长春出版社2016年版,第237页。

[2] 参见侯外庐:《近代中国思想学说史》,北京:生活·读书·新知三联书店2012年版。

[3] 姜义华:《让儒学重归人文化成》,载《中华文明的经脉》,第116页。

人历尽艰辛，努力探寻能让中国振衰起微之道，并且毅然投身于救亡
图存的政治实践，这背后的重要精神支撑，正是源于这一中华文明蕴
含的"责任伦理"，即重建一个在新的历史条件下能够保证"万物皆得
其宜，六畜皆得其长，群生皆得其命"（《荀子·王制》）的政治与文化
共同体。而值得注意的是，不少深受传统儒学熏陶的近代知识分子，
比如熊十力、梁漱溟、吕思勉等，虽然对彼时一味趋新的风气表示不
满，但都不约而同地对同样源自近代西方的社会主义思潮颇为欣赏。
虽然在 19 世纪末、20 世纪初，社会主义流派甚多，中国知识分子也未
必区分得那么清楚，但它表现出来的对公平、平等的强烈追求，以及对
聚敛与剥削的猛烈抨击，对列强殖民扩张的批判，无疑引起这些知识
分子的强烈共鸣。[1] 史家吕思勉就说："至于凭借国家之权力，大之则
制民之产，谋贫富之均平；小之则扶弱抑强，去弊害之大甚。则我国之
人，夙有此思想。"[2]

　　二战之后的日本，除了极少数依然秉持战时立场的右翼文化人，知
识界的大多数人着眼于反思明治维新以来的日本现代化进程为何会逐
渐步入对外侵略扩张歧途，并以战败告终，让日本沦为美国全球冷战布
局下的一颗用来对抗社会主义阵营的"棋子"。在这样的知识氛围里，
不少研究中国历史与文化的日本学者也开始检讨，过去日本知识界的
对华认识是否存在明显的偏见与谬误，为何他们时常沦为替日本侵华
进行辩护的"工具人"。在中国近代史领域，一些具有左派立场或进步
主义思想的学者主动参考借鉴中国马克思主义史学的中国近代史研究
成果，或是通过宏观分析，或是借由个案研究，思考近代中国的历史进
程为何与日本不同，中国的左翼力量追求民族解放与阶级翻身是否对

---

[1]　关于这个问题，笔者曾以蒙文通为例进行个案研究。参见王锐：《激活儒家思想的
　　批判性——蒙文通的"儒史相资"论表微》，《哲学研究》2022 年第 3 期。
[2]　吕思勉：《中国社会史》，载《吕思勉全集》第 14 卷，上海：上海古籍出版社 2015 年版，
　　第 58 页。

日本有着正面的启示意义,中国的新民主主义革命对东亚地区以及世界格局有着什么样的影响。在这其中,沟口雄三致力于思考中国传统与近代中国变革之间的关系,进而提出"以中国为方法"。沟口说:

> 我认为社会主义的土壤在中国,作为民间的社会机制、生活伦理以及政治上的统治理念本来就是存在的……如果我们把目光从十九世纪以降的这种世界性马克思主义运动上面转移开来,去注视十七世纪以降在中国大陆展开的历史过程的话,我们就会发现:正是在中国强有力伸展着的相互扶助的社会网络、生活伦理以及政治理念,才是中国的所谓社会主义革命的基础。就是说,社会主义机制对于中国来讲,它不是什么外来的东西,而是土生土长之物;马克思主义不过是在使这些土生土长之物得以理论化的过程中,或在所谓阶级斗争理论指导下进行革命实践的过程中,起了极大刺激作用的媒介而已。[1]

在沟口雄三的视域里,中国传统思想中具有原创性与生命力的要素大体包括了以下几点:首先,重视"公""共""均"的政治思想,以及将这些政治思想上升到形而上层面的哲学思考;其次,不同于近代民族国家的天下观念;复次,较之现代民族国家里的"国民"意识更具理想性格、以"大同"之世为要旨的"生民"意识;最后,明末以来的地方乡治思想以及在此基础上出现的各种经济与社会实践。在他看来,这些因素的综合作用,形塑了近代中国的历史走向,中国的历史传统也极大影响着近代革命家与思想家对于包括社会主义在内的域外学说的基本理解。比如认为社会主义与中国传统之间具有极强契合性,让近代

---

[1] 沟口雄三著,王瑞根译:《两种近代化道路——日本与中国》,载《中国的冲击》,生活·读书·新知三联书店2011年版,第124页。

中国在追求民权的过程中主要聚焦于全体国民的生存权与国家的延续，让近代中国知识分子在寻求救亡之道时常从天下大同的逻辑出发思考问题。

沟口雄三主张的"作为方法的中国"具有强烈的现实感。这一"现实感"就是对中国共产党领导的革命运动与社会主义建设抱有一种"了解之同情"的态度，意识到近代中国的历史道路具有某种普遍性的意义，至少可以让世人意识到人类未来的发展，除了肇始于启蒙运动并在二战后由美国来主导的资本主义道路，还有其他值得人们云探索与实践的可能性。在这样的问题意识下，中国的历史经验与传统思想就被赋予了生动而丰富的意向，成为具有生命力的思想资源。这就和那种将中国传统"东方学"化，或者将中国仅仅作为一种不同于西方的研究对象的"中国中心观"之间，有着十分明显的不同。

不过问题在于，在中国历史的流变过程中固然形成了一些具有原理性质的要素，从而显示出中国历史的连续性与中国传统的固定形态，但要想更为完整地理解中国历史，则不能不注意到不同历史时期的政治、经济与社会矛盾，尤其是建立在小农经济基础上的政治与社会组织内部的剥削特征，以及近代中国历史变迁过程中为了实现救亡目标而与中国传统之间的断裂性（或曰对传统的扬弃）。或许唯有将这些内容纳入对中国整体形象的思考之中，方能更好地形成思考中国历史与现实的理论话语。

犹有进者，对于支配中国社会两千余年的儒学也应从这个角度来展开审视。姑且不论历史上不同时期儒学话语的侧重点与概念厘定各有不同，大体来看，在中国历史的变迁过程中，对于特定时期的政治与社会形态，儒学有时呈现出对其维系、辩护的一面，有时却呈现出对其展开批判的一面。这其实源于儒学本身所蕴含的复杂性，它既有大量论证政治与社会应如何保持稳定、内部等级秩序应如何建立并维持下去的内容；又有以一种理想状态为旨归，由此出发对现实当中的各种不合理现象进行激烈批判,并憧憬某种理想政治与社会状态的内容(比如革命论与井田论)。也正是因为儒学内部具有这样的张力,儒学才能在古代社会体现出极强的生命力。但这就要求人们在认识历史上的儒学时,不能仅着眼于某一方面,却忽视另一方面。

这些因素在中国历史流变中的一个明显例子,也是沟口雄三在不同论著里经常提及的内容,就是宋代以来的绅权。毋庸置疑,在古代社会,由于识字率与文化话语权,传承儒家思想主要依靠士绅群体,而历代也确有不少秉承儒学义理践行修齐治平之道,为天下苍生奔走呼号的士人,这是民族文化的宝贵遗产,使中华文明能够延绵不断。但是,若从社会经济结构与由此而生的政治秩序来看,士绅阶层的存在与延续建立在对土地占有的基础上。宋代执行放任土地开垦与占有,对土地兼并采取较为宽松态度的政策。这固然一定程度上适应了生产力的发展,却造成不少拥有政治权力、经济资源与社会地位的人热衷于占有土地,导致贫富之间的差距不断扩大,不少破产农民沦为替士绅地主耕种土地的佃农。[1]

沟口雄三认为,及至明代中叶,由于里甲制在基层难以为继,为了维持政治秩序,明王朝试图借助士绅阶层的力量来管理社会。由此而生的是士绅阶层基于自身的利益而展开新的对于政治秩序与道德准则的论述,其中包含扩大由士绅主导的地方自主性,以及剖析明代皇帝制度所呈现的弊病,并由此引申出对"公"与"私"以及"理"与"欲"的重新定义等。关于这些内容,沟口雄三在不少论著里都着重分析过。[2]不过另一方面,明代士绅阶层主体性意识的加强往往

---

[1]　漆侠:《宋代经济史》(上),载《漆侠全集》第3卷,保定:河北大学出版社2009年版,第228—260页。

[2]　参见沟口雄三,龚颖译:《中国前近代思想的屈折与展开》(北京:生活·读书·新知三联书店2011年版),以及沟口雄三著,乔志航等译:《中国的历史脉动》(北京:生活·读书·新知三联书店2011年版)两本书中的相关内容。

伴随着对被他们支配群体的剥削与控制。他们不但大量兼并土地，私立规矩，役使平民，而且与地方官互相利用，把持基层诉讼，武断乡曲，作威作福。彼辈虽以熟悉儒家典籍自居，但实际作为却常在追求一己之私利。[1]清王朝建立后，虽然改变了一些明代存在的政治与经济弊病，但社会等级依旧存在。以士阶层为主体的"官僚缙绅"，对于普通民众而言不但是国家机器的具体象征，而且有着许多社会经济特权，比如被赋予法律上的特殊保护，置之高于百姓的地位。在司法过程当中亦享受各种优待条件，例如缙绅受到凡人侵害，后者要被处以重刑；缙绅与凡人发生诉讼，即便败诉也可以被从轻处理。在赋税徭役方面，缙绅有着各种优免特权。而那些有功名但并未出仕的士人，虽然在特权的享用范围上有所缩小，但相比于平民同样是特权集团的组成部分。[2]

正是在这样的政治经济背景下，由于辛亥革命并未过度冲击中国社会结构，革命之后地方士绅与原清廷各级官吏迅速成为新政权的主导者，不少革命党人反而被逐渐排除于主流政治网络之外。而控制了地方政权的士绅阶层，便开始利用政治权力来为其在社会经济领域扩充利益。[3]具体到不同省份，在湖南，辛亥革命之后，士绅阶层迅速占据了主要的权力机构，并在经济上加紧对农村的搜刮，使大多数农民并未在这场革命中获得实质性的好处。[4]在广东，经历了短暂的动荡之后，原来的士绅阶层卷土重来，再次控制基层权力机关，一些参加了革命运动的革命党人，也如法炮制，从革命者蜕变为新士绅。他们利用原

[1]　傅衣凌：《明清封建土地所有制论纲》，上海：上海人民出版社 1992 年版，第 40—61 页；吴金成著，崔荣根译：《国法与社会贯行：明清时代社会经济史研究》，杭州：浙江大学出版社 2020 年版，第 147—158 页。

[2]　经君健：《清代社会的贱民等级》，成都：四川人民出版社 2021 年版，第 11—21 页。

[3]　魏光奇：《清末民初地方自治下的"绅权"膨胀》，《河北学刊》2005 年第 6 期，第 146—148 页。

[4]　周锡瑞著，杨慎之译：《改良与革命：辛亥革命在两湖》，南京：江苏人民出版社 2007 年版，第 310—314 页。

来就普遍存在的社会关系网络,继续支配地方。[1]在江苏,革命之后,士绅阶层逐渐掌握了政权,他们对下层民众力图改变经济地位的活动颇为反感,不断运用政治权力去镇压,并排挤、抓捕彼辈眼中不利于维系自己统治地位的革命党人。[2]在亲历辛亥革命的蒙文通眼里,清廷"统治推翻以后,出现所谓民权之说。这个民权,实际上就是绅权"。[3]

这样的带有极强传统色彩的社会结构,以及论证此社会结构合理性的儒家礼教思想,正是中国共产党领导的革命运动所针对的主要对象。毛泽东说:"中国的革命实质上是农民革命。"[4]在《湖南农民运动考察报告》中,毛泽东指出广大中国农民深受政权、族权、神权、夫权的压迫,这四种权力,"代表了全部封建宗法的思想和制度,是束缚中国人民特别是农民的四条极大的绳索"。在农村当中进行革命,"第一个行动,便是从政治上把地主阶级特别是土豪劣绅的威风打下去,即是从农村的社会地位上把地主权力打下去,把农民权力长上来"。[5]很明显,这些分析,直指明清以降农村社会的等级秩序,以及这一等级秩序的经济基础与意识形态。农民运动的主要内容之一就是推翻这样的旧秩序,瓦解其经济基础,批判其意识形态。在著名的《寻乌调查》中,毛泽东详细考察了寻乌地区的土地分配状况,剖析占有不同面积土地的地主的经济情况与政治态度,思考如何从实际出发,改变当地的支配与剥削关系。[6]在这个意义上,毛泽东在革命战争年代强调调查研究,就是

---

[1] 邱捷:《民国初年广东乡村的基层权力机构》,载《晚清民国初年广东的士绅与商人》,桂林:广西师范大学出版社2012年版,第96—97页。

[2] 汪荣祖:《论辛亥革命的三股主要动力》,载《读史三编》,上海:上海人民出版社2019年版,第252—258页。

[3] 蒙文通:《中国封建社会地主与佃农关系初探》,载蒙默编:《蒙文通全集》第3册,成都:巴蜀书社2015年版,第292页。

[4] 毛泽东:《新民主主义论》,载《毛泽东选集》第2卷,第692页。

[5] 毛泽东:《湖南农民运动考察报告》,载《毛泽东选集》第1卷,第31、23页。

[6] 毛泽东:《寻乌调查》,载《毛泽东农村调查文集》,北京:人民出版社1982年版,第136—159页。

要实事求是地认识中国社会，进而改造中国社会，让广大农民从各种各样旧的枷锁与束缚中解放出来。

此外，在由其他人起草，经毛泽东本人修改，发表于 1939 年的《中国革命和中国共产党》的第一章里提到：

> 如果说，秦以前的一个时代是诸侯割据称雄的封建国家，那末，自秦始皇统一中国以后，就建立了专制主义的中央集权的封建国家；同时，在某种程度上仍旧保留着封建割据的状态。在封建国家中，皇帝有至高无上的权力，在各地方分设官职以掌兵、刑、钱、谷等事，并依靠地主绅士作为全部封建统治的基础。[1]

在毛泽东看来，正是由于不同历史时期的"地主绅士"在地方上拥有各式各样的特权，"某种程度上仍旧保留着封建割据的状态"才长期存在，大量的"地主绅士"以及脱胎于此群体之中的官僚很大程度上决定着中国古代政权的基本性质。这个描述极为扼要地揭示了中国古代中央与地方关系的本质。而中国革命的目的，不但要推翻以现代形式出现的"专制主义的中央集权的封建国家"（如国民党政权），而且更要消灭作为其社会根基的"地主绅士"，让广大底层劳动者得以翻身解放，实现名副其实的大众民主。

就此而言，强调中国传统思想与中国革命实践之间的精神关系固然没有问题，但仍需注意到革命对传统的扬弃（甚至是批判）。把革命仅视为对某些传统思想，甚至是传统制度的延续，有意或无意地忽视革命进程中对"解放"的完整表述，将革命的性质与目标框定在某一儒学流派的范围之内，习惯于用某一儒学流派的立场来评判革命，这恐怕是有问题的。

---

[1]　毛泽东：《中国革命和中国共产党》，载《毛泽东选集》第 2 卷，第 652 页。

四、中国传统、中国革命与资本主义

19世纪末20世纪初，社会主义运动在西方世界风起云涌。19世纪，随着工业革命之后资本主义的发展，社会上的贫富分化越发明显。一方面，少数资本家垄断生产资料，剥削劳动者的剩余价值；另一方面，广大城市工人处于极端贫穷的状态。在此背景下，旨在改变这种贫富不均的剥削现状的社会主义运动开始兴盛起来。毋庸讳言，当时有许多社会主义流派，除了马克思与恩格斯所创建的科学社会主义之外，还有蒲鲁东、巴枯宁、拉萨尔等不同类型的社会主义主张。第二国际成立后，伯恩斯坦式的社会民主党理论在西方社会主义者中间颇有市场。一时间，不少人相信通过"合法的"议会斗争可以让社会主义政党取得政权。因此，他们致力于分析如何在资产阶级议会中获取更多的席位。

辛亥革命前十年间，社会主义开始在中国有了较为广泛的传播。留学日本的中国青年学生，编译出版了大量日本学者撰写的介绍社会主义的论著。在当时的政治论争中，革命党与立宪派也常涉及与社会主义经济政策相关的内容。1907年，张继、刘师培等人在东京发起"社会主义讲习会"，章太炎、钱玄同等革命党人也经常参加其活动。一些日本的社会主义者与无政府主义者被邀请来做演讲。值得注意的是，尽管在马克思那里，科学社会主义与无政府主义之间泾渭分明，但在晚清中国的革命党人眼里，社会主义与无政府主义乃相似之物，都是旨在破除不平等的压迫与剥削，建立一个理想的社会。因此，"社会主义讲习会"很多时候是在宣传介绍无政府主义。不过它既然名曰"社会主义"，多多少少还是介绍了一些社会主义的学说，比如刘师培就在以宣扬无政府主义为主的《天议报》上翻译了《共产党宣言》，只是他不怎么认同无产阶级专政理论。此外，在《衡报》《天义报》上，还刊载了许多关于中国各地经济与政治不平等的报道，并于1907年提倡成立"农民疾苦调查会"，调查各地农村与农民的状况。凡此种种，为刘师培等人分析当时的社会结构与支配情形，宣扬打破剥削制度，提供了许多鲜活的素材。

革命党人景梅九曾如是回忆自己参加"社会主义讲习会"时的场景：

> 这时在日本的中国学生，也立了一个社会主义研究会；我自然是在里头。有一天到清风亭开会，到会有四五十人。先有几位先生演说社会主义的历史，及最近的变迁，说出无政府三义来，大家都是有些感动的情形。我把自己研究所得的，也略说了几句，就是说："中国古来社会学说，很是不少，譬如《礼运》上所述'大同之世，天下为公，选贤与能，货恶其弃于地也，不必藏于己；力恶其不出于身也，不必为己'。这些话就是共产主义和无政府主义的神髓，不过没有人去特别研究，所以不十分发达。到了战国时节，诸子百家学术甚盛，也很有些道理和社会主义吻合的。看老、庄、列、墨诸子的书，可以知道个大概。"[1]

从今天的认识来看，这些观点有极强的穿凿附会之嫌。不过需注意到，当时的革命党人在教育经历上多深受中国传统的熏陶。孔子曰："不患寡而患不均，不患贫而患不安。"又曰："苛政猛于虎。"荀子曰："王者富民，霸者富士，仅存之国富大夫，亡国富筐箧，实府库。"抑兼并、斥聚敛、重民生多为历代儒者论政之要义。在这样的文化氛围下成长起来的士人，面对近代资本主义生产方式下的经济剥削与

---

[1]　景梅九：《罪案·劳心劳力不平说》，载姜义华编：《社会主义学说在中国的初期传播》，上海：复旦大学出版社1984年版，第441—442页。

贫富不均,恐怕很难在价值层面表示认同。此外,儒家传统体现出来的"责任伦理",强调每一个人在自己所处的环境里,在一定的社会关系网络中,要对周围的人和事有一种休戚之感,尽到自己应尽的责任,使整个社会成为一个具有紧密联系的"共同体"。[1]凡此种种,让如梅景九这样的革命党人接触到社会主义学说之梗概后,很自然地就会联想起中国传统中的相关内容。从历史的眼光看,这与其叫比附,不如说是在当时的社会条件下社会主义在中国广泛传播的深层次的文化基础。

相似的情形,在清末革命党身上出现过,在五四新文化运动时期同样出现过。20世纪80年代,根据新的内外形势,李泽厚先生研究中国现代思想史的一些关键问题,其观点产生了极为广泛的社会影响。在分析五四新文化运动以降的"救亡"与"启蒙"关系时,他认为当时的启蒙话语表面上是在批判传统,实际上却依然带有极强的传统色彩:"启蒙的目标,文化的改造,传统的扬弃,仍是为了国家、民族,仍是为了改变中国的政局和社会的面貌。它仍然既没有脱离中国士大夫'以天下为己任'的固有传统,也没有脱离中国近代的反抗外侮,追求富强的救亡主线。""不管传统的、外来的,都要由人们的理知来裁定、判决、选择、使用,这种实用理性正是中国人数千年来适应环境而生存发展的基本精神……有趣的是,这些反孔批儒的战士却又仍然在自觉不自觉地承续着自己的优良的传统,承续着关心国事民瘼积极入世以天下为己任的儒学传统。"[2]在此背景下,启蒙的思想被救亡的浪潮所覆盖。而为了寻求救亡之道,中国知识分子很快就接受了马克思列宁主义。马列主义强调解决社会经济问题,强调阶级斗争,强调无产阶级政党的组织性与纪律性,这让不少对中国所面

---

[1] 姜义华:《中华文明的根柢和核心价值》,载《中华文明的经脉》,第141—148页。
[2] 李泽厚:《启蒙与救亡的双重变奏》,载《中国现代思想史论》,北京:东方出版社1987年版,第12—13页。

临的危机深感焦虑的人看到了能够有效解决中国问题的绝佳方案。就此而言："对马克思列宁主义的接受、传播和发展，主要是当时中国现实斗争的需要，而不是在书斋中透彻分析研究了西方自由主义理论学术所得的结果。"[1]在这里，"西方自由主义理论学术"似乎代表了被时代进程"压抑"了的"启蒙"，而马克思列宁主义则代表了"救亡"。本来属于一体两面的"启蒙"与"救亡"被人为地对立了起来。因为从晚清到五四，中国知识分子追求新民，追求"大独必群"，呼吁"救救孩子"，其基本起点就是认为如果缺乏独立自主的人格，个体不能觉醒，那么救亡图存事业将如沙上筑塔。正是由于意识到"救亡"的迫切，他们才毅然投身于"启蒙"事业。[2]而基于救亡意识，让过去处于失语地位的广大农民和工人成为政治的主要参与者，使他们具有文化知识与政治意识，破除不合理的社会经济结构造成的少部分人对知识与文化的垄断——放眼世界近现代史，这难道不是重要的"启蒙"事业么？

与之相似，李泽厚先生还认为五四新文化运动时期的知识分子之所以能接受马克思列宁主义，还和中国传统对他们的巨大影响有关。他指出唯物史观在中国的流行，与知识分子深受传统经世致用思想影响颇有关系。马克思列宁主义之所以比胡适所宣传的美式实用主义更能吸引人，也是由于前者更符合中国传统的"实用理性"思维，前者昭示的人类发展客观规律可作为中国传统思想里象征规律性与原理性概念的"道"的替代品。[3]而对于李大钊之所以接受马克思主义，这一观点认为主要是受了"民粹主义"与"道德主义"的影

---

[1]　李泽厚：《启蒙与救亡的双重变奏》，载《中国现代思想史论》，第35页。

[2]　关于这一点，参见王锐：《"大独必群"何以必要？》，《福建论坛·人文社会科学版》2020年第3期；王锐：《"对世界而知有国家"——清末梁启超"国民"论述再思》，《福建论坛·人文社会科学版》2023年第9期。

[3]　李泽厚：《试谈马克思主义在中国》，载《中国现代思想史论》，第149、154页。

响。这两个问题，美国学者迈斯纳早已言及，虽然在他那里，"民粹主义"未必没有一定的历史正面意义。[1]而对于"道德主义"，如果从一战以来中国知识分子对欧洲文明破产的反思与对辛亥革命以后国内政局动荡的检讨来看，也自有其思想史上的意义，未可简单地声称如此这般便"背离"了马克思主义。[2]即便是重视道德，恐怕也非深受中国传统熏染的中国知识分子所独有。19世纪末英国的进步自由主义，即针对亚当·斯密式的古典自由主义在实践过程中导致的贫富差距扩大、社会达尔文主义盛行，强调政治共同体的起始应为人类的道德感。这种道德感使人们能从群体生存的角度看问题，而非只在意一己之私利。[3]各种旨在维护平民利益的公共政策也于焉而生。在已被"散文化""抒情诗化"的20世纪80年代，进步自由主义的变种，不是也颇受一部分中国知识分子青睐吗？

回到本文主题。基于这样的认识，李泽厚先生认为近代中国的历史进程中，比较欠缺对西方资本主义的深切了解，在社会经济领域缺少资本主义的要素，所以才会出现他眼中历史的"曲折"。具体言之："中国近代却没有这个资本主义历史前提，漫长的封建社会和半封建半殖民地社会之后，紧接着便是社会主义。无论在社会的政治经济结构上和人们的文化心理结构上，都并没有经过资本主义的洗礼。也就是说，长久封建社会产生的社会结构和心理结构并未遭受资本社会的民主主义和个人主义的冲毁，旧的习惯势力和观念思想仍然顽固地存在着，甚至渗透了人们意识和无意识的底层深处。"[4]

[1]　参见迈斯纳著，中共北京市委党史研究室编译组译：《李大钊与中国马克思主义的起源》，北京：中共党史资料出版社1989年版。
[2]　关于这一点，参见王锐：《道德的重要性：论李大钊思想当中的一个"潜流"》，《社会科学》2023年第8期。
[3]　参见霍布豪斯著，朱曾汶译：《自由主义》，北京：商务印书馆2017年版。霍布豪斯著，曾一璇译：《社会正义纲要》，北京：商务印书馆2020年版。
[4]　李泽厚：《启蒙与救亡的双重变奏》，载《中国现代思想史论》，第41页。

他指出，只有充分接受资本主义文化的洗礼，吸收他眼中资本主义社会所独有的政治与社会观念，才有可能实现中国传统"创造性的转换"。[1]

毋庸多言，这一观点在其产生的时代有着比较广泛的共鸣。一时间，"补课论"成为人文社科领域展开具体研究的基本问题意识。不少论者甚至认为近代因不平等条约而出现的外国在华租界对中国的现代化有着重要"贡献"，外国资本主义进入中国，与其说是侵略，不如说是给中国的资本主义发展创造契机。更有甚者，彼辈认为近代中国的变革"过早"地批判了资本主义，应让后者有更为宽裕的发展空间。在很长一段时间里，我国人文社科论著里充斥着对资本主义的歌颂与想象。与之相关的，就是将中国选择社会主义道路归结为所谓的"封建传统"使然。以上所举的李泽厚先生的观点，并未自外于这一在今天看来也许很值得商榷的思想氛围。而一些美籍华人学者与港台学者，或是从哈耶克的社会文化理论出发，认为唯有重视"自发性"的传统方能稳步地走向资本主义私有化；或是基于所谓"亚洲四小龙"的发展经验，强调儒家思想并不与资本主义相悖，一种"儒家资本主义"模式不但已经逐渐形成，而且较之欧美的资本主义，更具效率，更有"人情味"。因为据说假如用忠孝伦理与主仆观念向工人灌输，后者将会更遵守工厂纪律，更努力干活，更愿意主动加班，更与旨在"挑拨"劳资之间矛盾的社会主义学说绝缘。

因此，在今天思考中国传统思想与20世纪中国革命之间的关系，有必要正视这些观点。而理解这些观点的关键，窃以为与其说是研究中国传统思想与20世纪中国革命的特点，不如说在于分析近代以来中国的资本主义。今天的研究已经显示，近代资本主义的兴起与发展，离不开民族国家的形成与本国工业化的展开，国家保障新兴资产

---

[1]　李泽厚：《启蒙与救亡的双重变奏》，载《中国现代思想史论》，第41—48页。

阶级的利益,后者在政治组织中具有越来越大的影响力,其政治经济诉求也被以法权的形式确立下来。19世纪以降的资本主义发展史显示,无论是老牌资本主义国家英国,还是新兴的资本主义国家如德国与日本,其发展本国资本主义的关键一环便是对外的殖民与扩张。换言之,这些国家资本主义的发展,是以广大亚非拉国家与地区被殖民被侵略为代价的。或许正是意识到了这一点,晚清知识分子,如梁启超与杨度,在以近代西方列强为样本进行制度设计时,都注意到后者已由民族主义发展至民族帝国主义,大国之间瓜分世界的斗争越发激烈。而在资本主义国家内部,为了提高生产效率,卡特尔、托拉斯等垄断经济组织不断壮大。英国、美国等资本主义国家内部确实有民主政治,但其结果却是国家的对外扩张获得广泛的民意支持。[1]面对这样险峻的外部环境,中国即便想发展资本主义,也需首先保证拥有名副其实的政治与经济主权,摆脱不断被列强侵略的境遇。就此而言,作为中国这一近代以来不断遭受列强侵略的国家的知识分子,梁启超等人在20世纪初所看到的资本主义形态,与20世纪80年代以来的不少中国知识分子所想象的资本主义,似乎很不一样。如果说要梳理近代中国知识分子的资本主义认识史的话,晚清一批目睹资本主义列强称霸世界的人对资本主义国家形态与资本主义生产方式的描述,会不会显得更具现场感?

与之相关,近代中国资本主义一直得不到充分发展,与其将原因归结为思想启蒙进行得不够彻底,不如从当时中国的政治、经济与外交状况入手展开分析。章开沅先生曾说:"中国资本主义从来没有得到比较充分的发展,资产阶级力量也一直比较弱小,并且不敢发动和依靠广大农民群众,因而在社会经济、政治生活中都不可能起左右一切的决定作

---

[1]　参见梁启超的《论民族竞争之大势》《国家思想变迁异同论》《二十世纪之巨灵托辣斯》,杨度的《金铁主义说》等文章。

用。"[1]具体言之，近代欧洲国家资本主义发展过程中，国家依靠关税来保护还在成长的本国产业。可晚清以降，中国不但关税很低，而且关税部门也由外人控制，大量关税收入用于支付因签订不平等条约而背负的赔款，这让中国难有一个保障本国资本主义发展的外部环境。与之相伴而行的，就是大量洋货倾销至中国，占据着中国的市场，不但挤压中国民族资产阶级的生存空间，而且大量资金外流导致颇为严峻的社会经济问题。这些现象，在20世纪30年代的不少政论里都有比较深入的讨论。二战之后，南京国民政府与美国签订《中美友好通商航海条约》，让美国商品更方便地在中国倾销，将中国的内河与沿海向美国全面开放，让美国人在中国购置动产、探勘资源、开展传教活动享有更大的空间。[2]虽然这份条约在措辞上规定中美两国民众皆可互享其权利，但以当时中国的综合国力，中国人几乎无法在美国行使那些权利，反而为美国的资本、金融、宗教力量进入中国大开方便之门。国民党方面亦承认，虽然这份条约内容对中国很不利，但由于国民政府亟须美国提供支持，所以只好隐忍。正如汪朝光教授所论，"中美商约只有形式上的平等意义，而这种形式的平等恰恰掩盖了其实质的不平等"。[3]1946年，由于美国商品大量进入中国，中国的对外贸易出现巨额赤字，严重消耗了中国的外汇储备。1947年南京国民政府与美国签订《国际关税与贸易一般协定》，给予美国商品减免进口关税的特权，让美国在向中国倾销商品的同时还可以少缴关税，加强了美国商品在中国市场的竞争力。1947年与1948年，美国向中国出口的商品，占中国商业性进口

[1]　章开沅：《民族运动与中国近代史的基本线索》，载《辛亥前后史事论丛》，武汉：华中师范大学出版社1990年版，第13页。

[2]　《中美友好通商航海条约》，载龚古今、恽修编：《第一次世界大战以来帝国主义侵华文件选辑》，北京：生活·读书·新知三联书店1958年版，第313—335页。

[3]　汪朝光：《中国近代通史·中国命运的决战（1945—1949）》，南京：江苏人民出版社2006年版，第247页。

的一半左右。[1]这更给本就弱小的民族资本主义致命一击。在内部,晚清以来中国政治长期动荡,辛亥革命之后,军阀林立,战乱不断,民不聊生,各路军阀滥征苛捐杂税,资本主义发展所需的安定的政治环境与统一的国内市场一直难以出现。南京国民政府成立后,官僚资本日益坐大,社会财富的分配颇为不公。而在产业结构上,中国民族资本主义只在轻工业与银行业等领域有一定的发展。受限于资本规模与综合国力,它们在重工业与制造业领域难有作为,致使产业结构颇不合理,很难为本国经济发展积蓄足够的力量。因总体力量十分弱小,国际资本主义市场稍有风吹草动,中国的民族资产阶级就得提心吊胆。[2]凡此种种,使近代中国很难像近代欧美与明治维新之后的日本那样发展资本主义,而是先要解决一系列内外危机,方能实现经济的发展。[3]

---

[1] 史全生主编:《中华民国经济史》,南京:江苏人民出版社1989年版,第541—542页。值得注意的是,也正是因为这些条约与协定严重冲击着中国民族资本主义,所以当时主要由工商业者组成的"中间力量"开始对国民党政权感到失望。例如被视为"中间力量"重要舆论阵地的《观察》杂志,就刊登了不少批评这些条约与协定的文章。1947年,施若霖在《观察》杂志刊文,强调:"这几年来,欢迎外资、外国原料而引起的不良后果,只促使中国陷入真正的殖民地的道路;而我们所要建立的工业经济,是独立的民族经济,绝对不是殖民地经济。不论某一个国家愿意大量投资,我们也不能无条件全数地接受,因而使中国陷于万劫不复,贻祸于中华子孙。"(《论中国土地改革》,《观察》第2卷第21期,第7页)关于中美商约,夏炎德也在《观察》杂志上撰文,认为:"这完全是本着美国的要求而订立的,中国纯粹属于被动的地位。"他指出,如果美国采取"加紧美货对华倾销,以独占中国市场,以中国产业为代价而保持本国的繁荣,以中国劳工的失业换取本国的充分就业"的政策,那么这就是"帝国主义的道路"。(夏炎德:《论中美经济关系之前途》,《观察》第1卷第19期,第6、7页)

[2] 1934年因美国大量购买白银而出现的"白银风潮"就是典型例子。该风潮导致的白银大量外流,造成银根吃紧,物价下跌,不少工厂纷纷倒闭,许多店铺挂出"大拍卖"或"大廉价"的招牌,严重破坏了本来就不是很健全的中国国内市场。关于此事详情,参见洪葭管:《中国金融通史》第4卷,北京:中国金融出版社2008年版,第258—270页。

[3] 以上对近代中国资本主义发展状况的论述,主要参考许涤新、吴承明主编:《中国资本主义发展史》(北京:人民出版社2003年版);汪敬虞主编:《中国近代经济史(1895—1927)》(北京:人民出版社2000年版);史全生主编:《中华民国经济史》(南京:江苏人民出版社1989年版)等著作。

20世纪30年代，在中国知识界兴起一股关于如何实现"中国现代化"的讨论，不少论者虽非马克思主义者，但大多认为帝国主义列强对中国的经济侵略与政治支配，中国内部的官僚豪绅对民众的压迫是中国难以实现现代化的主要原因。[1]而如何解决内外危机，在《中国现代思想史论》中，李泽厚先生认为，靠的就是马克思列宁主义与无产阶级政党。[2]

此外，就20世纪80年代我国理论界自身的状况来看，当时不少人认为二战后西方资本主义国家在国家治理层面吸收了不少社会主义的因素，因此社会主义国家也可以吸收一些资本主义国家的好的经验。如果这一观点是在描述20世纪50—60年代的西方资本主义国家，或许比较合适，毕竟那时凯恩斯主义与社会民主主义对彼方政治精英影响颇深。但从20世纪70年代以降，新自由主义开始在各国实践，进入20世纪80年代，激进私有化已经开始在全球范围内出现，而那种调和资本主义与社会主义的声音，此时则变成了批判对象。因此，我国理论界在讨论这一问题时，有着比较明显的"时间差"。进一步而言，由于新自由主义里有"自由"二字，人们往往由此而产生各种政治想象，以为新自由主义会如何如何。但实际情况却是，哈耶克等人固然倡导经济上的"自由"，即私有化，但在政治制度层面，他们似乎并不认可让广大劳动者都有参与资格的民主政治，而是对寡头政治与独裁政治颇有好感，认为只要统治者愿意，就能迅速推行经济私有化。因此，当皮诺切特通过军事政变夺取智利政权后，一群在芝加哥大学读书的新自由主义者立即赴该国参与经济私有化的政策设计。面对皮诺切特政权在国际上声誉不佳的局面，智利的新自由主义者们着手建立一个跨学科的新自由主义智

---

[1]　相关文献，参见罗荣渠主编：《从"西化"到现代化——五四以来有关中国的文化趋向和发展道路论争文选》上册，合肥：黄山书社 2008 年版，第 219—304 页。

[2]　李泽厚：《试谈马克思主义在中国》，载《中国现代思想史论》，第 181—182 页。

库——公共研究中心，并提名哈耶克来担任名誉主席。[1]哈耶克本人也毫不掩饰对萨拉查、蒋介石、皮诺切特等右翼独裁者的欣赏与赞誉。[2]而这些内容，往往是我国理论界比较缺乏讨论的。因此，人们在畅想资本主义体制与资本主义文化时，其实难免显示出一定的疏失。这也提醒人们，在分析中国传统思想与20世纪中国革命时，需要对近代资本主义发展史与当代资本主义形态有比较全面的了解，这样方可真切意识到中国传统思想的价值是什么，20世纪中国革命的遗产是什么。

五、余论

以上就是从回应晚近三种具有代表性的学术观点入手，分析探讨中国传统思想与20世纪中国革命之关系时些许值得留意的面向。总而言之，研究这一问题，或许须注意到中国传统自身的复杂性与流变性，既避免将中国传统进行本质主义化的处理，又避免将近代中国的变革简单归为民族主义思潮使然。此外，我们承认中国传统思想与20世纪中国革命之间在观念层面有一定的勾连，传统思想中的核心要素具体而微地影响着革命者对于时势的认识，但在实践层面，特别是政治与社会实践层面，不能忽视传统与革命之间的扬弃关系，只谈"延续性"或只谈"断裂性"都是有一定问题的。最后，研究包括

[1]　爱德华兹著，郭金兴译：《智利计划：芝加哥小子与新自由主义的兴衰》，北京：中信出版社2024年版，第81—125、第149—151页。

[2]　关于哈耶克与萨拉查、皮诺切特的关系，参见 Andrew Farrant Edward Mcphail and Sebastian Berger, "Preventing the 'Abuses' of Democracy: Hayek, the 'Military Usurper' and Transitional Dictatorship in Chile?" in *The American Journal of Economics and Sociology* volume 76 number 2 march 2017, pp.513－530. 关于哈耶克对台湾蒋氏政权的评价，参见哈耶克著，黄冰源译：《发展之楷模，政策之典范：台湾印象》，载王建民、姚中秋主编：《经济周期与宪政秩序》，杭州：浙江大学出版社2010年版，第1—9页。

中国传统近代转型在内的思想史问题，需直面近代资本主义对中国的影响与冲击。从社会发展史的角度看，资本主义确有一定的历史进步意义。但更重要的是，既然是研究中国问题，与其抽象地谈论资本主义，不如分析资本主义与近代中国的关系，既包括近代资本主义国家对中国的侵略与支配，又包括中国民族资本主义的发展状况。与其执着于寻找某种思想层面的因素，念马克思的"经"，补资本主义的"课"，考证文献里的微言大义，用类似建立数学公式的方式来看待不同社会形态的前后关系与发展路径，不如从政治、经济、外交的层面分析近代中国的资本主义，呈现历史本身的复杂面貌。

后 记

本书主要涉及与"文明等级论"相关的一些议题。窃以为,"文明等级论"之所以值得关注,是因为这套话语不但在近代世界政治与学术中表现得颇为明显,在今日恐怕仍以各种各样的方式存于世间。如果我们承认,审视近代以来中国的历史进程离不开尽可能广袤的世界视野,那么这本书是我这些年学习中国近现代思想史与近代中外关系史的一些或许还不算成熟的心得。

本书有不少内容涉及梁启超。我在读高二的时候,几经周折买到了一套中华书局影印出版的《饮冰室合集》。梁启超在辛亥革命前十年间撰写的分析世界大势的文章,诸如《灭国新法论》《论民族竞争之大势》《二十世纪之巨灵托辣斯》《新大陆游记》等,以及那些以"亡国史"为主题的论著,文辞犀利,荡气回肠,针砭时弊,直指症结。所谈虽是寰宇之事,但落脚点则在中国。虽然我常在晚上10点多晚自习结束回家后才有机会读这些文章,但依然感到非常过瘾,暂时忘却了一天下来被各类模拟考卷子不停地折磨而带来的疲惫感。在这之后,一直觉得,分析历史变迁与政治因革的文章,或许应该这样写,方为上乘之作。虽不能至,心向往之。

收录于本书的《"文明等级论"与近代中国》一文,较之发表时的版本,已大不相同。其他文章,也有不同程度的修改,特此说明。

感谢东方出版中心接纳本书,感谢刘鑫老师的精心编校。

王 锐

2025年1月于南宁民歌湖畔